文 春 文 庫

速すぎるニュースをゆっくり解説します

Fast News, Slow Journalism

池 上 彰

文 藝 春 秋

速すぎるニュースをゆっくり解説します Fast News, Slow Journalism ◉目次

第2章 EU崩壊——自国ファーストと女帝メルケルの挫折

第4章 中東の火種――大国サウジvsイランの時代に

速すぎるニュースをゆっくり解説します

Fast News, Slow Journalism

はじめに

もしトランプ大統領が誕生したら……アメリカ大統領の持つ強大な力を考えるとき、慄然《りつぜん》とさせられます。

二〇一六年五月に文藝春秋から刊行した『池上彰のこれが「世界を動かすパワー」だ！』の「はじめに」で、私はこう書きました。さらに、こうも書きました。

二〇一六年一一月の大統領選挙で誰が当選しても、アメリカ社会は、亀裂が激しくなるばかりでしょう。

その通りのことが起きています。ドナルド・トランプ大統領は、TPPから離脱し、パリ協定からも離脱。トランプ大統領の「一国主義」をたしなめたカナダのトルドー首相やドイツのメルケル首相、フランスのマクロン大統領に対して罵る一方で、北朝鮮の金正恩委員長を高く評価し、ロシアのプーチン大統領との関係も大事にする。記者殺害に関与した疑惑のあるサウジアラビアのムハンマド皇太子を批判しようとはしない。

つまり民主主義の国家のリーダーを批判し、独裁者に共感を持つのが、トランプ大統領なのです。

国際協調路線が好きではない大統領は、TPPから離脱し、地球温暖化対策を進めるパリ協定からも離脱を宣言。その一方で、メキシコとの国境に壁を建設しようとして、壁建設の費用が盛り込まれていない予算案への署名を拒否し、二〇一八年暮れから二〇一九年初頭にかけて、連邦政府が閉鎖に追い込まれました。「アメリカ社会は亀裂が激しくなるばかり」です。

それればかりではなく、イスラエルのアメリカ大使館をエルサレムに移転させたことでアラブ諸国の怒りを買い、もはやアメリカは中東和平に関与できない状態になってしまいました。世界の亀裂も拡大させているのです。

それにしても世界の変動の速さは驚くばかりです。ユーロ危機という大波が押し寄せても、ドイツとフランスの連携で乗り越えることができましたが、いまやドイツは大量の難民を受け入れたメルケル首相への批判が高まり、メルケル首相は次の選挙に立候補しないと宣言。引退を迫られました。

もう一方のマクロン大統領は、左右どちらでもない中道の立場で大統領選挙を勝ち抜きましたが、エリート臭が庶民に嫌われ、労働者のシンボルである黄色いベストを着た人々による抗議活動が毎週のように起きています。

その点、日本国内は一見、平穏なように見えますが、安倍一強政治の下で「忖度《そんたく》」という言葉が流行しました。

世界は、そして日本はどうなるのか。激動する世界のニュースに追われる日々ではありますが、この際、少し前にさかのぼり、いまのニュースの背景には何があるか、じっくり考えてみようというのが、この本の狙いです。お役に立てれば幸いです。

二〇一九年二月

ジャーナリスト・名城大学教授　池上　彰

第1章

アメリカ激変

トランプイズムとは何か

「イデオロギーなきビジネスマン」によって
アメリカは分断され、世界中が翻弄されている。
池上彰も予想しきれなかった大統領選にさかのぼり
「アメリカ・ファースト」のホンネを見てみよう。

あのころ何が Fast News

2015年	6月	ドナルド・トランプが共和党大統領候補に名乗りをあげ〝暴言〟が話題に
2015年	6月	サウスカロライナ州黒人教会で銃乱射事件
2015年	7月	キューバと国交回復
2015年	12月	FRB（連邦準備制度理事会）ゼロ金利政策を解除
2016年	4月	「パナマ文書」が明らかに
2016年	12月	ドナルド・トランプ、大統領選に当選
2017年	1月	トランプ大統領就任。ロシア疑惑のはじまり
2017年	2月	ロシア疑惑でフリン大統領補佐官が辞任
2017年	3月	「オバマに盗聴された」とツイート
2017年	5月	コミーFBI長官を解任
2017年	6月	温暖化対策「パリ協定」離脱へ
2018年	4月	英仏と共同でシリアのアサド軍を空爆
2018年	5月	在イスラエル大使館をエルサレムに移転
2018年	6月	北朝鮮の金正恩委員長と会談
2018年	8月	イランへの経済制裁を再発動

暴言大統領の誕生①

▼「イスラム教徒入国禁止！」

二〇一五年一二月、アメリカ・カリフォルニア州で起きた銃乱射事件。一四人が殺害されました。この事件は過激派組織「イスラム国」（ＩＳ）にかぶれたイスラム教徒夫婦によるテロという結論になりました。組織的な事件の気配はなく、単独犯（夫婦だが）のようです。

夫婦はライフル銃と拳銃の計五丁を所持していましたが、そのうちの三丁は合法的に入手し、残り二丁は、以前住んでいた家の隣の住民から手に入れたとのことです。

また、自宅から手製のパイプ爆弾一九個分の爆薬も見つかりました。

ＦＢＩの捜査により、夫婦は、テロ実行の数日前にロサンゼルス近郊で射撃の練習をしていたことも判明しました。

この事件を受けて、ドナルド・トランプの爆弾発言が飛び出しました。イスラム教徒のアメリカ入国を禁止すべきだと主張したのです。

二〇一六年の大統領選挙で共和党の候補者指名を受けようと、何人もの共和党の候補者が舌戦を繰り広げてきましたが、トランプは過激な発言が支持を得て、他の候補者を大きく引き離しました。そこで飛び出したこの発言。アメリカの保守層の不安を巧みに摑んでいます。

トランプは、「国の代表者たちが、何が起きているのか把握するまで」の間、イスラム教徒の入国を「全面的かつ完全に禁止する」べきだと主張したのです。

イスラム教徒はアメリカに入れない。驚くような発言に見えますが、よく点検すると、「国の代表者たちが、何が起きているのか把握するまで」の間なのです。何が起きているか把握できたら、**条件付きで入国を認めることもある、という逃げ道を用意しています。**

驚くような発言で「反イスラム感情」を抱く保守派キリスト教徒の心を摑みつつ、現実的な解決の道もさりげなく残しているのです。

しかし、**問題は「イスラム教徒」なのでしょうか。問題は、全米に銃器が溢れていることなのではないでしょうか。**

フランスで起きた同時多発テロ事件では自動小銃が使われました。でも、この銃は、内戦中のリビアから地中海を渡ってフランスに入ったものか、あるいはソ連崩壊で流出したソ連製の銃ではないかと見られています。つまり、フランスの外から違法に持ち込まれたものです。

これに対して、今回のテロで使われた銃は、アメリカ国内で合法的に入手したもの。

テロリストがアメリカ国民なら、テロ用の銃器を大量に手に入れることが可能なのです。

フランスでのテロは、「ホームグロウン・テロリスト」と呼ばれ、フランス生まれのフランス育ちのフランス人がテロリストになったことが衝撃を与えました。

しかしアメリカでは、アメリカ製の武器がいくらでも手に入ります。いわば「ホームグロウン・アームズ」というわけです。

これではテロを未然に防ぐことは不可能です。

「銃を持つ自由」の国

アメリカでは銃の乱射事件のニュースがよくあります。今回の事件も、「ああ、またアメリカで銃乱射事件か」と受け止めた人も多いことでしょう。それが、「ＩＳの影響を受けたテロ」だったことで騒ぎになっていますが、「テロ」ではない犯罪としての銃乱射はあまりに多いのです。

二〇一五年だけでも、六月にはサウスカロライナ州の黒人教会で銃の乱射があり、九人が射殺されましたし、八月にはバージニア州でテレビニュースの中継中、リポートをしていた女性リポーターとカメラマンの男性が射殺されました。カメラマンが撃たれて倒れ、中継が中断するというショッキングな映像は、日本のテレビニュースでも流れました。

　さらに一〇月にはオレゴン州のコミュニティカレッジ（日本の短大に該当）のキャンパス内で銃が乱射され、一〇人が死亡しました。

　こんなにも銃乱射事件が起きる国アメリカ。それは、アメリカが「銃を持つ自由」を大切にする国家だからなのです。

　アメリカでは、なぜ銃が自由に購入できるのか。それは、アメリカ合衆国憲法修正第二条に明記されている次の文章が根拠です。

「規律ある民兵は、自由な国家の安全にとって必要であるから、人民が武器を保有した携帯する権利は、これを侵してはならない」

　ここでいう「民兵」とは、何を指すのでしょうか。イギリスの植民地だったアメリカは、イギリス軍との戦争に勝って独立を果たしました。このときアメリカ人たちは銃を手にしていた。この権利は守らなければならない。そんな意識から憲法の修正条項として盛り込まれました。

　ただし、ここでいう「民兵」とは、各州が保有する州兵のことであり、個人の武装の権利まで認めているわけではないという主張と、個人の武装の権利までみとめたものだという論争が続いていました。

　二〇〇八年六月、連邦最高裁判所は、個人の武器保有の権利を認めたものだという判決を出しました。アメリカ人が銃を持つことは、憲法で保障された権利なのです。

この権利を声高に主張してきたのが、全米ライフル協会（NRA）です。NRAは、豊富な資金量に物を言わせて、政治への影響力を維持してきました。銃規制を主張する議員がいると、同じ選挙区のライバル候補に政治献金をして、テレビCMを大量に流し、銃規制派の候補者を落選させてきました。その結果、銃規制を主張する議員は、ごく少数になってしまったのです。

それにしても、「危険人物」として航空会社から搭乗停止のブラックリストに載せられている人物に銃を販売しないようにしようという試みすら議会の共和党は反対しています。そのくせ「テロとの戦い」を主張する。矛盾しているのですが、銃規制反対派は、その矛盾に気づかないのか、気づいていても無視するのか……。

▼「日本は核兵器を持って防衛すればいい」

トランプの発言には、簡単には驚かなくなっていましたが、これには驚愕しました。「ニューヨーク・タイムズ」のインタビューに答えて、日本の核兵器保有を容認する発言をしていたからです。

アメリカ大統領選挙の共和党候補選びの最中、二〇一六年三月に掲載されたインタビューで、トランプは、日本が在日米軍の駐留経費の負担を増やさなければ、日米安保条約を見直し、米軍を日本から撤退させると言明。日本の防衛に関しては、日本が核兵器を持って自国を防衛すればいいと言ってのけたのです。

第二次世界大戦後のアメリカは、日本が独自に核武装することを恐れ、日米安保の「核の傘」で日本を防衛する方針を取ってきました。もし他国が日本を核攻撃するようなことがあれば、アメリカが、その国に対して核兵器で反撃すると保証することで、日本への核攻撃の抑止力にするというものでした。

そんな過去の経緯など知ってか知らずかのトランプ発言。日本が独自に核武装することになれば、核拡散防止条約はどうなるのか……と思ってしまうのですが、こうして驚くこと自体が、トランプ戦略に乗せられている可能性があります。

トランプは、インタビューの中で日本に核武装を認めるのは、「アメリカが国力衰退の道を進めば」という前提条件をつけているからです。つまり、「トランプが大統領になれば、アメリカは国力衰退の道を進まない」ということでしょう。日本が実際に核武装することはない、という意味になります。

一瞬、驚くようなことを言っているように見えて、発言を仔細に検討すると、実はそれほどでもないということが、いろいろあります。

たとえば「イスラム教徒入国禁止」発言も、実は「国の代表者たちが実情を把握できるまで」という条件がついています。アメリカに入国を希望するイスラム教徒にテロリストが紛れ込まない態勢を取れれば入国を認めるという意味になるのです。

「センセーショナルな話」が受ける

トランプは、なぜ「暴言」を繰り返すのか。実は後で弁明できる条件を注意深くつけているのです。

そのことを、トランプ自身が自著で自慢しています。相原真理子訳の『トランプ自伝』（ちくま文庫）です。ここには、驚くべきことが書いてありました。**トランプ発言は、いわゆる「炎上商法」だった**のです。

炎上商法とは、わざとネットの世界で批判を浴びるような仕掛けをしてウェブサイトを炎上させて話題を作り、それで売り上げを伸ばそうという戦略です。トランプは、こんなことを書いています。

「マスコミについて私が学んだのは、彼らはいつも記事に飢えており、センセーショナルな話ほど受けるということだ」（同書より。以下同）

はい、おっしゃる通りです。見透かされていますね。我々は見事に引っかかっています。

「要するに人と違ったり、少々出しゃばったり、大胆なことや物議をかもすようなことをすれば、マスコミがとりあげてくれるということだ。私はいつも人と違ったことをしてきたし、論争の的になることを気にせず、野心的な取引をしている。また若くして成功をおさめ、ぜいたくな生活をしてきた。その結果、マスコミは好んで私の記事を書くようになった」

トランプがやっていることは「少々出しゃばったり」というレベルではないと思いますが、「論争の的になることを気にせず」というのは、その通りですね。

「私はマスコミの寵児というわけではない。いいことも書かれるし、悪いことも書かれる。だがビジネスという見地からすると、マスコミに書かれるということにはマイナス面よりプラス面のほうがずっと多い」

この中でトランプは、ニューヨーク・タイムズに一ページの広告を出せば莫大な費用がかかるが、**記事で書いてもらえれば、一銭も出さずに広告になる**と指摘しています。

そういえば、**各候補がテレビCMに莫大な資金を出している中で、トランプは当初自分の広告を一切出していませんでした。**悪い話でも一般の記事に取り上げられれば、大いなる宣伝効果があるというわけです。

遂には、こう言ってのけます。

「宣伝の最後の仕上げははったりである。人びとの夢をかきたてるのだ。人は自分では大きく考えないかもしれないが、大きく考える人を見ると興奮する。だからある程度の誇張は望ましい。これ以上大きく、豪華で、素晴らしいものはない、と人びとは思いたいのだ。

私はこれを真実の誇張と呼ぶ。これは罪のないホラであり、きわめて効果的な宣伝方法である」

「夢をかきたてる」。それは悪夢に転じるかも知れないのですが。

暴言大統領の誕生③

▼「オバマは『イスラム国(IS)』の創設者だ」

二〇一六年七月末の民主党大会に出席したパキスタン系アメリカ人でイスラム教徒の弁護士キズル・カーン氏は、「トランプは合衆国憲法を読んだことがあるのか」と問いかけました。

カーン氏の息子はアメリカ軍の一員として二〇〇四年にイラクに派遣され、過激派の自爆テロによって死亡しました。息子もイスラム教徒です。イスラム教徒もアメリカ国民のひとりとして国に奉仕している、というわけです。カーン氏は、「イスラム教徒の入国禁止」を主張しているトランプ候補に対し、信教の自由、言論の自由を保障している憲法の内容を理解していないのではないかと批判したのです。

このとき私は会場で話を聞いていました。カーン氏の横には妻がたたずみ、後ろには戦死した息子の顔写真が映し出されました。カーン氏がトランプ候補に対して、「国のために犠牲を払ったことがあるのか」と問いかけると、会場は熱狂しました。私でも感動するスピーチでした。

これがトランプ候補にはカチンときたのでしょう。自分への批判は許さない人物ですから。テレビに出演したトランプ候補は、「あのスピーチはヒラリーのスピーチライターが書いたのか？」と反論したのです。

さらに、カーン氏の妻が壇上で一言もしゃべらなかったことについて、「妻は話すことを許されていないのではないか」とも発言しました。これは、「イスラム教では女性が抑圧されているから発言を許されなかったのだろう」という含意でした。イスラム教徒への非難です。

ちなみに妻のガザーラさんは、この批判に対し、息子の写真を前に、涙をこらえるのが精いっぱいだったと述懐しています。

この後、キャスターから「あなたも犠牲を払っているのか？」と尋ねられ、「私も犠牲を払ってきた。ビジネスで多くのビルを建て、多くの従業員を雇用した」と答えました。「それは犠牲ではないだろう」とキャスターから突っ込まれる始末です。

こうした一連のやりとりによって、トランプ候補の支持率が急降下しました。そこには主に三つの理由がありました。

その一。**アメリカで兵士は敬意を払われるべき存在**です。これはアメリカの国内線の航空機に搭乗するときにもわかります。**「赤ちゃんや体の不自由な人」が優先されますが、次が「制服を着た兵士」**なのです。「お国のために尽くしている人」という共通理解があるからです。

そんな社会ですから、戦死者の遺族は、最大限に尊敬されています。その遺族を批判した。トランプ候補は暗黙のルールを破ったのです。

トランプの徴兵逃れも判明

支持率降下の理由のその二。大統領ないし大統領候補は、一般市民を批判してはならないという暗黙のルールがあるからです。大統領も大統領候補も権力者。その力がある存在が、権力を持たない市民を批判することはアンフェアなのです。

その三。戦争で息子を亡くすという犠牲を払った人を批判したことで、**トランプ候補の「徴兵逃れ」疑惑が再燃**したことです。

トランプの学生時代、アメリカはベトナム戦争の真っ最中。当時のアメリカは徴兵制度があり、一八歳になれば徴兵されるはずです。ところが本人は、大学での学業を理由に徴兵猶予を申し立てました。

ここまでは問題ないのですが、卒業後は、「足の踵の骨の損傷」を理由に徴兵を免除されていたことが、「ニューヨーク・タイムズ」の調査で判明。自分は徴兵を逃れ、お国のために犠牲を払っていないのに、カーン氏のことを批判できるのか、というわけです。

こうして支持率が下がったら、もう少し発言に気をつけるようになるかと思いきや、むしろ内容はエスカレートしています。八月に入ると、「オバマ大統領は過激派組織『イスラム国（ＩＳ）』の創設者だ」と言い出す始末。

要はイラク戦争の戦後処理を誤ったからＩＳを生み出した、と言いたいのでしょう。でも、イラク戦争を始めたのは共和党のブッシュ政権ですし、戦後処理を誤ったのもブッシュ政権だったのですが。

その後は、アメリカへの移住を申請する外国人に対して、我々と価値観を共有することを確認する思想テストを導入すべきだと主張したのです。

「我々と価値観を共有」と言われても、トランプ候補と「価値観を共有」したくないですが、思想信条の自由を大切にするアメリカの「価値観」はどこへ行ってしまったのでしょうか。

暴言大統領の誕生④

▼「メキシコとの間に壁を建設する」

アメリカ大統領選挙の論点のひとつは不法移民対策でした。アメリカには約一一〇〇万人の不法移民がいると推定されています。

不法移民を追い返せと主張する人たちがいる一方で、アメリカ経済には不可欠な存在だと考える経営者たちもいます。不法移民が大きな問題になっているアリゾナ州を取材して、そんな関係者の思惑を知りました。

不法移民とは、観光ビザなどでやってきて、期限を過ぎても出国しないで滞在している人や、メキシコから国境を密かに越えてきた人たちのこと。正規の手続きなしにアメリカにいるわけですから、本来は正確な人数など把握しようがありません。あくまで推測に留まりますから、一二〇〇万人という数字もあります。

ドナルド・トランプ候補は、「メキシコとの間に壁を建設する。資金はメキシコに出させる」と主張して人気が出て、共和党の正式な候補になってしまいました。

「メキシコ人は強姦魔だ」などと聞くに堪えない発言を繰り返しているのに、支持率が下がりません。この**背景には、「仕事を不法移民に取られてしまった」という白人労働者の不満**があります。

メキシコと国境を接するアリゾナ州では、麻薬の密輸などもあり、治安が悪化したことから、二〇一〇年四月、不法移民を取り締まる警察官の権限を拡大する法律（移民法）が成立しました。この法律は、犯罪の容疑がなくても、外見などから不法移民の疑いがあると職務質問できるというものです。在留許可証を持ち歩いていなければ、犯罪者として扱うこともできるのです。

これに対してオバマ大統領は強く反発。アリゾナ州の法律は憲法違反に当たるとして、連邦最高裁判所に提訴しました。というのも、外見などから不法移民の疑いを持つということは、ヒスパニックに対する民族差別になりかねないからです。

ちなみに中南米系の人たちのことを「ヒスパニック」と呼びますが、これは「スペイン語を話す人」という意味です。中南米の人たちがみんなスペイン語を話すわけではないので、最近は「ラティーノ」と呼ぼうという動きも広がっています。これは「ラテン系の」という意味です。

それはともかく、連邦最高裁は二〇一二年、アリゾナ州の法律を憲法違反と断じました。

農場経営者はトランプに困惑

この一件で、アリゾナ州は不法移民に厳しい州というイメージができました。アリゾナ州の共和党の予備選挙でもトランプ候補が他の候補を圧倒しました。

その一方で、アリゾナ州には中南米からの正規の移民も大勢住んでいます。すでに州民の三割に達し、中には国境を越えて来る同胞たちを支援する人たちもいます。そんな活動をしている「ミ・ファミリア・ボタ」という団体に話を聞きました。

この団体は、まずは中南米系の移民の投票率を上げることで、政治への影響力を強めようとしているのです。「トランプを大統領にさせないために投票することにした」と有権者登録をする人が増えている、という話でした。

これに対して、トランプを支持しているアリゾナ州の共和党は、どう考えているのか。党の事務所で広報担当者に話を聞きました。

事務所に入ってびっくり。トランプ候補のポスターや写真を一枚も飾っていないのです。どうしてかと聞くと、「中央からトランプのポスターが送られてくるんだけど、すぐに党員が選挙運動に持っていくので、ここにはないんだ」と説明します。

いくらなんでも、それはないでしょう。事務所には、大統領選挙と同時に実施される議会の下院選挙の候補者のポスターはあるのですから。どう見ても、トランプ候補を応援しようというやる気がありません。

どうも事情がありそうです。そこで、こんな聞き方をしました。

「不法移民が低賃金で働いてくれるから、この地方の農場経営者は助かっているのではないですか？　不法移民がいなくなったら農場労働者の賃金が上昇し、農場経営者は困るのではないですか？」

その答えは、こうでした。

「優れた経営者は、コストを少しでも下げようと努力しています。低賃金で働く労働者がいなくなったら、賃金コストが上がってしまいます。労働者が多ければ、賃金は引き下げることができます」

なんと「需要と供給」に関する一般論を繰り返すばかりなのです。**不法移民を追い返せとトランプは言うけれど、そんなことをしたら、大規模農場経営の共和党員は困ってしまう。**しかし、そんな本音を言うわけにはいかない。

結局、広報担当者からは、「不法移民を追い返せ」という言葉は一度も聞けませんでした。

アメリカ南部の農場経営者たちは、トランプ発言に困っている。これがアメリカの現実でした。

▼「ロシアのエージェント」大統領

エゴの塊のような人物と付き合うには、どうしたらいいか。相手を褒めまくり、尊敬しているとすり寄ること。そうすれば相手はいい気持ちになって好意を示すようになる。逆にこういう人物は、少しでも批判されるとカッとなって反撃してくる。しかも、いつまでも根に持つ。

これが、新アメリカ大統領のドナルド・トランプという人物です。どれだけ根に持つか。就任直前の二〇一七年一月六日の早朝、トランプはツイッターで、俳優のアーノルド・シュワルツェネッガーをあざ笑いました。トランプはテレビ番組「アプレンティス（見習い）」、その後継シリーズの「セレブリティ・アプレンティス」の司会者をしていましたが、後任に選ばれたのがシュワルツェネッガーでした。

その週の放送の視聴率が出ると、「シュワルツェネッガーの惨敗だな。視聴率マシンのトランプに比べると」とツイート。さらに「別にどうでもいいか。彼は（ジョン・）ケーシックやヒラリー（・クリントン）を支持していたんだから」と言ってのけました。

シュワルツェネッガーは共和党員ですが、前年の大統領選挙では、トランプを支持しませんでした。共和党の候補者選びでトランプの対抗馬だったケーシック・オハイオ州知事の支持を表明しており、クリントンを支持したわけではなかったのですが、いまになっても自分を支持しなかったことを根に持っていることがわかります。いやはや、この言い方、まさに子どもです。

これに対しシュワルツェネッガーは、「あなたが視聴率稼ぎに必死になったのと同じくらい、すべてのアメリカ国民のために必死に働いてくれますように」と返しました。シュワちゃんの方が大人でしたね。

一月八日、優れた映画とテレビドラマに与えられるゴールデン・グローブ賞の授賞式で女優のメリル・ストリープが、「わが国で最も尊敬されるべき座に就きたいと望む人」の言動が多くの人を傷つけているとトランプを批判すると、翌朝、ツイッターで「ハリウッドで最も過大評価されている女優の一人」と、悪口で反論しました。

これから大統領になる人なのですから、批判にいちいち反論しなくてもいいのに、と思ってしまいますが、エゴの塊としては、看過できないのでしょうね。

そんなトランプが絶賛してやまない相手が、ロシアのウラジーミル・プーチン大統領です。**大統領選挙中、プーチン大統領のことを「オバマ大統領より優秀だ」とか、「シリアのことはロシアに任せればいい」**とか言っていました。

さらに民主党のクリントン候補の国務長官時代のメールが大量に削除されていた問題について、「ロシアがメールをハッキングして公表してほしい」とまで言ってのけました。そのロシアが大統領選挙中、民主党全国委員会のメールをハッキングし、ウィキリークスに流していたという疑惑が浮上したのです。

米ロ関係の改善に動く

これについてトランプは、「ばかげている」と反発。ロシアによるハッキングを否定していました。

プーチン大統領は元KGB（ソ連国家保安委員会）のスパイ。工作対象に対して「恫喝と籠絡」で迫ることは、新人研修時代から教育を受けてきたはずです。トランプを褒めて味方につけるのは、朝飯前だったでしょう。

ロシアの攻撃に危機感を抱いたバラク・オバマ大統領は、CIA（中央情報局）などに対して、ロシアのサイバー攻撃に関する報告書をまとめるように指示。その報告書が一月六日、公表されました。それによると、ロシアのプーチン大統領は、クリントンが国務長官だった時代、ロシアの下院議員選挙の結果について「公正ではなかった」と批判したことに恨みを持ち、クリントンを大統領にさせないようにするべくサイバー攻撃を命じたと断定しています。

サイバー攻撃を担ったのは、ロシア軍参謀本部情報総局（GRU）とのこと。GRUは傘下のハッカー集団に命じて、二〇一五年七月に民主党全国委員会のコンピューターに侵入を開始、二〇一六年五月には大量のメールやデータを入手。このうち暴露されると民主党やクリントンに不利になるメールを選び出して、ウィキリークスに提供していたというのです。

この調査を受けて**オバマ大統領は、ロシアに対する制裁として、駐米ロシア大使館員三五人を国外追放**しました。外国との関係が悪化した場合、相手国の大使館員に国外退去を通告することは、あることです。その場合、相手国も報復として同数の大使館員に退去を命じるのが通例ですが、プーチン大統領は、対抗措置を取りませんでした。トランプ大統領になれば、オバマ大統領の措置を撤回してくれるだろうと見込んでの態度でした。

ＣＩＡなどを統括するクラッパー国家情報長官は六日、トランプにも詳しい内容を報告しました。

実は、大統領選挙の終盤になると、アメリカ政府は、慣例としてＣＩＡなどの極秘情報を、民主、共和両党の候補者に報告・レクチャーすることになっています。どちらが大統領に当選しても、すぐに対応できるように知っておいてもらおうという意図があります。

こうしたブリーフィングは、原則として毎日受けることになっていますが、トランプは真面目に聞こうとしてきませんでした。今回は国家情報長官が直々にトランプに説明。トランプは内容を受け入れたということです。

それでもトランプは、「ロシアと良好な関係を保つことは良いことであり、悪いと考えるのは間抜けや愚か者だけだ」とツイートしています。

トランプは、単におだてられてロシアが好きになったのか、自分を大統領に当選させてくれたロシアに恩義を感じているのか、それともロシアのエージェントなのか。プーチンに「籠絡」されたトランプの対ロシア政策への不安が広がっています。

ロシアゲート疑惑②

▼秘密交渉させたのは誰か

アメリカのトランプ政権は、発足からわずか三週間で危機に瀕しました。国家安全保障担当のマイケル・フリン大統領補佐官が辞任したからです。当初はフリン氏が自ら辞任を申し出たとされていましたが、実際はトランプ大統領が辞めさせたようです。「お前はクビだ（You're fired）！」と、かつてのテレビ番組の決め台詞でも言ったのでしょうか。

フリン氏といえば、安倍総理とトランプ大統領との首脳会談を成功させる上でのキーマンでした。

また、外交問題に詳しくないトランプ大統領にとってのアドバイザーであり、安全保障の分野での知恵袋でもありました。トランプ政権から距離を置く専門家が多い中で、選挙戦の初期からトランプ氏を応援していた数少ない人物でした。

彼は何をしたのか。二〇一六年一二月、休暇中に滞在していたドミニカ共和国から、ロシアのセルゲイ・キスリャク駐米大使に何度も電話をかけたというものです。この電話は、当時のオバマ大統領が、駐米ロシア大使館員らロシアの外交官三五人を国外追放するとの制裁措置を発表した直後でした。

オバマ大統領は、ロシアが民主党全国委員会にサイバー攻撃をかけて民主党幹部のメールを盗み取り、ウィキリークスに暴露することで選挙戦に介入したことに対して制裁に踏み切ったのです。

フリン氏の電話は、「トランプ政権になったら制裁を解除するから、ロシアは報復制裁をしないでくれ」と頼むものだったというのがアメリカのメディアの報道でした。オバマ大統領の制裁発表の直後に、電話をした内容が、なぜ明らかになったのか。FBI（連邦捜査局）がロシア大使の電話を盗聴していたからです。

FBIがロシア大使の電話を盗聴していたことが明らかになれば、ロシアとの外交問題になりますし、ロシアは盗聴されないように対策を取るでしょう。つまり、それだけFBIにとって不利になることなのに、敢えてメディアにリークした関係者がいたのですね。そのことは、トランプ政権への危惧の念を持つ関係者がいることを示しています。その後、これに関する情報が次々に出て来るところを見ると、心配している関係者は多数いるようです。

ロシアの大使に電話をしたことが報道されると、フリン氏は、「クリスマスの挨拶をしただけ」と主張しました。これで言い逃れられると思ったのでしょうか。二〇一七年一月二二日、大統領補佐官に就任します。

すると、FBIから電話の内容について報告を受けた司法省のイェーツ司法長官代行が二六日、ホワイトハウスに対して「フリン氏の説明は嘘だ」と報告します。

さて、イェーツ司法長官代行という名前、記憶にありませんか？　トランプ大統領がイスラム圏七か国からの入国を停止する大統領令を出したとき、「司法省の職員は命令に従う必要はない」との指示を出したことでクビになった人物です。こうなると、「フリンの説明は嘘だ」と報告してきた人物が邪魔になったからではないかと憶測してしまいます。

ロシアとの内通者はほかにも？

フリン氏はロシアとの間に強い人脈を持つことで知られていました。ロシアのテレビ放送に出演したことがありますし、二〇一五年にモスクワで開かれた会合ではプーチン大統領と同じテーブルについていました。

今回、フリン氏の電話の内容が問題になったのは、法律に違反する疑いがあるからです。この法律は一七九九年に制定された「ローガン法」。政府から権限を与えられていない民間人が外国政府との外交協議を行うことでアメリカ政府の外交に干渉することを禁じています。フリン氏が電話をしたのは二〇一六年一二月。まだトランプ政権は発足しておらず、フリン氏は民間人です。

しかし、ここで疑問が出ます。フリン氏は、自分の意思でロシア大使に電話をしたのかという疑問です。しかも海外でのクリスマス休暇中に。誰かがフリン氏に対し、ロシア大使と交渉しろと命令したからではないかという疑惑が出てきます。フリン氏にそんなことを指示できる人物はひとりしかいません。今後は、この事件にトランプ大統領が関与していなかったか、ということが大きな焦点になるはずです。

しかも、疑惑はこれに留まりません。二月一四日の「ニューヨーク・タイムズ」は、**大統領選挙中にトランプ陣営の参謀がロシアの情報機関幹部とたびたび連絡を取りあっていたことをFBIが把握していた**と報じています。

この参謀の中には、二〇一六年八月までトランプ陣営の選挙対策本部長だったポール・マナフォート氏の名前もあります。マナフォート氏は、ウクライナのヴィクトル・ヤヌコビッチ前大統領が率いる与党「地域党」の秘密口座に名前があったと報じられていました。

ウクライナのヤヌコビッチ前大統領は親ロシア派。ロシア寄りであることが批判されてロシアに亡命した後、在職中に多額の蓄財をしていたことが暴露されています。つまりマナフォート氏は親ロシア派として活動していたのです。

マナフォート氏は、選挙戦の方針をめぐって他の幹部と対立したために辞任したと伝えられましたが、実際には、ロシアとの関係が深すぎたことが問題になりそうだったので身を退いたとされています。

「ニューヨーク・タイムズ」は、マナフォート氏以外にも三人の幹部がロシアの情報機関と頻繁に連絡を取り合っていたと報じています。

トランプ氏は二〇一六年の選挙戦中、「ロシアの情報機関がヒラリー・クリントンのメールを盗み出して公開してほしい」と演説していました。これでは「アメリカをスパイしてくれ」と頼んだようなもの。こうなると、トランプ大統領は、ロシアの情報機関とトランプ陣営内部のロシアのエージェントの協力によって誕生したと思わざるを得ません。早くも前途多難です。

▼選挙戦で「オバマが盗聴」と主張

日本では森友学園の理事長が、安倍首相夫人の昭恵さんから一〇〇万円の寄付を受けたと主張し、その主張が事実かどうか騒ぎになりましたが、アメリカは、もっとスケールが大きく、イギリスまで巻き込んだ騒動に発展しました。

ドナルド・トランプ大統領は二〇一七年三月四日、選挙中にオバマ大統領が自分の電話を盗聴していたとツイートしました。これが根拠のない主張だと批判されると、大統領報道官が「イギリスの情報機関に盗聴させていた」とフォローしました。大統領報道官とは辛い立場ですね。親分の主張が理不尽だと思っても、弁護しなければならないのですから。

大統領報道官の発言に対しては、イギリスが事実無根だと抗議。イギリスのメディア各社は、「アメリカ政府がイギリスに謝罪した」と報じましたが、トランプ政権は、謝罪していないと否定しました。

もうここまでくると、何が何だかわからなくなりそうですが、トランプ大統領は、

「フェイク情報」（ウソの情報）をまき散らすことで、自分の立場を急速に悪化させています。

前大統領が自分の電話を盗聴させていたことが事実なら、とんでもないスキャンダルです。主張する以上、当然のことながら、その根拠を示す責任があります。ところが、根拠を示すことは一切ないのです。

トランプ大統領は、なんでこんなことを言い出したのか。考えられるのは、トランプ陣営が選挙中、ロシア側と選挙について謀議をめぐらしていた疑惑をFBIが捜査しているという報道が出たことに対する反撃ではないか、ということです。FBIは駐米ロシア大使の電話を盗聴していたことが明らかになっています。その結果、トランプ政権で要職に就いたばかりのマイケル・フリン氏が辞任に追い込まれました。これはトランプ陣営にピンチ。そこで、そんなことをするFBIは、オバマ大統領の命令で悪いことをしていたという印象操作をしようとしているのではないか、というわけです。

これにはFBIのジェームズ・コミー長官が反撃に出ました。三月二〇日、連邦議会で、盗聴されていたというツイートの主張を裏付ける証拠はないと明言したのです。

さらにFBIは、トランプ陣営の選挙運動とロシアとの関係について捜査中であることを認めました。

大統領選挙中、ロシアは民主党全国委員会のサーバーをハッキングして、大量のメールを盗み出し、この情報をウィキリークスで暴露させていました。ここにトランプ陣営が関係していたとなると、ロシアに対し、ヒラリー・クリントン陣営のメールを盗むように依頼していたという疑惑すら生まれます。

もし事実なら、**他国の情報組織の助けを借りて当選したという、前代未聞のスキャンダル**です。このスキャンダルを隠すために**「オバマによる盗聴」という事実無根の主張を始めたトランプ大統領の、〝目くらまし〟作戦ではないか**という可能性が生まれます。

超党派の委員会も否定

トランプ大統領の主張は、身内である与党の共和党議員からも否定されました。共和党と民主党の超党派の上院情報委員会の幹部は共同声明で、〈トランプ氏が選挙期間中に住居兼オフィスとして利用していたマンハッタンのトランプタワーが政府の監視対象になっていた「証拠はない」と述べた〉（二〇一七年三月一七日付「ウォール・ストリート・ジャーナル」日本版）というのです。

では、実際問題として、大統領は国内のアメリカ人の電話を盗聴（傍受）するように命じることはできるのでしょうか。

この場合、考えられるのは、トランプ陣営がロシアと連絡を取り合っていた疑いを持ったということでしょう。外国政府の情報収集活動に対する盗聴（傍受）に関しては、外国情報監視法という法律が適用されます。

アメリカの情報機関（たとえばＦＢＩ）が傍受しようとする場合は、外国情報監視法にもとづいて設立された外国情報監視裁判所から捜査令状を得て盗聴器を仕掛けることになります。この手続きは原則として機密扱いです。しかし、大統領なら機密扱いを解除するように命令することが可能です。

オバマ大統領に盗聴されていたとツイート

つまり、本当にオバマ大統領が密かに盗聴をさせていたならば、トランプ大統領が、自らの大統領権限を行使して事実関係を明らかにできるのです。**トランプ大統領は、ツイートしていないで、お得意の大統領令を発して、機密を解除させればいいのです。**

なぜ、それをしないのか。そもそ

もそんな機密は存在しないからだと思わざるを得ません。

しかし、トランプ大統領がこんな主張を始めた根拠があるかもしれないという指摘もあります。それは、トランプ政権のスティーブン・バノン首席戦略官が会長だったニュースメディア「ブライトバート・ニュース」が、トランプ大統領が盗聴の主張を始めた前日、ある記事を掲載しているからです。トランプ大統領は、その記事を読んで信じ込んだのかもしれないというのです。

その記事は、保守派ラジオのホストのマーク・レビン氏を情報源としたもので、アメリカの情報機関が、トランプ政権に対して「静かなクーデター」を企てているというのです。その一環として、オバマ政権がトランプ陣営の監視の許可を得たと主張しています。

ちなみに「ブライトバート」は、極端なトランプ寄りで反・民主党。これまでたびたび根拠のないニュースを流してきました。いわゆる「フェイクニュース」(嘘ニュース)です。

トランプ大統領は、CNNやニューヨーク・タイムズをしばしば「フェイクニュース」だとして罵倒していますが、本人がフェイクニュースにもとづいて、フェイクの主張を展開しているのではないか、というわけです。

ロシアゲート疑惑④
▼FBIとCIAを敵に

　アメリカを代表する情報機関といえば、ＦＢＩとＣＩＡ。この二つの組織を敵に回すなど、普通は恐ろしくてできることではないのですが、ドナルド・トランプ大統領は、普通ではないですからね。遂に両者と敵対することになりました。はてさて、これからのアメリカはどうなることやら。

　まずは、二つの情報機関の違いから説明しましょう。ＣＩＡは中央情報局と訳されますが、正式名称はCentral Intelligence Agency。インテリジェンスは日本語で「情報」と訳されてしまい、インフォメーションとの違いがはっきりしなくなるのですが、「インテリジェンス」とは、単なる情報ではありません。世界各地から集めた情報を精査し、意味を読み解き、政策決定者の役に立つように整理されたもののことです。敢えて日本語にすると「諜報《ちょうほう》」でしょうか。

　ＣＩＡはスパイ組織。スパイというと、００７のような派手なアクションを思い浮かべる人もいるでしょうが、そんなことはないのですよ。ちなみに００７はイギリスの秘密情報部員。通称ＭＩ６で、ＣＩＡとは友好・協力関係にありますが、別組織です。

ＣＩＡの多くの職員は情報を収集・分析する仕事が主で、腕力に訴えるわけではありません。むしろ青白いインテリが多いと考えてください。ＣＩＡの担当は海外。アメリカ国内での活動は原則として禁止されています。国内でのスパイ活動ならびにスパイ対策はＦＢＩの役割です。ＦＢＩは連邦捜査局と訳され、正式名称はFederal Bureau of Investigation。簡単に言えば国家警察です。

アメリカの警察制度は基本が自治体警察。ニューヨーク市警やロサンゼルス市警は映画でおなじみでしょう。それぞれの市内や州内で州の法律に違反する事件を捜査します。

これに対してＦＢＩは、州をまたぐ事件やテロなどの凶悪事件、連邦法違反事件などを捜査します。日本にはない組織です。日本の警察庁は、全国の都道府県警察の連絡調整機関の役所であって、独自の捜査機能は持っていません。「警察庁捜査員」とは漫画やドラマの世界です。

トランプ大統領がまず敵に回したのはＣＩＡでした。大統領に就任するや、すぐにＣＩＡ本部の建物に乗り込んでいったのはいいのですが、幹部職員を集めて言ったのは、自分が選挙で圧倒的に勝った自慢話でした。

実はＣＩＡの建物には、職務中に殉職した職員の数だけ星が壁に掲示してあります。ＣＩＡの職員は職務中に殺害されたり、事故で死んだりしても、名前を明らかにできないケースもあります。星が象徴なのです。

ＣＩＡを訪問した外部の人間は、まずは祖国のために命を投げ出した職員のために敬意を表するのですが、トランプ大統領は、その星に背を向けて自慢話をしたのです。ここでＣＩＡ職員たちは敵意を持ちました。

ところが、それで終わりませんでした。

同盟国からの情報をロシアに渡す

二〇一七年五月一〇日、ロシアの外相と駐米ロシア大使がホワイトハウスにトランプ大統領を訪問した際、トランプ大統領は、「俺には毎日すごい情報が入ってくる」と自慢して、**ＩＳ（過激派組織イスラム国）内からもたらされた情報と、その情報を得た都市の名前をロシア側に伝えた**というのです。

これは、ＩＳが携帯用パソコンに仕掛ける爆弾を開発したという情報でした。最近になってアメリカは、中東からアメリカに向かう航空機に携帯用パソコンを持ち込むのを禁止しましたが、それは、この情報に基づいていたのです。

この情報は、アメリカの同盟国であるイスラエルの情報機関のスパイがＩＳ支配地域から得たものでした。情報を得た都市の名前を勝手に他国に伝えてしまったら、そこで活動するイスラエルのスパイの生命を脅かすことになります。

世界の情報機関には厳しい掟があります。それは、**他の友好関係にある情報機関からもたらされた情報は厳重に秘匿し、相手の承諾なしに他に知らせてはならない**というものです。トランプ大統領は、イスラエルの承認なしにロシアに伝えてしまったのですから、両国の信頼関係は崩れます。今後、イスラエルは機微に触れる情報をアメリカに教えなくなる可能性があります。これにはCIAが怒り心頭です。CIA自身、重要な情報を大統領には伝えないでおこうということになりそうです。

もうひとつ敵に回したのがFBIです。FBIは、去年の大統領選挙中、トランプ陣営がロシアと密約を結び、ヒラリー・クリントンを追い落とそうとしていたのではないかという疑惑を捜査しています。

これについて、トランプ大統領は五月九日、**FBIのジェームズ・コミー長官を解任しました。**解任理由について「FBIをきちんと率いていけないからだ」という曖昧な言い方をしていますが、**解任前、トランプ大統領は、三回にわたってコミー長官に「自分は捜査対象になっているのか」と問いただしています。**自分が無関係なら、心配する必要もないこと。実に怪しいですね。

自分の疑惑に蓋をしようとしているのではないか。こんな疑惑が浮上すれば、どこかの国の官僚のような忖度をしない人間がいるのがアメリカの強み。司法省の副長官が一七日になって特別検察官を任命しました。たとえＦＢＩ長官が解任されても、特別検察官が引き続き捜査を続けることになったのです。

本来は司法長官が任命すべき人事ですが、司法長官は大統領選挙中、トランプ陣営にいた当事者のひとり。今回の事件捜査から外れ、副長官が代わって任命したのです。

特別検察官は日本にない役職です。政治的な問題が絡むとき、政治に左右されずに独立して捜査できる権限を持っています。トランプ大統領の先の見通しは一段と暗くなりました。

▼トランプを操るユダヤ人の娘婿

ドナルド・トランプ米大統領の政権を支える人材の中心人物とされるのが、トランプの娘イヴァンカの夫のジャレッド・クシュナーです。安倍晋三首相がトランプの自宅で会った際、同席して写真に写っていましたね。トランプにとっての最初の〝首脳外交〟に同席させたのですから、如何に信頼しているかわかろうというものです。

彼はユダヤ人です。選挙中、トランプは娘について、「ユダヤ人と結婚するため、娘もユダヤ人になった」と発言しています。ユダヤ人票欲しさのコメントだとは思いますが、トランプ政権の外交政策を見る上でのキーポイントのひとつになるでしょう。

というのも、**彼は正統派ユダヤ人だからです。**「正統派」と言われても、日本にいるとピンと来ませんね。イスラエルでもアメリカでも、戒律をきちんと守る原理主義的なユダヤ人もいれば、とりたてて意識しない〝なんちゃってユダヤ人〟もいます。**正統派ユダヤ人は、日頃から戒律に則った食事をし、金曜日の日没から土曜日の日没までの安息日には一切仕事をしない等のきまりを守って生活**しているのです。

ジャレッドの祖父母はポーランドからの移民です。第二次世界大戦中にナチス・ドイツによって実行されたホロコースト（ユダヤ人大虐殺）を生き延び、戦後になってアメリカに渡りました。祖父母は無事でしたが、親族には犠牲になった人たちがいるそうです。

両親も敬虔なユダヤ教徒で、息子のジャレッドは厳格な戒律を守りながら成長したといわれます。これは名前からも推測できます。「ジャレッド」はユダヤ教の聖書の「創世記」の中に出てくる人物の名前（ヤレド）だからです。「創世記」では九六二歳でなくなったとされています。随分と長生きですね。彼の子孫が「ノアの箱舟」で知られるノアです。

ジャレッドが生まれたのはニューヨーク州の隣のニュージャージー州。ハーバード大学を卒業後、ニューヨーク大学のビジネススクールとロースクールの共同プログラムで経営学修士と法学位を取得しています。

彼は二六歳のとき、ニューヨーク中心部の五番街に面した高層ビルを買収して名を馳せました。トランプの自宅があるトランプタワーのすぐそばです。

トランプの娘のイヴァンカも父の仕事を手伝って不動産業に従事し、そのプロジェクトの一環でジャレッドと知り合いました。

結婚に当たり、イヴァンカがユダヤ教に改宗したということは、ジャレッドが求めたのでしょう。イヴァンカがユダヤ教徒にならないと、自分の子どもたちがユダヤ教徒になれないからです。

というのも、「ユダヤ人」とは、「ユダヤ人の母親から生まれた人、またはユダヤ教に改宗を認められた人」というのが一般的な定義だからです。これはイスラエルがユダヤ人に国籍を与える法律の定義です。

イスラエルと関係改善か

つまり父親がユダヤ人でも、母親がそうでなければ、子どもはユダヤ人ではないのです。

なんでそうなのか。子どもの父親が誰かはわからないことがあるが、母親が誰かは明確だから、というわけです。

イヴァンカは長老派キリスト教徒として育ちました。ユダヤ教に改宗するには、「ユダヤ教徒になります」と宣言してもダメなのです。ここがイスラム教徒と異なるところですね。イスラム教への改宗は、イスラム教徒二人を証人にして、「アラーのほかに神はなし、ムハンマドは神の使徒なり」とアラビア語で三回唱えるだけでいいのですから。

これに対し、ユダヤ教徒になるには、ユダヤ教の学校に通って聖書と戒律、ヘブライ語を学び、ユダヤ教を深く理解しているかどうか、ラビ（ユダヤ教の宗教指導者）の面接試験を受けなければなりません。

それだけではないのですね。自宅のキッチンが戒律通りになっているかの実地検査もあります。乳製品と牛肉が別々に調理できるようになっているか調べられるのです。

というのも、「聖書」に、「子山羊をその母の乳で煮てはならない」という記述があり、これを牛肉にも適用しているからです。ユダヤ教徒は、ステーキを食べながら牛乳を飲む、などということはできないのです。このためチーズバーガーなどは禁忌ですし、肉料理のデザートにアイスクリームを食べることはできません。

以前、トフティという豆腐アイスクリームが話題になったことがあります。これはユダヤ教徒もデザートとしてアイスクリームが食べられるようにしようと考案されたものだったのです。

どうも話が逸れますが、**イヴァンカがユダヤ人になってから出産したことで、イヴァンカの三人の子どもたちもユダヤ人**なのです。アメリカには反ユダヤ主義を唱える差別主義者がいて、トランプ支持を公言している人物もいるのですが、そのトランプには、実はユダヤ人の孫がいるのですね。

イヴァンカは、夫と共にニューヨークのシナゴーグ（ユダヤ教の礼拝所）に通い、イスラエルを熱烈に支持すると発言しています。トランプの閣僚選びに大きな影響力を持ち、「トランプを操る男」と称されるジャレッドとイヴァンカのコンビは、トランプ政権の中東外交にも大きな影響を与えることでしょう。

イスラエルのネタニヤフ首相は対パレスチナ強硬派で、パレスチナ和平を進めようとするオバマ政権と関係が悪化していました。これが親イスラエルのトランプ政権の誕生で、劇的に変化するかも知れません。

しかし、もしトランプ政権がネタニヤフ政権に肩入れするようになれば、パレスチナや周辺のアラブ諸国は猛反発するでしょう。中東和平は一段と遠のくかもしれないのです。

▼エルサレムを首都認定

アメリカのトランプ大統領就任で世界情勢は大きく変わります。日本国内ではアメリカがＴＰＰ（環太平洋経済連携協定）から離脱することや、駐留米軍経費の負担増などが注目されていますが、大きな火種は、イスラエルにあるアメリカ大使館の移転問題です。

イスラエルにあるアメリカ大使館も日本大使館も、他の大多数の国々の大使館も、地中海沿岸の都市テルアビブにあります。それを、トランプ大統領は、エルサレムに移したのです。

さて、それがなぜ問題なのか。それは、**イスラエルが国連決議に反してエルサレムを不法占領していることをアメリカが追認する、**つまりアメリカも国連決議を無視したことになるからです。移転が強行されたことで、**中東の親米国家も一斉に反発**したのです。

その理由は、中東問題を紐解くことで理解できます。

ユダヤ人は、中世以来ヨーロッパ各地で差別され、時に虐殺されてきました。一九世紀後半、ユダヤ人たちは、国家を持たないからこういう目に遭うのだと考え、かつて「神から与えられた地」にユダヤ人国家を建設しようと考えます。その場所がパレスチナでした。

パレスチナに多数のユダヤ人が入ってくると、それまで住んでいたアラブ人（パレスチナ人）との衝突が起きるようになります。パレスチナはイギリスの統治下にありましたが、第二次世界大戦ですっかり疲弊したイギリスは、ここから撤退。あとの処理を国連に委ねます。

国連は、パレスチナを「ユダヤ人国家」と「アラブ人国家」に分割する案をまとめます。このとき**エルサレムは、どちらのものにもせず、「国際管理」**とします。ここは、ユダヤ教、キリスト教、イスラム教の三つの「聖地」だからです。

この国連決議にもとづき、一九四八年五月、イスラエルが建国宣言します。宣言した場所はテルアビブでした。これ以降、イスラエルを国家として承認した国々は、テルアビブに大使館を設置します。大使館は、相手の国の首都に置くことになっています。各国ともテルアビブを首都とみなしたのです。

ところが、イスラエル建国宣言の翌日、周辺のアラブ諸国がイスラエルを攻撃。第一次中東戦争が勃発しました。アラブ諸国は、自分たちが住む場所に勝手に異教徒が国家をつくったと怒ったからです。

この戦争はイスラエルが勝利し、イスラエルは、国連決議で割り当てられた「ユダヤ人国家」の面積以上を占領します。このときエルサレムの西部も占領しますが、聖地が集中する旧市街がある東エルサレムはヨルダンが占領しました。エルサレムは東西に分断されたのです。

その後、一九六七年に起きた第三次中東戦争で、イスラエルは東エルサレムも占領。分断していた壁を撤去し、エルサレムを「分割されることのない永遠の首都」と宣言したのです。

米議会は移転を決議していた

イスラエルは、外交関係のある世界各国に、大使館をエルサレムに移転するように求めますが、それでは国連決議に反しますから、どこの国も応じていませんでした。

一方、イスラエル建国や中東戦争で住む場所を失ったパレスチナ人たちは、PLO(パレスチナ解放機構)のヤセル・アラファト議長の指導のもと、武装闘争を開始します。見かねた北欧の国ノルウェーが仲介に乗り出し、オスロ合意が成立。一九九三年、アメリカのクリントン大統領を保証人として「パレスチナ暫定自治協定」が調印されます。アラファト議長とイスラエルのイツハク・ラビン首相が握手を交わしました。

この協定にもとづき、イスラエルが占領していた場所に「パレスチナ自治区」が設定されました。ヨルダン川西岸地区とガザ地区です。

ここを将来「パレスチナ国家」にしたい。これがパレスチナ側の願いです。そのときの首都は、イスラム教の聖地がある東エルサレム。イスラエルの首都とは認めないのです。

一方イスラエルは、エルサレムが首都であることを、まずはアメリカに認めさせたい。そのためにアメリカ大使館をエルサレムに移転させよう。ユダヤ人たちは影響力を行使します。アメリカのユダヤ人には裕福なビジネスマンも多く、政治家たちへの献金を欠かしません。反イスラエルの姿勢を取ろうものなら、対立候補に政治献金を集中させます。かくして**多くの政治家は、親イスラエルの立場**を取るのです。**一九九五年、「エルサレム大使館法」という法律をアメリカ議会が成立させます。**これはアメリカ大使館をエルサレムに移転するという内容です。しかも「一九九九年五月三一日までに移転する」という期限つきでした。

ただし、**歴代の大統領は、移転に踏み切りませんでした。**というのも、こんなことをしたら、中東周辺各国が猛反発して収拾がつかなくなることは明白だったからです。このため、大統領は「安全保障上」を理由に実施を半年間先延ばしすることを議会から承認を受け、半年ごとに延期し続けてきました。

ところが、トランプ大統領には、この常識が通用しません。その理由は、前項で取り上げた「トランプを操る男」である娘婿ジャレッド・クシュナー氏の存在です。彼は敬虔なユダヤ教徒。トランプの娘イヴァンカをユダヤ教に改宗させるほどの筋金入りです。彼は、アメリカ大使館をエルサレムに移転させ、エルサレムが首都であることを世界にアピールしたかったのです。

家族の情にほだされ、国際情勢への影響を見ることができない大統領によって、世界は翻弄されています。

ユダヤ教徒の娘婿クシュナーの思惑どおり？

エルサレムはなぜ聖地？

そもそもなぜエルサレムは各宗教の聖地なのでしょうか。ここにはユダヤ教徒にとっての聖地である「嘆きの壁」と、キリスト教徒にとっての聖地である「聖墳墓教会」、イスラム教徒にとっての「岩のドーム」

という、三つの宗教の聖地が、わずか一キロ四方の狭い場所に集中しているからなのです。今回は、基礎の基礎から解説いたしましょう。

まずはユダヤ教から。ユダヤ教の聖典はキリスト教でいうところの『旧約聖書』です。この中に、ユダヤ人の祖先であるとされるアブラハムが神から試されるという話が出てきます。

敬虔なアブラハムに対し、神は息子のイサクを神に生贄として捧げるように求めます。我が子を殺すことを命じられたアブラハムは、神の命令を実行しようとします。イサクを丘の上に連れて行き、岩の上に横たえて殺そうとした瞬間、神はアブラハムの忠誠心を確認して制止したというのです。

神の声を聞くことができた場所。この丘に、紀元前一〇〇〇年頃、古代イスラエルを統一したダビデの子ソロモン王が神殿を建設しました。

古代イスラエル王国はその後、いったんバビロニアに滅亡させられ、神殿も破壊されますが、同じ場所に神殿を再建します。

その後はローマ帝国に支配され、抵抗して反乱を起こしたために、神殿はまたも破壊されてしまいます。

それ以降、**ユダヤ人たちは、廃墟となった神殿のうち、残された西の壁に対して祈りを捧げるようになりました。この西壁が「嘆きの壁」**です。嘆きの壁と呼ばれるのは、ユダヤ人たちが、失われた神殿に思いを馳せて嘆くから、という説と、壁が夜露に濡れて、まるでユダヤ人の運命を嘆いているように見えるからだという説があります。

このエルサレムから少々離れたベツレヘムという場所で、いまから二〇〇〇年以上前、マリアというユダヤ人の女性からイエスという男の子が生まれます。もちろんイエスもユダヤ人です。彼は長じてユダヤ教の改革運動を始めたため、長老たちの怒りを買います。イエスは、神殿のあるエルサレムに来て捕まり、ローマ帝国に引き渡されて死刑にされます。イエスが十字架にかけられたのは、それが当時の死刑執行の方法だったからです。

3つの宗教の聖地があるエルサレム

イエスが「キリスト」になった

殺害されたイエスは、近くの墓に埋葬されますが、三日目に復活し、信者たちに説教をしてから昇天したと伝えられています。

ユダヤ教には救世主信仰があります。この世の終わりには救世主が出現し、人々を導いてくれる、というものです。イエスに従ってきた人たちは、「イエスこそが救世主（キリスト）ではないか」と考えるようになります。この人たちがキリスト教徒と呼ばれるようになるのです。

イエスの墓があったとされる場所には、「聖墳墓教会」が建設されます。ただし、イエスは天に昇ったとされていますから、イエスの遺体や遺骨があるわけではありません。

これが、嘆きの壁と聖墳墓教会が同じエルサレムにある理由です。

次はイスラム教です。イエスが処刑されてから五四〇年ほど後、アラビア半島のメッカで生まれたムハンマドという男性が、「神の声を聞いた」として、その内容を周囲に伝えるようになります。ムハンマドは「神の声を預かった人」という意味の預言者と呼ばれ、彼の話す内容は、やがてイスラム教の教えになります。彼が神から（厳密には天使を通訳にして）聞いたという内容は、聖典『コーラン』としてまとめられました。

この中で、ムハンマドがある夜、天使に付き添われ、天馬に乗って「遠くの町」まで行き、そこから天に昇って神や預言者たちに会い、再び地上に戻ってきたとされています。

この「遠い町」とはどこか。後の信者たちは、エルサレムだと考えました。**エルサレ**

ムのユダヤ教の神殿が破壊された後、元となった岩（アブラハムが我が子イサクを横たえた岩）は、剝き出しのままになっていました。**ムハンマドは、メッカからエルサレムまで空を飛んできて、この岩に触ってから天に昇ったと考えられるようになった**のです。

この岩には、ムハンマドがつけた「足跡」とされるものが残っています。私も触ったことがあります。随分と大きな足跡でした。

イスラム教徒たちは、岩が直射日光や風雨にさらされて崩れるのを恐れ、六九二年に岩を保護するドームを建てました。その後、オスマン帝国時代、いまのような装飾となりました。

ここは聖なる岩を保護する建物であり、建物自体は祈りの対象ではありません。イスラム教徒たちがメッカの方角に向かって祈りを捧げるモスクは、岩のドームの近くに建設されました。それが「アル・アクサモスク」（遠い町のモスク）です。

その結果、ユダヤ教徒にとって聖なる場所である神殿の丘（神殿の跡）が、イスラム教徒にとっての聖地にもなっているのです。

三つの宗教の聖地だから、特定の国の首都とすると紛争が起きる。なので、国際管理都市にしておく。昔の人の知恵が崩されたのです。

▼米中貿易戦争をはじめる理由

アメリカのドナルド・トランプ大統領の一挙手一投足によって世界は振り回されています。それは日本も同じですが、最も対策に苦慮しているのは、中国ではないでしょうか。

トランプ当選が決まってまもなく、**トランプは台湾の蔡英文総統のお祝いの電話に出て会談しました**。これには中国当局が度胆を抜かれたはずです。従来の米中関係では、アメリカは中国の主張する「ひとつの中国」を受け入れ、台湾の総統との直接会談などは避けてきたからです。

「ひとつの中国」とは、「台湾は独立国ではなく、中国は中華人民共和国というひとつの国だ」という主張。一九七二年、当時のニクソン大統領が訪中し、国交を正常化した際、アメリカは、中国の主張を「acknowledge（認識）」すると表現しました。積極的に同意はしないが、言っていることは理解しました、という微妙な表現です。それ以降、アメリカは台湾を国家としては扱わないように慎重に対処してきました。

ところがトランプは、そんな経緯にはお構いなし。「ひとつの中国」にはこだわる必要があるのか、とまで発言しています。

ただ、ここで注意したいのは、トランプが「台湾は民主主義国家だから大事にしなければ」と考えているわけではないということ。台湾の総統と電話で会談した真意を問われたトランプは、**「アメリカ製の武器を大量に買ってくれるお得意様からお祝いの電話が来たら、出るのは当然だろう」**と答えています。**まさにビジネス上の判断**なのですね。

「中国は為替操作国」というトランプの攻撃

　ということは、日頃から対中貿易赤字に怒っているトランプは、中国がアメリカとの貿易でアメリカの主張を受けいれるなら、「ひとつの中国」を認めるかもしれないのです。トランプにとって台湾は、中国との取引材料のひとつに過ぎない。そう考えたほうがよさそうです。

では、トランプは、中国について何を主張しているのか。

中国は意図的に自国通貨の人民元を安く抑え、対米貿易で大儲けをしている。アメリカ国内に安い中国商品が大量に流入し、**アメリカ製の商品が売れず、雇用が失われている。**そこで**中国を「為替操作国」に指定して、報復関税をかける。**

これが主張です。では、実際はどうか。たしかに人民元は、トランプ大統領選挙に勝利後、安くなっています。しかし、**この人民元安の理由はトランプ自身が作り出しているのです。**

トランプ政権誕生で、今後、大規模なインフラ投資が行われてアメリカの景気が良くなるのではないか。金融規制を撤廃し、金融機関が再び金儲けできるのではないか。こんな期待からニューヨーク株式市場は急上昇。アメリカに投資しようと、世界中の資金が流入して、ドル高が進み、結果として世界各国の通貨が下落しました。それを「意図的に人民元安にするのはけしからん」と非難するのは、理不尽です。

中国、実は人民元安阻止に必死

たしかにかつての中国は、人民元の為替レートを固定化し、人民元安を利用して貿易を拡大してきました。それは事実ですが、アメリカから批判されたこともあり、二〇〇五年頃から緩やかな人民元高を進めてきたのです。

ところが、このところ中国経済は失速状態。経済成長率が落ち込み、輸出額は前年割れが続いています。中国の国内経済が落ち込んでいるため、外国からの投資も減っています。人件費が高騰したため、以前のような安いコストで製造することができなくなった工場が、ベトナムやミャンマー、バングラデシュに逃げ出しています。

こうなれば、人民元安にならざるを得ません。ところが、これだけではありません。中国経済の先行きに不安を抱いた富裕層や企業は、保有している資産を海外に持ち出しているのです。共産党による事実上の一党独裁が続く中国では、共産党の方針転換で資金を持ち出せなくなってしまうという不安もあります。いまのうちに、というわけです。

また、**中国は土地の使用権は売買できても、土地それ自体を保有することはできません。**そこで金持ちたちは、日本やアメリカの不動産を買い漁っているのです。**海外に投資するためには、持っている人民元を売って、ドルや円を買わなければなりません。**人民元を他の通貨に替えようとする勢いが強まれば、需要と供給の関係で、人民元が安くなるのは当然です。

人民元安が続けば、「もっと人民元が安くなる前に他国の通貨に替えておこう」という動きが強まり、人民元は一層安くなりかねません。

焦るのは中国の中央銀行である人民銀行。為替相場を安定させないと、中国の富が国外流出してしまいますし、人民元が安くなると、トランプ大統領から「意図的に人民元安に誘導している」と批判されます。

トランプの辻褄《つじつま》の合わない攻撃（口撃）によって、中国は身動きが取れなくなっているのです。

▼温暖化対策を否定――パリ協定から離脱

アメリカのドナルド・トランプ大統領は、何を言い出すか予測不能。みんながこう思っているので、新しい方針を打ち出すと、大きなニュースになります。存在感を示すにはいい方法です。

何を言い出すか不明なのは、**実はトランプ政権内部に左右の対立があり、トランプ大統領がどちらの側につくかで変わってくる**からです。

政権内部の右の代表はスティーブン・バノン。右派のネットニュース「ブライトバート・ニュース」のトップでしたが、二〇一六年、トランプに頼まれて陣営入り。以後、イスラム圏からの入国禁止の大統領令の文章を書くなど、トランプ大統領に「選挙中の公約を守れ」と言い続けました。

一方、左の代表は娘イヴァンカの夫のジャレッド・クシュナー。元は民主党支持者でした。トランプ政権の極端な政策に歯止めをかけてきました。トランプが選挙戦中、「大統領になったらパリ協定から離脱する」と公約していたのに、すぐには実行しなかったのは、イヴァンカとクシュナーが「温暖化対策は必要」と引き留めていたからと言われます。

しかし、この左右の綱引きは、バノンに軍配が上がりました。トランプ大統領が二〇一七年六月一日、パリ協定からの離脱を発表したのです。

パリ協定は、二〇一五年一二月に採択され、二〇一六年九月、アメリカと中国が同時に批准しました。ここで、パリ協定について説明しておきましょう。

パリ協定を採択した会議は、パリで開かれたCOP21でした。COP21とは、「締約国の二一回目の会議」という略称です。国際条約にもとづく国際会議が開かれるとき、こういう呼び方をします。会議の正式名称は「国連気候変動枠組み条約第二一回締約国会議」です。

私たちは「地球温暖化」という言葉を使いますが、国連の場では「気候変動（climate change）」と表現します。

温暖化が進むと、地球上では一時的に寒冷化が進んだり、異常気象が増加したりするので、同条約上、人為的な理由で気候が変わることを「気候変動」と呼んでいます。つまり、COP21とは温暖化を防ぐための国際条約を結んだ国々による会議の二一回目ということです。

地球温暖化を防ぐといえば、一九九七年に日本の京都で開かれたCOP3がおなじみです。この会議で、温暖化を促進する二酸化炭素やメタンなどの温室効果ガスを削減するための目標が定められました。これが「京都議定書」です。

ただし、**削減義務があるのは先進国だけ。**中国やインドなど二酸化炭素を大量に出していても、開発途上国は義務化しませんでした。

このときは、一九九〇年の基準年に比較して、二〇〇八年から一二年までの五年間の平均でどれだけ削減するかが決められました。EU(欧州連合)は八%、アメリカは七%、日本は六%でした。基準年がなぜ一九九〇年か。世界の二酸化炭素排出量の総量の推定値が初めて算出されたからです。

「離脱」の影響は限定的?

このときのアメリカは民主党のクリントン大統領でした。環境対策に熱心なアル・ゴア副大統領の精力的な取り組みで議定書がまとまりました。

しかし、次の大統領選挙でゴアは落選。共和党のブッシュ大統領が誕生すると、アメリカは京都議定書から離脱してしまいました。石油業界に支援されたブッシュ政権は、石油業界に不利になることはやろうとしなかったのです。

京都議定書の期限は二〇一二年まで。その後の条約がまとまらないまま期限を過ぎてしまい、削減目標を二〇二〇年まで延期することにしました。これが「京都議定書第二約束期間」というものです。

日本は、「新たな削減目標を決められないまま先進国だけが削減義務を課せられるのは納得できない」として、離脱。**その結果、現在の日本は削減義務がないのです。**

しかし、地球温暖化は喫緊の課題。なんとか先進国も途上国もすべてが温室効果ガスの削減目標を打ち出すことができるようにしようと考えられたのがパリ協定でした。

目標達成の義務化は免除し、各国とも実現できる目標を自主的に掲げるということになりました。日本は二〇三〇年度までに二〇一三年度比で二六％削減。アメリカは二〇二五年までに二〇〇五年比で二六～二八％削減。EUは二〇三〇年までに一九九〇年比で四〇％削減です。基準年も目標年もバラバラです。

一方、中国は二〇三〇年までに二〇〇五年比で六〇～六五％削減という目標の数字を出しているのですが、これは対GDP当たり。GDPが増加すれば、温室効果ガスは増えてしまうのです。以前のようには増やさないようにするという決意表明であって、純減ではありません。

それでも世界の国々が揃って取り組むと決意表明したところに意味があります。しかし、トランプ大統領は、世界との連帯より自分の次の選挙が大事なのです。

トランプ大統領の演説には事実でないことが含まれるのはいつものことですが、今回の演説にも、それがあります。曰く「トランプ政権下のアメリカは地球上で最もクリーンで、最も環境に優しい国であり続ける」と演説しましたが、アメリカの二酸化炭素排出量は世界二位。どこが「最もクリーン」なのか。

「パリ協定ではアメリカがクリーンな石炭火力発電所の開発ができなくなる」とも述べましたが、パリ協定は各国の国内政策について規定がありません。開発を禁じていないのです。

実はパリ協定発効後、三年間は離脱できない規定があり、通告してから離脱が認められるのは一年後。つまり実際に離脱できるのは二〇二〇年一一月以降で、次の大統領選挙の結果の出る頃。**トランプ大統領が再選されず、環境重視の大統領が誕生したら、アメリカはパリ協定に復帰できる**のです。

▼黒人差別の実態は

アメリカの黒人教会で発生した銃の乱射事件は、いまだにアメリカに残る黒人差別を象徴するものでした。この事件をきっかけに、アメリカ国内では、グーグルやアマゾンが動き出すなど思わぬ影響が広がりました。

事件が起きたのは二〇一五年六月一七日の夜のこと。アメリカ南部のサウスカロライナ州チャールストン市の黒人教会で白人男性が銃を乱射。教会で聖書の勉強会に参加していた黒人一二人のうち九人が死亡しました。犠牲者の中には州の上院議員を務めていた教会の牧師も含まれています。

アメリカには、俗に黒人教会と呼ばれる教会が存在します。自らをそう名乗るわけではなく、宗派もさまざまですが、集まる信者はほとんどが黒人。ゴスペルを歌って踊るなど、独特の文化を持っています。

襲撃された教会は、エマニュエル・アフリカン・メソジスト・エピスコパル教会。一八一六年創設といいますから、二〇〇年の歴史を持つ由緒あるものです。

黒人の地位向上運動に取り組んだキング牧師も、一九六二年にこの教会で演説しています。

事件が起きたチャールストン市の隣の市では、二〇一五年四月、逃げる黒人男性を白人警察官が背後から射殺する事件が起き、警察官は殺人の罪で起訴されました。黒人は、黒人であるだけで白人警察官から不審者として職務質問されることが多く、その過程でトラブルになることがしばしばあります。

こんな雰囲気は、アメリカ南部に行くと、至るところで感じます。私がとりわけ**違和感を覚えるのは、アメリカ南部の州の公共施設に、その州の旗と共に「南軍旗」が掲げられていること**です。二〇年以上前になりますが、初めて見たときには、「南北戦争が終わって一〇〇年以上経つのに、まだ南部連合の旗を掲げているのか」と仰天したことを思い出します。

この南軍旗が、今回の事件で槍玉に上りました。事件を起こした黒人差別主義者の二一歳の男が、南軍旗を持っている写真を事件前にインターネットに投稿していたことがわかったからです。

南軍旗は、赤地に青い対角線が描かれ、青い対角線の中に一三個の白い星が交差しています。一三個の星は、七つずつ交差し、中央の星はひとつ。これは、南部の州がアメリカからの離脱を宣言したときに同調した七つの州と、最終的にアメリカ連合国に参加したとされる一三の州の数を象徴しています。

アメリカの南北戦争は、一八六一年から六五年まで戦われました。一八六〇年、奴隷制に反対するエイブラハム・リンカーンが大統領に当選すると、奴隷制を維持していた南部の諸州が反発。真っ先にサウスカロライナがアメリカ合衆国から離脱を宣言。計七州が脱退して、アメリカ連合国を結成しました。

その後四州が合流して計一一州となりますが、さらに二州内の反対派が加わったことから、アメリカ連合国を一三と数えることもあり、星の数の一三は、これを意味しています。

アメリカはいまも南北に分断

アメリカ連合国と、アメリカ合衆国からの離脱を認めない北部の州は戦争に突入。これが南北戦争です。投入された兵士は、北軍が一五六万人、南軍が九〇万人という総力戦となり、両軍合わせて五〇万人近い死者を出しました。

結局は北軍の勝利に終わり、これをきっかけに、アメリカでは奴隷制が廃止されることになりますが、南部では根強い黒人差別が続いています。

また、負けた南部諸州には、南軍に対するノスタルジーが残ります。英雄的に戦った先祖の功績を称えようという意識もあり、これが、南軍旗の掲揚につながります。州の施設に、アメリカ国旗と州の旗、それに南軍旗を並列して掲揚する州があるのです。サウスカロライナも、そのひとつです。

ついに撤去されはじめた

州の旗も、ミシシッピ、アラバマ、フロリダについては、現在も南軍旗のデザインが一部に取り入れられています。

しかし、黒人奴隷制を守ろうとした南部を象徴する旗は、そのまま黒人差別の象徴にもなります。

サウスカロライナの州知事は、インド系の女性知事で共和党です。過去には南軍旗を擁護したこともあったのですが、今回の事件では、さすがに従来の立場はとれなくなりました。とりわけ事件後、議事堂の国旗や州旗が犠牲者を悼んで半旗になったのに、南軍旗は通常通りに掲揚され、批判が殺到しました。

これを受けて知事は、議会に対して、州議会議事堂近くに掲揚されている南軍旗を撤去するように求めました。州の上院議員も犠牲者になっていることから、議会は撤去について同意。ついに撤去されました。

また、黒人差別の根絶を求めている団体の全米黒人地位向上協会（NAACP）は、他の州の南軍旗についても、「憎悪の紋章」だとして撤去を主張しました。

さらに六月二四日には、アラバマ州の知事も、州議会議事堂前に掲揚されていた南軍旗を撤去しました。南部各地に掲揚されていた南軍旗が、ようやく姿を消していくことになりそうです。

こうした動きは、ネットショッピング業界にも拡大しました。**グーグルやアマゾン、イーベイは、「南軍旗」に関連する商品を運営サイトなどから削除**したと発表したのです。なんだ、こんなものを売っていたのか、と驚きますが、この旗をモチーフにした洋服やナイフなど多数の商品が売られていたというのです。

南部を走ると、自動車のナンバープレートの横に南軍旗をイメージしたステッカーを貼っている様子をしばしば見かけます。こうした光景も、ようやく姿を消すのでしょうか。

いまも残る南北戦争の遺物。アメリカの黒人差別の根強さを示しています。

▼FRB金利引き上げとは

アメリカのFRB（連邦準備制度理事会）が二〇一五年暮れ、ゼロ金利政策を解除し、政策金利を引き上げました。金利引き上げは、九年半ぶりのことです。アメリカ経済が、それだけ回復してきたことを示しますが、その結果、世界に影響が広がっています。FRBの金利引き上げとは、どんな意味があるのでしょうか。

景気が悪くなると、その国の中央銀行は金利を引き下げます。金利が低くなれば、金融機関からお金を借りやすくなり、企業が新たな工場を建設したり、そのための従業員を新たに採用したり、個人が住宅ローンを借りたりして、景気回復に役立つと考えられているからです。

日本もバブルがはじけて以来、日本銀行は金利を引き下げ、ゼロ金利が続いてきました。これはFRBも同じことでした。二〇〇八年に起きたリーマンショック（大手投資銀行のリーマンブラザーズが経営破綻したことで起きた金融不安）で不況になると、金利水準を引き下げ、遂にはゼロ金利にしてきました。これを引き上げることになったのです。

「FRBとは、アメリカの中央銀行」。こういう言い方をします。でも、日本の中央銀行は日本銀行なのに、なぜアメリカの中央銀行は「アメリカ銀行」と言わないのでしょうか。

中央銀行は、その国の紙幣を発行したり、民間の銀行が資金不足に陥ったときに救済したりする仕事をしています。それだけ大事な役割を持っているのですから、アメリカでも建国当時、「合衆国銀行」設立の試みがあったのですが、アメリカは中央集権に対する嫌悪感の強い国。中央銀行ができると中央の権力が強くなりすぎると警戒する人たちが多く、結局短命に終わりました。

全米各地の民間銀行が、それぞれ独自に紙幣を発行していました。これだと、どこかの銀行がつぶれるようなことがあれば、「預金しているうちの銀行は大丈夫だろうか」という不安が広がり、取り付け騒ぎが起きかねません。

そこで、各地の民間銀行が資金を出し合って、全米各地に連邦準備銀行を設立することになりました。

「準備銀行」とは、個々の銀行がつぶれたときに救済してくれる資金を準備しておく銀行のこと。民間の銀行は、いざというときに備えて、それぞれ管轄の準備銀行に資金を準備しておくのです。

しかし、中央にひとつの銀行を作ったら、強い力を持ちすぎると考えて、全米に一二の連邦準備銀行を設立したのです。一九一三年のことでした。**「連邦」の名称がついていますが、国有銀行ではなく民間の銀行**です。資金を出し合った個々の民間銀行が株主です。当時は鉄道の時代。資金不足に陥って倒産しそうになった民間の銀行の担当者が、救済を求めて鉄道で一日以内に駆けつけられる場所を選んで設立しようということになり、一二という数になったのです。各地の連邦準備銀行は、数州にまたがる銀行を管轄しています。

強大な中央銀行に

連邦準備銀行が各地に誕生したので、全体を統括する組織を設置しました。それが連邦準備制度です。この組織を運営するのが連邦準備制度理事会（ＦＲＢ）というわけです。

一二の連邦準備銀行は、それぞれ株主のいる民間の銀行ですから、**ＦＲＢも民間の組織ですが、影響力が大きいので、理事会の議長や理事は、大統領が上院の承認を得て任命する**仕組みになっています。

理事会を構成するのは理事七人。大学教授や経済界出身者で、任期は一四年。政治の影響を受けにくいように任期を長くして独立性を保とうとしているのです。現在のジェローム・パウエル議長は二〇一八年に就任しました。

金利を下げたり上げたりする金融政策の方針を決めるのが、連邦公開市場委員会（FOMC）です。日本銀行の金融政策決定会合と同じです。

FOMCのメンバーは一二人。FRBの理事七人と、ニューヨーク連邦準備銀行総裁、それに他の一一の連邦準備銀行の総裁の中から持ち回りで選ばれる四人です。ニューヨーク連銀の総裁が入っているのは、実際の金融緩和の実務を担当するのが、金融街ウォールストリートを抱えるニューヨーク連銀だからです。

FOMCは原則として年に八回定期的に開かれ、金融緩和を続けるかどうかなどを議論し、方針を決定します。二〇一五年一二月の委員会で、ゼロ金利政策を解除しました。

では、FRBはどうやって金利を上下させているのか。これは日銀とほぼ同じ方式です。

民間の金融機関は、互いに短期間の資金の貸し借りをしています。金融機関の手元に現金が豊富にあれば、「お金を借りたい」という所よりも、「貸し出してもいいよ」という方が多くなりますから、需要と供給の関係で短期資金の金利は低くなります。この金利の目標が政策金利です。

民間銀行の手元資金を増やすにはどうしたらいいか。銀行は、政府が発行する国債を大量に購入して保有しています。FRBは、ニューヨーク連銀が国債を買い上げることで、民間銀行にドルを供給。手元に現金が多くなるので、金利が下がるのです。金利を下げていけば、ゼロに近づきます。これが「ゼロ金利」です。実際には、金利水準がゼロから〇・二五％の範囲内に収まるように国債を売買してきました。今後は、〇・二五％から〇・五％の幅の中を動くようにコントロールします。つまり、これまでより購入する国債の量を減らすのです。

アメリカの金利が上がると、高い金利を求めて、世界中から資金が集まり、ドルに両替しようとします。その結果、**ドル高が進む**のです。つまり、円安になる可能性が高まってきたのです。その他の国の通貨も安くなる動きが出ています。ＦＲＢの動向は、世界経済を見る上で欠かせないものなのです。

▼パナマ文書はどう読まれたか

「パナマ文書」（パナマペーパーズ）が世界を揺らしました。日本での報道はいまひとつですが、欧米では大騒ぎ。アイスランドの首相は辞任に追い込まれ、中国では、このニュースをアメリカのCNNが取り上げると、途中で画面が真っ黒になってしまいました。中国外務省の報道官は、海外メディアの質問に対して「ノーコメント」を連発しています。ロシアは「アメリカのCIAの陰謀だ」と言い出しています。自国で独自に調べることがないまま、なのです。

きっかけは、中米パナマの法律事務所「モサック・フォンセカ」から内部資料が流出したことで、この資料を分析したメディアが大々的に報道しているのです。

この資料には、イギリス領バージン諸島などのタックス・ヘイブンを使った世界各国の首脳や親族の名前が多数存在していたので騒ぎになったのです。

この事件をきっかけに、改めて税逃れを国際的に取り締まろうという機運が高まりつつあります。そこで、「タックス・ヘイブン」とは何ぞや、という観点から見ましょう。

「タックス・ヘイブン」を「税金天国」のことだと思っている人が多いのですが、天国は「ヘブン」(heaven)。こちらは「ヘイブン」(haven)です。「租税回避地」と訳されます。法律に違反した脱税ではなく、合法的に節税できる仕組みを備えた地域や国のことです。

イギリス領バージン諸島は、アメリカの南側のカリブ海に浮かぶ島々です。イギリスの海外領土のひとつで、エリザベス女王の名代として総督がいますが、実権はなく、住民から選ばれた議員たちによる自治が行われています。小さな島なので目ぼしい産業がありません。そこで住民たちが考え出したアイデアが〝場所貸し業〟。それがタックス・ヘイブンです。この島に本拠のある会社に敢えて税金を課さないという手段に出ました。

世界には大金持ちがいるもの。大金持ちは概して税金が嫌いです。そこで、合法的に納税額を減らす仕組みがあれば飛びつきます。

イギリス領バージン諸島で会社登記をすると、登録料を払えば、あとはどれだけ稼いでも、税金がかからないのです。こうすれば、世界中から金持ちが会社登記をしようとしますから、バカにならない額の収入が集まるのです。

この仕組みは、世界にパナマ船籍の船が多いのと構造が似ています。人間に国籍があるように、貨物船やタンカーには船籍が必要ですが、船籍を持つと、通常の国では税金がかかります。これに対して中米の国パナマは、自国に登録された船には税金をかけない方針なので、世界中の船会社が、自社の船をパナマ船籍にするのです。この登録料によって、パナマは外貨が稼げるというわけです。

こうしたタックス・ヘイブンとしては、同じカリブ海のイギリス領ケイマン諸島もよく知られています。

世界の首脳の関係者名が続々

問題のパナマの法律事務所は、お客から依頼を受け、バージン諸島などで会社を登記する仕事をしていたのですね。ここの関係者が、大金持ちが税金逃れをしている実態を知って義憤に駆られ、ドイツの有力紙「南ドイツ新聞」にデータを持ち込んだようです。

南ドイツ新聞は「国際調査報道ジャーナリスト連合」（ＩＣＩＪ）の協力を得て、一一五〇万点にも及ぶ文書の中身を精査。世界の首脳の関係者の名前があると発表したのです。

まず槍玉に挙がったのは、アイスランドのグンロイグソン首相でした。本人の名前が出て来たのですから、弁明の余地はありません。辞任に追い込まれました。首相は、妻と共に二〇〇七年、イギリス領バージン諸島に設立した会社を通じて、アイスランドの大手銀行に投資していました。自国のアイスランドで投資すれば、収益に税金がかかりますが、バージン諸島の会社（実態がない、いわゆるペーパーカンパニー）を通じて投資をすれば、この会社がどれだけ利益を上げても、税金は一切かからないのです。これが、タックス・ヘイブンと呼ばれる理由です。

ウクライナのポロシェンコ大統領の名前が出て来たのには、おやおやです。ロシア寄りだった前任大統領が汚職まみれであることがわかり、相対的に身ぎれいな印象を与えていましたが、税金逃れをしているようでは、一国の指導者の資格はない、と言われても仕方ありませんね。欧米各国もポロシェンコ政権を支援してきただけに、支援する気持ちは萎えてしまうでしょう。

サウジアラビアのサルマン国王の名前も登場しました。アラブの王様ですから、お金はうなるほどあるでしょうに、それでも税金は納めたくないのですね。

バツが悪い思いをしているのはイギリスのキャメロン首相でしょう。こうした税逃れの道を塞がなければならないと力説していたら、亡くなった父がパナマに会社を設立していたことがわかったからです。

同じくバツが悪いのが、中国の習近平国家主席でしょう。汚職追放の旗を振って政敵を追い落としてきた習近平主席ですが、義兄がバージン諸島にペーパーカンパニーを二社設立していたのですから。

中国が、この会社の調査を始めれば、習近平の汚職退治が本物だとわかりますが、闇に葬るようなことがあれば、汚職追放キャンペーンは、政敵対策でしかなかったのか、と見られてしまうでしょうね。外国人記者の質問に対して「ノーコメント」を連発する外務省の報道官は苦しい表情です。

ロシアは、プーチン大統領の親友がバージン諸島に会社を持っていることがわかったという報道が出ると、「ＣＩＡの陰謀だ」と反発。この反応が凄いですね。「調べてみる」とも言わずにですから。**報道への反応によって、その国の民主主義のレベルがわかってしまう**のですね。

「孤立主義」に先祖返り

人間は何事にも慣れるものですね。速いニュースの激流にさらされるうち、トランプ大統領の暴言にも驚かなくなってしまいました。

毎日ツイッターで暴言やフェイクをまき散らすトランプは、メディアを通さず、自分で直接語りたい、という強い欲望があります。メディアとは「媒介」という意味ですから、まさに中間の媒体なしに語り掛ける。かつて佐藤栄作首相が退陣会見の際に、新聞は偏向しているから嫌だ、テレビを通じて国民に語りかけたいんだと言ったことから、怒った新聞記者たちが退場したことを思い出します。

無視された米メディアの側も黙っているわけではありません。たとえばニューヨーク・タイムズはファクトチェック欄を設けて、トランプ発言に根拠があるか丁寧に検証していますが、トランプ支持者は、そんなものは〝フェイク・ニュース〟だと決めつけて読まないので、影響されない。アメリカの分断は進む一方です。

その結果、トランプは「暴言公約」を着々と実現しつつあります。ＴＰＰ離脱、パリ協定を離脱。そしてイスラエル大使館をエルサレムに移転しました。実は、オバマ前大統領もブッシュ元大統領も、ユダヤ票のために同じ選挙公約をしつつ、移転を延期してきたという事情があるので、民主党も反対できませんでした。

二〇一九年初頭の時点で実現していないのは「メキシコとの間に壁をつくる」公約です。二〇一八年末から翌年にかけて、壁建設の予算をめぐって与野党が対立し、政府機関の一部が閉鎖されました。実は、オバマ時代に予算が成立せず政府がストップした時には、トランプはFOXニュースに対して電話で「オバマが無能だからだ!」と罵倒していたのですが。

「無知」というパワー

トランプ大統領の強みは、これまでの歴史を「無視」するのではなく、知らない、つまり「無知」ということ。だから歴代大統領が慎重に避けてきた政策でも「俺だけはやってやる」と強行します。

二〇一八年六月に突然おこなわれた、北朝鮮の金正恩総書記との、史上初の米朝首脳会談もそのひとつでしょう（詳しくは第6章へ）。

ただ、トランプの交渉はワンパターンです。逆らえば脅す。怯んだところでディール、取引する。だから相手からは「おだてておけば大丈夫」と見透かされています。金正恩総書記は、トランプのご機嫌をとって体制保障の実利を手に入れました。米中貿易戦争となっている中国の習近平国家主席も、アメリカに対して抗議しますが、トランプ個人については批判しないのです。

対立軸となるはずのEUは崩壊寸前。カナダのトルドー、ドイツのメルケル、フランスのマクロンら各国首脳も、自国のことで精いっぱいで口出しできません。

トランプの「アメリカ・ファースト」政策のため、世界のあちこちに権力の空白ができています。アメリカは「世界の警察官」ではなくなり、海外基地を削減。紛争地から米軍を撤退させようとしています。

その結果、アジアでは相対的に中国の存在感が増し、各国がすり寄っています。また、シリア内戦を「ロシアにまかせておけ」とした結果、中東情勢は不安定になりました。

「モンロー主義」に先祖返り

ここで、歴史を振り返ってゆっくり考えてみましょう。

そもそもアメリカは、第二次世界大戦前までは、孤立主義の外交政策をとってきました。ヨーロッパとお互いに不干渉でいこうという「モンロー主義」のもとに、第一次世界大戦後に国際連盟が発足したときも加盟しませんでした。

第二次世界大戦に参戦し、そして戦後、ソ連という強大な敵を封じ込めるために、世界各地にアメリカ軍を置くことになった。それまでは決して、「世界の警察官」ではなかったのです。

つまり「アメリカ・ファースト」は、トランプ個人の思想ではなく、アメリカの「孤立主義」への先祖返りとも考えられます。第二次大戦後七〇年余りのあいだ、たまたま、アメリカが頑張ってきただけにすぎないのです。

では、今後はどうなるのでしょうか。

“You're Fired”の決め台詞どおり、トランプは反対する側近を次々と解雇し、「そして誰もいなくなった」状態のホワイトハウスですが、議会は許してくれそうにありません。二〇一八年の中間選挙で民主党が下院の半数を占めたため、全ての委員会で民主党議員が委員長となり、トランプのロシア疑惑が厳しく追及されることになります。特別検察官の報告しだいでは、議会が大統領を弾劾する可能性もあります。

とはいえ、「トランプの次」は見えてきていません。二〇二〇年の大統領選挙を前に、民主党ではバイデン元副大統領、左派のエリザベス・ウォーレン議員らが名乗りをあげましたが、大きな支持を得られているとは言えません。

大統領候補になれば注目間違いなしなのは、中間選挙で「オバマ2・0」「オバマの再来」といわれたベト・オルーク（四六歳）。共和党の牙城であるテキサス州で現職のクルーズ候補相手に善戦しました。一九〇センチの長身に甘いマスク、自分で車を運転し訪問して歩く「草の根」的な選挙手法にも大きな支持が集まりました。

ケネディ、クリントン、オバマと、四〇代の大統領を生み出してきたアメリカです。そして前回の選挙戦が始まったときは誰もが予想しえなかったトランプが、大統領になるアメリカです。

二〇二〇年までどう変わっていくのか、世界中が固唾をのんで見守っています。

じっくり対談 1

作家／昭和史研究家

半藤一利

「トランプ世界大戦」の現実味

アメリカの手のひら返しは、実は九〇年前、第二次世界大戦前にもあった。はたして歴史は二度くり返してしまうのか？

×

はんどうかずとし／ 1930年東京生まれ。東京大学卒業。「週刊文春」「文藝春秋」編集長を経て、作家に。著書に『日本のいちばん長い日』『あの戦争と日本人』など多数。

池上　二〇一六年は本当に色々なことがありましたが、一番感動した出来事といえば、五月二七日のオバマ大統領の広島訪問でした。平和記念公園で献花しスピーチをしたオバマを、私はテレビの取材で一〇〇メートルという至近距離から見ていました。四〇年前、私はＮＨＫ記者として広島の呉通信部にいまして、被爆者の取材をしていました。原爆は被爆二世、三世と苦しめていきます。その取材をしていた際に被爆者の方と、「アメリカの大統領がいつか広島に来てくれたらいいねぇ」と夢物語のように語り合っていたんです。来てくれるだけでいい、と。式典には数人の被爆者の方が参列していましたが、既に亡くなり出席できなかった人がたくさんいることが思い起こされて、不覚にも収録中に泣いてしまいました。

半藤　そうでしたか。広島にいた事があったんですね。そのオバマのスピーチは、アメリカによる謝罪にとられぬようだいぶ練られたものでしたね。冒頭の「空から死神が舞い降りてきた」から、誰が原爆を落としたのか主語を曖昧にしていますしね。

池上　スピーチのなかに戦争の災厄を並べた箇所がありますが、「射殺」や「爆撃」に加えて、「行進させられ」や「毒ガスで殺され」などの文言が入っていました。前者は「バターン死の行進」、後者はもちろんユダヤ人の虐殺について想起させるようになっています。それから「粗末なライフルや樽爆弾でさえ……」と語る部分がありますが、樽爆弾はいまシリアのアサド政権が民間人を殺すために使っている兵器です。シリア内戦と明示せず、代わりに「樽爆弾」と言葉を入れることで、関係者に目配りをしています。

全体として具体的な主語を設けず「戦争という悲劇」を表現するスピーチになっていますが、これが原爆慰霊碑の「安らかに眠って下さい　過ちは繰返しませぬから」と見事に呼応しており、唸らされました。

半藤　なるほど。樽爆弾とは何だいなと思っていました。シリアのことでしたか。

一九六四年、ケネディ暗殺の翌年のことですが、私はアメリカ政府の招きでアメリカの取材に行ったことがあるんです。政府肝いりでしたから、太平洋戦争でアメリカ海軍を指揮したレイモンド・スプルーアンス提督や、その頃『熱核戦争論』（一九六〇年刊）を著して議論の渦中にあった未来学者ハーマン・カーンなど、各界要人たちに会うことができました。話のついでに日本への原爆投下についてどう思うかを聴いてまわったのですが、十人中十人が「正しかった」と答えてね。もうがっかりした覚えがあるんですよ。池上さんが記者として広島にいらした頃、会社の同僚だった湯川豊氏と『原爆の落ちた日』（PHP文庫）を英語で出版（"The Day Man Lost"）したりもしました。それだけにあのオバマの広島訪問について、戦後世界秩序のリーダーとして平和への努力を率先してやるぞというアメリカ人の強い意識を感じて、非常に安心したんです。あの時点では、ですか（笑）。

池上　あの時点では（笑）。

実際にアメリカ人の意識調査では、若年層に原爆投下について誤っていたとする回答が増えてきているんです。一九九五年、スミソニアン博物館では、原爆展で被爆者の遺品を展示する試みが退役軍人らの猛烈な反対に遭い挫折しましたが、いまラスベガスにある核実験博物館に行くと、さりげなく被爆者の写真なども展示しています。以前、ニューメキシコ州のホワイトサンズ（アラモゴード）にある核実験場を取材したさいに、博物館も訪れました。若い職員に話を聞くと、驚くべきことに目に涙を浮かべて「申し訳ないことをしたと思っている」などと言うんですね。

半藤 いまはそんなことになっているんですね。Change, YES, WE CAN ! といってオバマは大統領になり、プラハで核廃絶をうたった演説を二〇〇九年にして、ノーベル平和賞までもらったものの、その後核廃絶に関してはなにも進展させることができませんでした。広島に来たのは、むしろ核が拡散しつつある現状に忸怩たる思いがあったんでしょうね。

2016年5月27日、被爆者と握手するオバマ大統領

さて、そのオバマとまるで正反対ともいえそうなトランプが二〇一七年に大統領になることが決まりました。トランプが反移民、TPP脱退をかかげて勝利したことで、昭和史を研究してきた者として思うところがあります。というのも一九二〇年代にアメリカは同じようにアメリカ第一主義を掲げ、移民を排斥していた時代があったんですね。

少しこの時代のことをおさらいしますと、大正七（一九一八）年に第一次大戦が終結したのち、アメリカは大量生産、大量消費時代を迎え、経済・文化の黄金時代へと入ります。大戦当時のウッドロウ・ウィルソン大統領は、たいへんな理想家でもあり、世界平和を掲げて国際連盟の創設に尽力した人です。いまでいえば、ちょうど核兵器廃絶や中東問題に尽力しているオバマのような人ですね。

ウォール街の大恐慌が引き金に

池上　一九一九年にノーベル平和賞も受賞しました。

半藤　ウィルソンは同年に倒れたことで引退しましたが、その後も世界の平和や民主主義、自由貿易をアメリカがリードしなければならないという、いわゆる「ウィルソン主義」をレガシーとして残した。これが昭和三（一九二八）年の、パリ不戦条約に結実します。多国間でお互いに戦争はせず、平和的手段で解決にあたることを定めた条約で、日本をはじめ欧米列強国が署名しました。一方で、大正一三（一九二四）年にはアメリカ連邦議会は移民排斥法を成立させている。アジア系移民の締め出しにのりだして、『昭和天皇独白録』には、太平洋戦争の遠因にもなったと書かれている法律ですが、当時の日本人には大きな衝撃でした。

池上　米連邦議会は発足したばかりの国際連盟にアメリカが加盟することも許しませんでしたね。「ウィルソン主義」の一方で、一九世紀以来の欧州大陸と距離をとる伝統的な「モンロー主義」もアメリカでは大きな勢力を保っていました。

半藤　先のパリ不戦条約のような「世界秩序を維持するアメリカ」が決定的に変わってしまったきっかけは、昭和四（一九二九）年一〇月のウォール街の大恐慌でしょう。これで一気にモンロー主義が前面にでて、内向きな保護経済へと転換した。国際協調、自由貿易など、もうかまっていられるかとなった。これが各国の保護貿易化をうながし、ブロック経済化へとつながって世界恐慌をより悪化させることになった。

そこで話を戻しますと、トランプの言っていることはこの時代のアメリカの言っていたことに、そっくりなんです。パリ不戦条約のアメリカから大恐慌のアメリカへ。オバマからトランプへ。アメリカは、時々極端な手のひら返しをすることがある。

池上　移民は追い返せ、アメリカ第一だ、と。

二〇一六年六月にEU脱退を僅差の国民投票で決めたイギリスをはじめ、大恐慌時代と同じように反移民・保護経済は欧州にも広がりを見せていますね。

トランプの主張をフランスの極右政党「国民戦線」を率いるマリーヌ・ルペンなどは歓迎しています。

またドイツにおいてもメルケルの難民政策とユーロ統合に反対する右翼政党「ドイツ

のための選択肢」（ＡｆＤ）が州議会選挙で躍進しています。この政党はナチスこそ賞賛していませんが、ナチス・ドイツ時代に多用されたことで、いまでは当時の他民族虐殺を想起させ死語となった「völkisch《フエルキッシユ》（民族的）」のマイナスイメージを払拭すべきと主張していたりします。二〇一七年秋にはドイツ連邦議会の総選挙があり、動向に注目です。

半藤　実のところ、日本の安倍晋三首相だってトランプとさして変わらないことを言っているんですけどね。安倍首相は消費税増税をやめて、インフラを整備するなど拡張的な財政政策を実行するとしてきました。トランプも減税を打ち出し、インフラ支出拡大を打ち出していますしね。両者の政策は似ています。選挙に勝利した直後のトランプタワーでの会談では意気投合したと安倍首相は言っていましたね。

トランプと相性が良い安倍首相

池上　かたや「美しい国、日本を、取り戻す」、かたや「Make America Great Again」（笑）。安倍首相がこれまで相性が良かったのは、ロシアのプーチン大統領やフィリピンのドゥテルテ大統領、トルコのエルドアン大統領。トランプとも相性いいですよ。オバマやメルケルのような教養人とはあまり話があいませんでしたけれど。

半藤　安倍首相との会談直後にトランプのTPP離脱宣言が出ましたが。

池上　トランプは自伝に「俺はディール（取引）が好きだ」と書いていますからね。TPPのような多国間協議ではなく、これからはサシの二国間協議でFTA（自由貿易協定）の話をつけようと。二国間協議なら、自分の要求を相手に飲ませることもできますから。

半藤　また一九三〇年代の情勢に戻りますと、アメリカが国際協調路線を放り出して内向きになっている隙に、日本の軍部や欧州のファシストが周辺諸国に手足をのばすことになったわけですね。満州事変は昭和六（一九三一）年、ヒトラーの首相就任は昭和八（一九三三）年一月です。今度もトランプとアメリカの動きを虎視眈々としてみている国があちこちにありそうですよ。

池上　トランプ大統領を値踏みする動きがあるかもしれません。日本のお隣北朝鮮もトランプは来ないかもしれないとなれば、ちょっと試してみようと三八度線を越えて挑発行為に及ぶかもしれない。

ロシアにはここのところクリミアに次いでバルト三国の再併合を狙う動きがあります。一九九一年にソ連から独立をしたバルト三国ですが、二〇一五年、その独立が憲法違反だったのではないかとロシアが疑義を持ち出し、国境周辺では軍事演習をくり返していました。これに対してNATO（北大西洋条約機構）がバルト三国に軍隊を配備し緊迫が続いています。トランプが親ロシアとなれば、プーチンもちょっとトランプの反応を見てみようとバルト三国にちょっかいをかけてくるかもしれない。

　中国もまた南シナ海など周辺領域への野心を顕《あらわ》にしています。二〇一六年七月に、仲裁裁判所は、中国の南シナ海領有の主張を斥けましたが、中国は判決を受け入れずに決定を非難しています。

半藤　その小手先のちょっとした火種が大事になるかもしれないわけですから、非常に危険な状況だと思います。トランプが大統領になって、「アジアはアジアで、勝手にやれ」ということになったら、今度は中国軍部が昭和初期の日本軍のようになるかもしれませんね。

　昭和八（一九三三）年三月に日本は国際連盟から脱退して、戦争への道を歩んでいったわけですが、トランプは日米同盟などすべての同盟についても見直すことを言い出すかもしれませんでしょう。

池上　十分にありえますね。日本が外国に攻撃されたら、安保条約上、アメリカは日本を助けなければならない。しかしトランプはアメリカの負担が重くて不公平だと選挙中は発言していました。日韓両国からのアメリカ軍の撤退もちらつかせていましたが、トランプにとっては自由貿易も安全保障に関する同盟も、すべて「ディール（取引）」と捉えている可能性がある。これが怖い。

半藤　ルーズベルトのニュー・ディール（新規まき直し）ならぬ、トランプのニュー・ディール政策ですね（笑）。安全保障の問題は取引じゃないんですけどねえ。私が不安に思っているのはトランプの対北朝鮮、対中国戦略についてです。トランプが語ってきたアジア政策は、これまでオバマ政権がしてきたこととほとんど連続性がないですね。

理想家が馬鹿にされる世界

池上　オバマ政権は、二〇一〇年代はアジア・ピボット（基軸）戦略といって、ヨーロッパからアジアに重点を移すことをしてきました。中国の経済的・軍事的な台頭に対抗しようという戦略で、同じ民主党のヒラリーでしたらこの戦略を継続していたと思いますが、トランプはそういったことについてなにも考えてない。

トランプは選挙中、中国を為替操作国だとして、意図的に通貨を安くして製品を輸出していると叩いていました。ところがトランプは一方で不動産業者として次々中国に進出してもいるんです。中国政府もトランプが大統領選に勝利するとみるや、色々と便宜を図りだしています。イヴァンカの五歳の娘、トランプにとって孫娘であるアラベラちゃんが、世界的に流行った日本のピコ太郎のコミックソング「PPAP（ペンパイナッポーアッポーペン）」を熱唱して踊る動画をアップして、安倍首相がトランプとの会談中の話題に出した一件が報じられましたが、そのアラベラちゃんには中国語の家庭教師がついていて、チャイナ服で漢詩を朗読する中国語の動画もアップしています。そのトランプファミリーは中国をビジネスの相手として見ているわけです。そのトランプが大統領になって、中国政策を決めることになります。つまり、トランプは大統領として、中国を制裁するぞという脅しをかけながら、一方で自分のビジネスを展開する、究極の公私混同をするかもしれないわけです。

半藤 それでアジア関係はどうなるんでしょう。

池上 本当に未知数です。すべてをビジネスでしか考えない人物が大統領になるのは、やっぱり問題ですよ。

半藤 歴史的な観点から見ると、いま再びアメリカが大戦後の世界秩序のリーダーから後退して、それに伴ってアジアも欧州もそれぞれの国がそれぞれの利益を追求するようになりつつある。オバマやウィルソンのように、多角的な国際協調や核廃絶といった大きな、そして普遍的な理想を掲げて国際政治をリードしようとする政治家は、これからしばらく世界からいなくなる気がします。いまは理想を掲げていると、きれいごとだ、馬鹿じゃないかと言われてしまう。むしろディールが得意なビジネスマンがいればいいんだ、と。

池上 内向きな世界が広がって、自分の国だけが偉大なんだ、偉大なわが民族を取り戻すのだと、自国民だけに向いて言っている政治家が増えそうですね。そうなってくると、変な指導者が出る危険性もありますね。かつてナチス・ドイツは、偉大なるドイツを取り戻すためとして戦争を始め、ソ連もまた「日露戦争で奪われたものを取り返す」として対日参戦をしました。

半藤　いまはトランプの悪口をこうして言っている人が多いですけれども、アメリカはまだ各国をひっぱる力をもっています。トランプに率いられたアメリカのリーダーシップによって、世界中がトランプのように自国の利益追求を第一とする政策に追従していくのじゃないか。そういう世界になったら、日本の若い人たちはどうするのかいなと訊いてみたい思いがあります。

池上　だからこそ歴史を学び、過去を振り返ることはとても重要ですね。マルクスは「歴史は二度くり返す。最初は悲劇、二度目は喜劇として」という有名な言葉を遺しました。過去とまったく同じというわけではないけれども、かたちを変えて似たような出来事が将来起こる可能性がある。歴史を学ぶことで、これから何が起こるのか、という予測やヒントが得られるかもしれません。

半藤　私自身は、歴史はくり返すなどとは信じていないのですが、歴史にはひじょうに似ている面、動きのクセのようなものは確かにありますね。人間というものはあまり変わりませんからね。

ことに一九二〇年代末の世界平和・国際協調を重視する時期から、それを全否定する時期への転換点と現代の相似は、驚くほどです。第二次世界大戦へと向った一九三〇年代と比べて、いまは国際的なつながりも強くなり人的な移動も増えたので、そう同じことにはならないとは信じつつも、もしかするという怖れがある。トランプ大統領の登場は、考えている以上に、世界の転換点にあることの表れなのかな、と思います。

昔もいまも日本は資源のない国です。現代の国際社会で日本がきちんとした国家として生き残るには、大きく普遍的な価値を掲げて多角的な友好関係を世界規模でこれからも続けていかねばならない。全人類的な見方が大事なんです。馬鹿じゃないかと言われても。

池上　きれいごとを言うな、とみんなが言い出したら危険ですからね。確かにきれいごとだけでは物事は進みませんけれども。でも、理想がなければ、利害の異なる人たちをまとめることはできない。

世界各国が内向きへと変わる転換期にあたって、二〇一七年は世界をまとめるための大きな理想、普遍的な価値を、改めて模索する年となりそうですね。トランプと話が合いそうな安倍首相にそれができるのか、未知数ですが。

（週刊文春二〇一七年一月五・一二日号）

第2章

EU崩壊

自国ファーストと女帝メルケルの挫折

平和の理念を追求してきたEUが
「自国ファースト」で崩壊へ——。
イギリスEU離脱のきっかけ、テロと難民問題を振り返ると、
ドイツ一強時代の「終わりの始まり」が見えてくる。

あのころ何が Fast News

2015年		中東・アフリカから大量の難民がヨーロッパへ
2015年	7月	ギリシャ、国民投票でEUの緊縮財政要求に反対
2015年	9月	ドイツ、難民受け入れを表明
2015年	11月	フランス同時多発テロ
2016年	3月	ベルギーで連続テロ
2016年	3月	「EU・トルコ声明」で難民受け入れを協力
2016年	6月	イギリス、国民投票でEU離脱を決定
2016年	7月	トルコでクーデター未遂
2016年	9月	メルケル独首相、難民対策の誤りを認める
2017年	5月	フランス、マクロン大統領（39歳）が就任
2017年	10月	スペイン、カタルーニャ州独立住民投票

▼中東から難民が押し寄せた

これはもう人道危機としか言いようがないでしょう。二〇一五年、中東やアフリカから大量の難民がヨーロッパに押し寄せました。EU（欧州連合）諸国は受け入れ能力の限界を超え、パニック状態となりました。営々と築かれてきたEUという枠組みが崩壊の危機なのです。

欧米のテレビニュースは、難民のニュースで持ち切りです。既成の国際秩序が崩壊しようとしていることを肌身で感じているからでしょう。

日本にとっては遠い他人事のように見えるかも知れませんが、難民受け入れの能力を超える国が続出すれば、難民受け入れに冷淡な日本に批判の矛先が向かうでしょう。

アフリカのナイジェリアやマリでの紛争から逃れた難民たちは、北アフリカを北上。モロッコやチュニジア、リビアを経て、密航船に乗って地中海を北に進み、イタリアに達します。内戦状態のリビアからの難民も、同じルートでヨーロッパへ。

ところが、難民ですし詰めになった密航船は、バランスが悪く、地中海で次々に転覆。

大勢の犠牲者を出します。二〇一五年の八月に入ってからは、イタリアの沿岸警備隊が一日で四四〇〇人の難民を救出するほどでした。

それでも難民の勢いは止まりません。イタリアに入った難民たちは、フランスに入り、フランスを通過してイギリスへと向かいます。イギリスは難民の受け入れ態勢がしっかりしていて、難民として認められた人は、定住することが認められ、当座の生活費まで支給されるからです。

フランスのカレー海岸は、英仏海峡トンネルでイギリスに入る絶好の位置にあるため、一時はイギリスに入るチャンスをうかがう難民たちのたまり場になりました。

一方、シリア難民は、まずはトルコに入り、そこからギリシャ、マケドニア、セルビアを経て、ハンガリーへ。ここからドイツへと向かいました。ドイツも、イギリスと並んで、難民や移民の受け入れに積極的だからです。ここでも住む場所が与えられ、生活費までが支給されます。

ドイツで難民認定を受けた人たちは、故郷にいる家族や友人・知人に対し、携帯電話で「ドイツはいいぞ」と情報を伝達。先に入った人を頼って、家族や友人たちが押し寄せたのです。

こうした難民の波が押し寄せたハンガリーでは、首都ブダペストの東駅に三〇〇〇人を超える難民が殺到。あまりの数の多さに、ブダペストの駅は、一時機能停止に追い込まれるまでになりました。

ＥＵの規定では、祖国を逃れてきた人たちを保護する責任は、難民が最初に入った国にあります。ところが、**ギリシャもイタリアも、**財政難で、それどころではありません。**難民認定をしないまま、「どうぞ我が国を通過して、イギリスやドイツに行ってください」という態度**をとります。かくして、イギリスやドイツが悲鳴を上げたのです。

「移動の自由」制限へ？

二〇一五年六月、ドイツ・ドレスデンにある難民の一時収容施設を取材しました。アフガニスタンやシリア、チュニジアなど、中東・北アフリカからの難民が収容されていました。

ドイツでは、二〇一五年の難民申請者が前年の四倍の八〇万人を超えました。

難民たちに話を聞くと、アフガニスタンやシリアからの難民は、密出国を繰り返しながら、過酷な体験をしてドイツにたどり着いていました。明らかに難民でした。

ところが、チュニジアから来たという男性は、難民としての悲壮感がありません。そもそもチュニジアは難民が出るほどの深刻な紛争は起きていないはず。こちらは経済目的の不法移民である可能性があります。でも、正式な認定が下りるまで、彼らには毎月日本円にして五万円程度の生活費が支給されます。住む場所があり、生活費がもらえれば、暮らしていけるのです。

この男性に、「支給される生活費はドイツ国民の税金から出ていることを、どう思いますか?」と尋ねたら、ふんぞりかえった姿勢のまま、「それは知らなかった。感謝しないとなあ」との反応。思わず私がムッとしてしまいました。

イスラム教では、困っている人を助けるのは、とてもよいこと。天国に近づく行為です。ということは、自分を助けてくれた人は、「よいこと」をしたのですから、天国に近づきます。助けた人こそ、私に感謝していい。こういう発想をする人が大勢います。かくして、**「助けてあげたのに、感謝の言葉もない」と怒り出す人が出る。文化摩擦です。**

こうなると、移民排斥の動きが強まります。ドイツ各地で移民排斥運動が起き、難民受け入れ施設への放火事件も起きています。自分とは異なる存在を忌み嫌う。なんだかネオナチの臭いのする運動です。

ドイツのメルケル首相は、人道的立場から難民の受け入れに積極的でしたが、ここに来て、発言内容が変わってきました。EU域内の移動の自由を定めたシェンゲン協定の見直しを示唆するようになったのです。

シェンゲン協定は一九八五年に調印されました。協定に参加した国は、国境管理を撤廃。誰でも自由に出入りできます。私たちがいったんEU域内に入ると、EU内であれば、パスポートチェックはなく、スタンプを押されることはありません。

もともとＥＵは、「国境をなくし、人々が自由に行き来できるようになれば、ヨーロッパから戦争をなくすことができる」という理想にもとづいて発足しました。

その理想は気高いのですが、想定外の出来事に見舞われているのです。今後、移動の自由が阻害されるようなことになれば、ＥＵの理念は崩れます。理想か現実か。ＥＵは岐路に立っているのです。

▼EU、ついに難民に音を上げる

ヨーロッパに押し寄せた難民を、ドイツは国を挙げて受け入れました。古くなって閉鎖された空港の格納庫や各地の工場跡地などが、難民受け入れセンターに改修されました。

ドイツは連邦国家。難民の受け入れは、とりあえず一六ある州の責任となります。各州に規模と税収に応じて難民が割り当てられます。何万人もの難民が突然押し寄せたら、普通の国は大混乱に陥るところでしょうが、市民ボランティアが自発的に集まり、食料や水、おむつなど生活必需品が多数寄付され、整然と受け入れました。さすがと言うべきか。ドイツ恐るべし、です。

二〇一五年の九月九日付「ウォール・ストリート・ジャーナル日本版」によれば、通信大手ドイツ・テレコムが難民収容施設に無料のＷｉＦｉを設置。同社の一部の建物は難民収容施設に使われています。エンジニアリング大手のシーメンスも、オフィスビル一棟を難民用に提供しました。

とはいえ、難民を収容予定の住宅が放火される事件も起きています。ドイツ国民すべてが難民を歓迎しているわけではないのです。

それでもEU各国が難民受け入れに及び腰なのに対して、ドイツは毅然と受け入れを表明。各国も責任を負うべきだと主張しました。

これを受けて、EUは、加盟国で合計一六万人の難民を受け入れるように提案しました。内訳を見ると、ドイツが突出して多く四万二〇六人。次いでフランスの三万七八三人、スペインの一万九二一九人となっています。イギリスは自主的に今後五年間で計二万人の引き受けを表明しています。

スロバキアは二二八七人が割り当てられましたが、政府は猛反発。受け入れを認めようとしません。スロバキアの当局者は、「我が国にはモスクがないから、イスラム教徒にとってふさわしくない」と言ってのけるほどです。旧東欧諸国は、社会主義時代、閉鎖的で他民族を受け入れることがありませんでした。とりわけイスラム教徒にはアレルギー反応を示しています。

難民とは

そもそも難民とはどんな存在なのか。移民とどこが異なるのか。難民の定義は、通称「難民条約」で規定されています。難民条約は、一九五一年に国連で採択された「難民の地位に関する条約」と一九六七年に採択された「難民の地位に関する議定書」の双方を合わせて呼びます。

それによると、難民とは「人種、宗教、国籍の違いや特定の社会的集団に属すること、または政治的意見を理由に迫害を受ける恐れがあり、国の外に逃げてきた者」ということになります。

難民は、多くの場合、不法入国してきますが、それを理由に罰してはならないことになっています。

そもそも命の危険を感じて逃げてきたわけですから、逃げて来た国へ強制送還することは認められません。シリアからの難民を、シリアに追い返すわけにはいかないのです。

ちなみに日本が難民条約に加入したのは、ずっと遅く、国会承認は一九八一年。発効は翌年一月でした。日本は難民問題を遠い国のこととして無関心だったのですが、ベトナムからの難民が小舟に乗って逃げ出す「ボートピープル」問題が起きるようになり、他人事ではなくなりました。ボートピープルを海上で救助した貨物船やタンカーが日本に寄港。難民が日本に上陸するようになったからです。日本が難民を受け入れようとしないとして国際社会から非難を浴び、慌てて加入しました。一時は兵庫県姫路市や神奈川県大和市に難民定住促進センターを設置(現在は閉鎖)して対応しました。

しかし、その後も、難民の受け入れに積極的ではないと批判を受けます。それは、

「難民」と名乗って、実際には日本で就労しようという偽装難民が後を絶たないという事情もあります。日本で難民申請をすると、申請後、六か月経つと日本で働くことが認められます。こうした人たちが多いため、難民の認定を受ける比率が低いという結果になってしまうのです。

では、**EUに押し寄せる難民は、本物の難民なのか。**この点は、なかなか微妙なものがあります。というのも、**本当に切羽詰まって逃げ出した難民は、これまでトルコやヨルダン、レバノンに来ていた**からです。

しかし、こうした地域の難民キャンプは、人里離れた砂漠に設置されます。居住環境は劣悪です。夏は暑く、冬は寒い。中東といっても、砂漠の夜の冷え込みは相当なもの。その点、ヨーロッパに来ればエアコン完備。居住環境は良く、生活費も支給してくれるとなれば、遠くでも無理をする価値はあるというもの。定住が認められれば、働くこともできます。こうなると、移民に限りなく近くなります。

そこで**EUは、二〇一六年になってヨーロッパに押し寄せる難民をトルコに送り返すことでトルコと合意**しました。その分、トルコに資金援助します。ただし、**シリアからの難民については、その人数と同数分だけすでにトルコで登録されているシリア難民をEUが受け入れる**ことにしました。不法移民は受け入れないが、難民は受け入れる、ということなのです。

▼ベルギー連続テロ——移動するテロリスト

あなたが移民として住むことになったら、次のどちらの国が望ましいでしょうか。生活程度に大差はなく、両国は隣り合っています。

A国は、移住してきた人に、その国の言葉を習得することを義務づけます。その国の人たちは自国語に誇りを持っているので、その言葉が話せないと生活していけません。よきA国人であれ、という社会的圧力を感じます。

B国は、A国と同じ言葉を話す地域もありますが、B国の言葉を話せというプレッシャーはありません。そもそも国内が三つの言語を話す地域に分かれていて、ひとつの言葉に統一する動きがないからです。よって、三つの言語のどれも話せなくても、肩身の狭い思いはしません。

付け加えれば、AもBも美食の国。とりわけB国は、さまざまな味のビールがある上、チョコレートやワッフルなどのスイーツが世界的に有名です。

どこのことを指しているか、もうおわかりですね。A国はフランス、B国はベルギーです。

中東やアフリカからの移民たちにとって、「自由・平等・博愛」の国フランスは魅力的ですが、「フランス語を話すフランス人になれ」という社会的プレッシャーは、居心地の悪いものに感じるかも知れません。

これに対して**ベルギーには、そもそも「ベルギー語」なるものがありません。**北部は「フラマン語」（オランダ語）、南部は「ワロン語」（フランス語）、東部の一部はドイツ語が話され、それぞれの地域で公用語にされています。

となれば、あなたがベルギーに移住して、その土地の公用語が話せなくても、その土地の人たちは、「他の地域の言葉なのだろう」と寛容に認めてくれます。**中東やアフリカからやって来た人たちにとって、ベルギーは住みやすい場所**になります。

二〇一五年一一月にフランスで起きた同時多発テロの後、ベルギーの首都ブリュッセルに入りました。

フランスでのテロ事件で指名手配されたサラ・アブデスラム容疑者が住んでいたモランベーク地区は、中東からの移民が多い街。看板にはアラビア語が目立ち、食品類には「ハラル」（イスラムの教えに則って処理された食品）の表示があります。歩いているうちに、まるでカイロの街並みでも歩いている気分になってきました。なんとも言えぬ居心地の良さを感じたのは、私の中東での取材・旅行が長くなっていたからかも知れませんが。

これなら、ここに住んでフランスに出稼ぎに行くことも可能だな、と思ったものです。テロリストたちは出稼ぎではなく、パリでのテロに出かけたのですが。

フランスとベルギーは、移動の自由を認めた「シェンゲン協定」締約国。国境でのパスポートチェックはなく、一般国民はもちろんテロリストにとっても大変便利です。**フランスでテロをして、ベルギーに逃げ込めば、フランスの警察は、とりあえずは手が出せません。まさにテロリストにとっての聖域**でした。

原発もテロの標的か

フランス警察が手を出せない聖域にベルギー警察が踏み込み、アブデスラム容疑者が逮捕されたことは、テロリストグループにとってショックだったことでしょう。

二〇一六年三月に起きたテロは、アブデスラム容疑者が逮捕されたため、急遽予定を早めて実行された気配があります。事件直後、インターネット上に掲載された「イスラム国」（IS）の犯行声明が、具体性に欠け、一般論に終始していたからです。

ブリュッセルといえば、EU（欧州連合）の本部がある、いわば「ヨーロッパの首都」と称される場所。爆弾テロが起きた地下鉄駅の近くにはEU本部があったにもかかわらず、それに全く触れていないからです。

その一方、今回のテロが、これまでとは異なる点は、**原子力発電所が標的になっていた可能性**があることです。

自爆した二人の容疑者が、原子力施設に勤務する技術者の動向を密かに撮影していたのです。パリのテロに関連した家宅捜索で、隠し撮りされていた動画を警察が押収していたことがわかりました。

このため、当初は原子力施設を標的にしてテロの計画を立てていたものの、準備に時間がかかるので、簡単に狙える場所に変更した可能性があります。

ベルギーには中部のティアンジュと北部ドールの二か所に原子力発電所があり、二〇一六年二月から警備が強化され、兵士が配置されていました。治安当局はテロを警戒していたのですね。

また、三月に入ってからは、ティアンジュ原発の従業員計一一人が、施設への立ち入りを禁止されていました。当局は理由を明らかにしていませんが、テロを未然に防ぐための措置だったようです。テロリストが原発従業員にまで浸透していたことをうかがわせます。

治安当局が原発へのテロを警戒していた証拠に、空港と地下鉄で爆弾テロが起きると、原発の従業員たちが、保安要員を残して、一時全員が退避しました。「こちらも攻撃される」と考えたのです。

さらに不気味なのは、テロが起きた二日後の三月二四日、ティアンジュ原発の警備員が、非番で犬を散歩させていて何者かに射殺され、原発の通行証が奪われたことです。

これが自爆テロと関連があるかどうか不明ですが、わざわざ通行証を奪っているところが、通行証の奪取が目的ではなかったか、と思わせます。

二〇一一年三月に起きた東京電力福島第一原子力発電所の事故で、原発の脆弱性が明らかになりました。強固な格納容器を攻撃する必要はなく、**電源を喪失させればいいとわかってしまった**からです。

これまで「原発がテロの対象に」とは、一般論で語られていましたが、とうとう現実の恐怖となりました。

▼イギリス離脱は首相の誤算で始まった

移民に仕事を奪われている白人の肉体労働者たちに支持され、「自分たちの国のことが一番だ」と、金髪を振り乱して吠える政治家。

アメリカのトランプ氏のことだと思うかも知れませんが、舞台はイギリス。支持者を扇動しているのは、前ロンドン市長で保守党のボリス・ジョンソン氏です。ジョンソン氏は、イギリスがEU（欧州連合）から離脱すべきだと主張しているのです。

移民や出稼ぎの低賃金労働者によって仕事を奪われると危機感を持つ白人たちを扇動して支持を得ようとするポピュリズム政治家。まさに「イギリスのトランプ」です。

イギリスでは二〇一六年六月二三日、EUから離脱すべきかどうかの国民投票が実施されました。

イギリスは、なぜEUからの離脱の是非を問う国民投票をすることになったのでしょうか。そこには、キャメロン首相の誤算がありました。

イギリスは一九七三年、当時のEC（欧州共同体）に加盟しました。加盟してまもなくの一九七五年には、早くもECから離脱するかどうかの国民投票が実施され、当時の国民は、EC残留を決めました。その後、ECはEUに発展。イギリスは引き続きEUに留まってきました。

しかし、EUは「欧州をひとつの合衆国に統合しよう」という理想に向かっている組織です。加盟国の権力を少しずつ削いで、ベルギーの首都ブリュッセルにあるEU本部に権力を集中させようとしています。加盟国ごとに異なるルールも統一してきました。たとえば「八歳以下の子どもは大人の監督なしで風船を口で膨らませてはいけない」という安全基準があります。風船が破裂して子どもがケガをしないようにという配慮です。食品に関しても「チョコレートとは、カカオ油脂が九五%以上のものを指す」といった細かい基準があります。カカオ成分が少ない「甘いチョコレート」はチョコレートではない、という苦いルールがあるのです。

このため、誇り高きイギリス人の中には、EU本部の官僚たちの指図を受けるのは御免だ、と考える勢力が次第に増えてきました。とりわけ保守党支持者の中に多いという傾向があります。保守党の党首である**キャメロン首相はEUに残留すべきだとの考えですが、支持勢力の機嫌を取るため、**二〇一三年、「二〇一七年末までにEUから離脱するかどうか、国民投票を実施する」との公約を掲げました。国民投票でEU残留の国民の意思が示されれば、EU離脱派を抑え込めると判断したのです。

二〇一五年五月の総選挙で保守党が単独過半数を獲得した結果、キャメロン首相は、公約通りに国民投票を実施せざるを得なくなり、投票を前倒し。六月二三日に実施することにしたのです。

難民問題やテロで離脱派増加

ところが、**キャメロン首相にとって誤算だったのは、二〇一五年夏から激増した難民です。**フランスやベルギーでのテロも相次ぎ、「EUに留まっていると、テロの脅威が高まる」と考える国民が増えました。

また、同じEUに加盟しているブルガリアやルーマニアなどの貧しい国々の労働者が、相対的に高賃金のイギリス目指して出稼ぎに来るようになりました。EUは、域内の国民の移動の自由を保障しているからです。これにより、職を失う人が増えたことも、EUに対する反発を強める結果になりました。

ここで登場したのが、キャメロン首相と同じ保守党の所属で、前ロンドン市長だったジョンソン氏です。保守党内で「キャメロンの後継者」と目されてきたのですが、EUから離脱すべきだと主張し始めました。

EU離脱が決まれば、「EUに残留を」と呼びかけてきたキャメロン首相の責任問題が浮上します。そこで自分が首相にとって代わろうと考えているのは見え見えです。

ＥＵ加盟国は、自国のＧＮＩ（国民総所得）の一％前後を分担金として払っています。**ジョンソン氏は、「大陸の国々を支えるために我々の税金が使われるのは納得できない。**イギリスの国民のカネはイギリスのために使うべきだ」というわけです。

イギリスがＥＵから離脱すれば、ＥＵ域内の貧しい国からの移民を拒否することができます。ＥＵの厳しいルールに縛られることなく、自由な経済活動ができる、とも主張しています。

これに対して**キャメロン首相は、離脱すればＥＵとの間に関税が課され、ＥＵ諸国との貿易に支障**が出て、大きな経済的損失を蒙ると主張。**ＥＵ残留を呼びかけるのに必死です。**

そのキャメロン首相は、いわゆる「パナマ文書」によって課税逃れをしていたことが暴露され、支持率は急降下。国民に対する説得力に欠けるのです。**国民投票実施を公約にしたのは自分ですから、自業自得なのですが。**

もしイギリスがＥＵから離脱した場合、イギリス国内で混乱が起きる可能性があります。そのひとつはスコットランド独立運動の再燃です。スコットランドは、二〇一四年九月、イギリスからの独立の可否を問う住民投票を実施。反対派が多数を占め、独立しませんでしたが、スコットランドにはＥＵ残留派が多いので、イギリスがＥＵから離脱するなら我々はイギリスから離脱してＥＵに加盟する、という動きが出そうです。

また、かつて激しかった北アイルランド紛争再燃の恐れもあります。イギリスもアイルランドも同じEUに入っていることで、「アイルランドと一緒になりたい」というイギリスの北アイルランドの勢力の動きは沈静化しましたが、EUから離脱すれば、北アイルランドはアイルランドから切り離されてしまうからです。

イギリスのEU離脱は、イギリスという国家解体の幕開けになるかも知れないのです。

——離脱すべきか、せざるべきか。それが問題だ。

離脱すると決めてはみたが……

二〇一六年六月、まさかのEU離脱決定。世界経済は大きく動揺し、日経平均株価は大暴落しました。

この国民投票は、日本の地方自治体で実施する法的拘束力のない住民投票と似ていますが、投票率は七二・二%と高く、イギリスはEUからの離脱手続きに入りました。

ＥＵへの残留を呼びかけていたキャメロン首相は責任をとって辞意を表明しました。イギリスがＥＵから離脱する手続きは、二年ほどかかる見通しです。それまで混乱は続くことでしょう。

しかも、これで話は終わりではありません。「国民投票で勝てばＥＵを離脱できるんだ」ということを、ヨーロッパ中の人たちが知ったからです。**東西冷戦が終わり、ＥＵが東にウイングを広げ、東欧諸国までを包み込んだ結果、ポーランドやブルガリア、ルーマニアなどから移民の労働者がやって来て、自国の雇用が奪われるという危機意識**を持っている国は、ほかにもあるからです。

日本にいますと、難民がＥＵに押し寄せて混乱が続いたことで、ＥＵ離脱の動きがエスカレートしたように見えますが、**実は難民条約に加盟している以上、ＥＵに入っていようがいまいが、難民は押し寄せてきます。**でも、**ＥＵに入っていると、同じＥＵ圏のほかの国からの移民を防ぐことはできません。**この際、ＥＵから離脱する国民投票を実施しようそんな動きが出てきました。

欧州分裂に向けて統合？

こうした国民投票を求める動きは、スウェーデンやデンマーク、オランダ、フランスでも拡大しています。

この勢いに乗じて、二〇一六年六月一七日、オーストリアの首都ウィーンに、反ＥＵを訴える政党の代表が集結しました。オーストリアの極右政党の自由党が呼びかけたものです。

フランス国民戦線のマリーヌ・ルペン党首やドイツの「ドイツのための選択肢」の幹部のほか、イギリスやベルギー、イタリアからも参加しました。

会合で呼びかけ人の自由党のハインツ・シュトラーヒェ党首は、「欧州諸国の愛国者よ、団結して前進しよう」と呼びかけました。

不思議な呼びかけですね。欧州がバラバラになるように団結しよう、というのですから。さしずめ「欧州分裂のための統合」でしょうか。

そもそもＥＵは、ヨーロッパから戦争をなくそうという理想から始まりました。国境をなくし、ヨーロッパがひとつの国家になれば、国家対国家の戦争はなくなるだろうという発想です。そのために欧州統合を目指して、さまざまな取り組みが行われてきました。

発端は、西ドイツが、フランスとの国境に近い炭田での石炭採掘を再開し、鉄鋼業を復活させようという計画にフランスが反対したこと。これではドイツが再び強大になってしまうと恐れるフランスを、周辺の国々がなだめて、「欧州石炭鉄鋼共同体」（ＥＣＳＣ）を発足させました。ここに参加したのは、西ドイツ、フランス、ベルギー、オランダ、ルクセンブルク、イタリアの六か国。六か国が資源と産業を共同管理することで、フランスの恐怖を和らげ、信頼を醸成していくことに成功。この六か国が、その後の欧州統合の基盤になったので、「ベーシック６（シックス）」と呼ばれます。

その後、原子力を共同研究する欧州原子力共同体（ＥＵＲＡＴＯＭ）と欧州経済共同体（ＥＥＣ）を結成。これらの組織を包含する形で、欧州共同体（ＥＣ）が発足しました。

イギリスは、このＥＣの段階で加盟し、ＥＣは欧州連合（ＥＵ）へ。欧州統合の動きが加速し、通貨統合も果たしてユーロを導入します。

さらに欧州の統合を急ごうと、ＥＵ憲法の制定や、ＥＵの旗・歌を定めようという動きにまで進みました。いよいよ「欧州合衆国」への道まで見えてきたのです。

ところが、さすがにこれは急ぎ過ぎ。各国の国民投票ではフランスやオランダで否決されるなどして、後戻りせざるを得ませんでした。

しかし、このように欧州統合の動きが進んできたからこそ、人やモノの移動が自由になり、人々の交流も進みました。**各国に分かれている反ＥＵの政党が一堂に会することができるのも、ＥＵの存在があったから**です。欧州統合の恩恵を受けた政治勢力が、欧州の解体を求める。これが皮肉でなくて何でしょう。

▼EU離脱ドミノは起きるのか？

「EUを離脱すれば、EUへの分担金週当たり三億五〇〇〇万ポンド（約四八〇億円）が浮くので、これを国営の国民保健サービス（日本の健康保険制度に該当）に使うことができる」

「EUから離脱すればヨーロッパからの移民を受け入れないで済むようになる」

「EUから離脱してもEUとは関税なしで従来通りの貿易が可能だ」

イギリスの国民投票でEU離脱が決まる前、離脱派は、こういった離脱のメリットを語っていました。ところが、こうした〝約束〟は、いずれも不可能であることがわかってきました。こんなはずではなかった。離脱派の宣伝を信じて離脱に投票したけれど、いまでは後悔している。こんな人が続出。これをBregret（ブリグレット）といいます。

イギリスのEU離脱は、イギリスのBritainと出口のexitを合わせてBrexit（ブレグジット）と表現されてきましたが、今度はBritainと後悔のregretを合わせてBregretというわけです。

週当たり三億五〇〇〇万ポンドを負担しているとはいっても、その一方でイギリスはEUからの援助金を受け取っています。差し引きでは、これだけの金額になりません。当然のことながら、この全額を国民保健サービスに振り向けることは不可能です。

いまになって、離脱の旗振り役を務めた政治家たちが、「あのスローガンは過ちだった」「可能性を言ったにすぎない」などと言い出しているのです。

では、EU諸国は、イギリスの決断をどう受け止めているのか。

イギリスがEUから離脱しても、これまで通りEU諸国との間で関税なしの自由貿易ができるようだったら、ほかの国も離脱を考えるようになるだろう。**EUから離脱したら、経済的に大打撃。それを見せつければ、イギリスに追随する国は出てこないだろう。**

いまEU諸国は、こう考えているのです。**いいとこ取りは許さない、というわけです。これからイギリスに対する嫌がらせが頻発**することでしょう。

いまのEUは、二〇〇九年に発効したEU基本条約（通称「リスボン条約」）にもとづいています。この第五〇条に、加盟国のEUからの離脱の手続きについて記述されていますが、ごく簡素な表現に留まっています。建前としては離脱も可能だけれど、そんな国は出てこないだろうと想定していたことが、よくわかる条文です。

この条項によると、離脱手続きは、離脱を求める国がEU理事会（EUの最高意思決定機関）に通告してから開始されます。手続き中は、EU加盟国としての義務と責任が継続します。通告から二年経つと、離脱を申し入れた国に対するEU法の適用は消滅します。もしそれまでにイギリスがEUから有利な条件を引き出せなければ、イギリスは自動的にEUから追い出されるのです。ただし、EU加盟国全部が賛成すれば、期間を延長することはできます。

「ノルウェー方式」を求めるか

イギリスの離脱派は、EUから抜けても、従来通り関税なしの貿易ができるようにしたいと考えています。現時点でそれが可能なのは、**通称「ノルウェー方式」**です。

北欧のノルウェーは、実はEUに加盟していません。ただし、EUと周辺の国で作る「欧州経済地域（EEA）」に参加しています。ここにはアイスランドも入っています。漁業と農業を除く商取引が自由に行えるので、イギリス経済にとっては、最も悪影響が少ない方式です。

ところが、EEA参加の国々も、EUとの自由な貿易ができる代償として、**EUへの分担金の支払いが義務づけられ、移民も受け入れなければならない**のです。これでは**何のために離脱を選択したのか**、ということになってしまいます。

しかも、EEAのみの参加国は、EU加盟国ではありませんから、EUのルール作りには参加できず、EUが決めたルールをそのまま受け入れる義務があります。これでは、EUの言うがまま。状況は前より悪くなります。

ドイツのメルケル首相は、二〇一六年六月二八日の議会演説で、「EUファミリーから去ることを決めた者は、義務がなくなって、利益だけそのまま残ると期待することはできない」と述べています。自由な貿易という利益を享受したければ、分担金と移民受け入れを認めよ、ということです。

さて、離脱派にとって旗色が悪くなりました。こうなると、EEAには入らず、EUと個別の交渉を積み重ねていくしかありません。これなら分担金や移民の受け入れ義務を負わずにすみそうです。

ただし、膨大な品目について、ひとつひとつ交渉していかなければなりませんから、とても二年以内には結論が出そうもありません。かといって、交渉期間を延長してくれるほどEUが優しい態度をとるわけはないでしょう。結局、時間切れでEU向けのイギリスの商品は関税をかけられ、イギリス経済は打撃を受けるというシナリオが現実的なものになりそうです。

このとき、国民にバラ色の夢を見せた離脱派の政治家たちは、どのような弁解の言葉を用意するのでしょうか。

イギリスのキャメロン首相は離脱を防ぐことができなかった責任を取って辞任。二〇一六年七月、後任のテリーザ・メイ内閣が成立しました。

メイ首相は就任時五九歳。政治に関心が高かった父の影響を受け、一二歳にして政治家を志します。オックスフォード大学を卒業後、イングランド銀行（イギリスの中央銀行）勤務を経て、一九九七年から保守党の下院議員になりました。政治家同士のつき合いを嫌い、「氷の女王」と呼ばれます。さて、その手腕やいかに。

▼ドイツ、難民で分裂のピンチ

中東やアフリカからヨーロッパを目指す難民の波にヨーロッパが揺れていた二〇一五年九月、ドイツのアンゲラ・メルケル首相は、難民を無条件に受け入れると発表しました。この発表に難民たちは歓喜。それまでハンガリーなどで足止めされていた難民たちは、大挙してドイツにやってきました。

それから一年。ドイツでは難民を排斥し、EU（欧州連合）からの離脱を求める右派政党が躍進。メルケル首相は、「時計の針を戻したい」と対策の誤りを認めました。それでも難民は続々とヨーロッパを目指します。世界は、難民にどう対処すべきなのでしょうか。

二〇一六年九月、ニューヨークの国連本部で、アメリカのオバマ大統領の呼びかけで難民問題を話し合う「難民サミット」が開かれました。参加したのは日本を含む五二か国。オバマ大統領は、難民の数が第二次世界大戦後、最悪の六五〇〇万人にも達していることを指摘し、「現実から目を背けることはできない」と演説しました。

これを受け、参加国は今年の難民支援資金に約四五億ドル（約四五〇〇億円）を追加で拠出することで合意しました。

日本は既に三年間で二八億ドル（約二八〇〇億円）の資金の拠出を表明していましたが、このサミットに合わせて安倍晋三総理は、世界銀行が難民対策のために実施するプロジェクトに一億ドル（約一〇〇億円）の規模の資金を拠出することを明らかにしました。

また二〇一七年までに各国が受け入れる難民を三六万人以上とすることでも合意。難民受け入れや支援で各国が責任を公平に分担するという「ニューヨーク宣言」も採択しました。

ここまでは良かったのですが、この宣言に法的拘束力はありません。さらに各国に一定数の難民の受け入れを義務付ける案はヨーロッパ各国が反対して実現しませんでした。

各国とも難民支援を総論としては支持し、資金援助は申し出ますが、自国で難民を何人受け入れるか、という各論になると尻込みします。これが世界の現実です。

実は今回の難民サミットは、オバマ大統領と共にドイツのメルケル首相が共催するはずでしたが、ドイツ国内の選挙で移民や難民の受け入れに反対する野党が躍進したことで対応に追われ、欠席に追い込まれました。メルケル首相は、難民救済を声高らかに宣言する状況ではなくなっているのです。

前年九月の難民受け入れ宣言で難民が殺到したドイツ。一〇〇万人以上が流入し、難民は各州の経済規模などに応じて割り当てられました。

その結果、ドイツ国内では難民による事件や自称「イスラム国」（ＩＳ）に共感した人物などによるテロが起きるようになり、去年のメルケル首相の判断は間違いだったという反発が広がっています。

それが明白になったのが、ドイツ北東部のメクレンブルク・フォアポンメルン州で二〇一六年九月に行われた州議会選挙の結果でした。

メルケル首相、ピンチ

この選挙で、難民受け入れに反対する右派政党「ドイツのための選択肢」（ＡｆＤ）が、メルケル首相率いる保守系のキリスト教民主同盟（ＣＤＵ）の得票率を上回り、第二党に躍進したのです。この州での第一党はＣＤＵと共に連立を組んでいる社会民主党（ＳＰＤ）でした。

この州はメルケル首相の地元の選挙区。地元でメルケルの政策にＮＯがつきつけられたのです。

ＡｆＤは二〇一三年に創設されたばかりの政党です。当初はユーロ危機の際、ギリシャなどへの支援に反対し、ユーロからの離脱を主張していました。かつてのドイツの通貨マルクの復活を求めたのです。最近は難民受け入れに反対し、反イスラムを掲げて支持を広げています。

党首はフラウケ・ペトリという四一歳の女性政治家。難民受け入れに反対する過激な発言を繰り返し、米大統領選挙の共和党候補者ドナルド・トランプになぞらえて「ドイツのトランプ」などと呼ばれます。

メルケルの地元の州議会選挙の直後には首都ベルリンの市議会選挙でもＡｆＤが躍進しました。

第二次世界大戦後、旧西ドイツでは、ヒトラー時代を強く反省する教育が行われてきました。このため、少数民族や移民・難民を受け入れるべきだと考える国民が多い傾向にあります。

一方、旧東ドイツでは、「悪いのは資本主義であり、人民は悪くなかった」という教育が行われてきたため、反ナチス意識が十分ではないと指摘されています。

事実、これまで難民受け入れを拒否し、反イスラムの言動が多いのは旧東ドイツだったのですが、最近の選挙結果では、旧西ドイツでも難民を忌避する動きが広がっていることを示しました。

これにはさすがにメルケルも弱気になったのでしょう。二〇一六年九月一九日の記者会見で、**難民の受け入れの対応に問題があったことを認め、「できることなら時計の針を何**

年も戻し、政府全体で備えをしっかりし直したいくらいだ」と語りました。

ただし、人道的な立場から難民を受け入れた判断自体は「正しかった」と強調しました。さすがと言うべきでしょう。

その後、「ドイツのための選択肢」は二〇一七年四月の党大会で、選挙を意識して穏健な政治方針を打ち出そうとしたペトリ党首の方針が拒否され、党は分裂状態に陥りました。

▼クルド人とは何か――トルコと難民問題

二〇一五年一一月二五日に東京で起きたトルコ大使館前の乱闘騒ぎ。日曜日の原宿が騒然となりましたが、その遠因には、自称「イスラム国」（ＩＳ）をめぐるトルコの国内情勢があります。

そもそもの事件は、トルコの総選挙の在外投票でした。一一月一日に実施されたトルコの総選挙では、トルコ国外の人も、滞在している国のトルコ大使館で投票が可能でした。この日は、日本国内にいるトルコ人が、ＪＲ原宿駅近くのトルコ大使館に投票に訪れたところ、与党支持のトルコ人と、野党のクルド系政党を支援するクルド系トルコ人との間で乱闘になったのです。

日本にいると、なかなか理解しがたいこの事件。クルドとは何か、というところから参りましょう。

クルド人は、祖国を持たない世界最大の民族と呼ばれます。クルド語を話す民族で、推定で三〇〇〇万人がいると見られています。

第一次世界大戦までは、オスマン帝国内のクルディスタン（クルド人の土地）と呼ばれる地域にまとまって住んでいましたが、**戦争でオスマン帝国が敗れると、トルコやイラン、イラク、シリアなどに分断**されます。三〇〇〇万人いても、それぞれの国の中では少数民族となり、差別されたり、抑圧されたりする状況が続き、各国で分離独立運動が活発になります。それがまた弾圧の引き金になるという悪循環でした。

「クルドの友は山ばかり」という表現があります。独立を支援してくれる国はなく、山岳地帯で孤立感を深める民族を、こう呼んだのです。

　このうちイラクでは、フセイン政権時代、厳しい弾圧を受けていましたが、アメリカがイラクを攻撃する際には、米軍に協力。フセイン政権追い落としに力を発揮して、新政権の下では「クルド人自治区」を確立しました。現在では、イラクの中央政権の統治が及ばない、事実上の独立国の地位を確保しました。

　一方、トルコでは、人口の二割近くを占めますが、歴代のトルコ政府はクルド人の存在を認めず、クルド語の使用も禁止。「山岳トルコ人」と呼んできました。トルコ南東部の山岳地帯に住んでいるからです。

　こうした状況下で、クルド人は、武装闘争で独立を勝ち取ろうという過激派と、トルコ国内での平和的な活動で政治的地位を獲得しようという勢力に分裂しました。過激組織の「クルド労働者党」（ＰＫＫ）は、一九八四年からトルコ政府に対して武装闘争を展開。二〇一三年に和平交渉が始まるまでに四万人以上が犠牲になりました。

トルコは長年、EU(欧州連合)への加盟を目指してきましたが、EU側は、トルコ政府がクルド人の存在を認めない方針を取っていることを批判。これを受け、トルコ政府は、クルド語の使用を認めました。クルド人の存在が認められるようになり、クルド系の「人民民主党」(HDP)が、政界で一定の影響力を確保するようになっていました。

それでも、トルコのクルド人たちの中には、現在のトルコの与党である「公正発展党」(AKP)を支持する人も多かったのです。

反目のきっかけはISとの闘争

この状況が一変したのが、二〇一四年九月のこと。隣国シリアで勢力を拡大するISが、トルコ国境に近いシリアの町コバニを侵攻したことがきっかけでした。トルコに住むクルド人たちの目と鼻の先で、同胞のクルド人たちがISの侵攻を受け、多くの犠牲者を出す様子を目の当たりにしたのです。トルコ国内のクルド人たちはトルコ政府に対して、同胞の支援を求めますが、エルドアン政権は無視。いわば見殺しのような状況になります。

エルドアン政権は、シリアのアサド政権を目の敵にしていて、アサド政権と戦う勢力なら

ISの活動も黙認していたのです。
　米軍が武器を緊急に支援することで、ISと戦うクルド人たちはコバニの町の奪還に成功しますが、これ以来、エルドアン政権の与党AKPに見切りをつけ、穏健派クルド政党のHDPの支持に回るクルド人が続出します。その結果、二〇一六年六月の総選挙では、AKPが過半数割れに追い込まれました。その後の連立協議が不調に終わったため、今回、再選挙が実施されたのです。

　トルコのクルド人を怒らせる事態は、さらに起きます。総選挙後、トルコ国内でISによるテロが発生すると、**エルドアン政権は「テロとの戦い」を宣言。**ようやく重い腰を上げて、IS攻撃に踏み切る……かに見えたのですが、**実際には、ISよりもクルド人過激派PKKを主に対象にした空爆を実施**します。これにPKKが反発。軍や警察への報復攻撃を開始したのです。

　同じクルド人であっても、武装闘争を繰り広げるPKKと、非暴力を掲げて穏健路線を歩むHDPは別の組織ですが、一般のトルコ人の中には、クルド系というだけで同一視する人たちもいます。

　このため、選挙で敗北したエルドアン政権が、PKKをテロ組織として攻撃することで、「クルド人は危険」というイメージを作り出し、HDPの支持者を切り崩して、やり直し総選挙で再び過半数確保を狙っているのではないか、という見方もありました。

ところが、エルドアン政権が「テロとの戦い」を宣言して以降、国内で爆弾テロ事件が起きるようになり、一〇月一〇日には首都アンカラでの和平を呼びかける穏健派クルド勢力の集会で爆弾テロが発生。トルコ建国以来最悪の一〇〇人以上が死亡するという事件も起きています。犯人はISの指示を受けたとトルコ検察は発表していますが、ISからの犯行声明はなく、真相は明らかになっていません。

やり直し総選挙の結果、AKPが過半数を占め、HDPなどクルド人系の諸党は後退しましたが、エルドアン政権への国民の不満も強く、国内世論は分裂状態。国内の対立が、日本にも飛び火したのです。

絡み合う複雑な対立

▼トルコ・エルドアン大統領、クーデターを制圧

これは将来、「トルコが独裁国家になるきっかけだった」と称されるかも知れません。二〇一六年七月一五日に発生したクーデター未遂のことです。

トルコ軍の一部の部隊が首都アンカラと最大の都市イスタンブールで決起。一時は国営放送などを占拠して、「全権を掌握した」などと放送していましたが、まもなく政権側の軍や警察によって鎮圧されました。

クーデターが起きると、エルドアン大統領は、クーデター勢力が掌握していない民間放送を通じて、市民に「外に出て反乱軍に抵抗を」と呼びかけました。これに応じて大勢の市民が街頭に飛び出し、反乱軍の戦車を包囲するなど抵抗。クーデターの企ては失敗に終わりました。

クーデター勢力の全容は明らかではありませんが、このところのエルドアン大統領の抑圧的な政治は、国の内外で批判を呼んでいました。軍が行動を起こせば、不満を持った市民が一緒に立ち上がると期待したのかも知れませんが、実際には大統領支持派が予

想外に多かったことが失敗の要因となりました。

クーデターを抑えるやいなや、エルドアン大統領は七月二〇日、三か月間の非常事態を宣言しました。発効には議会の承認が必要ですが、与党が単独で過半数を維持していることから、議会はすぐに承認しました。

この結果、今後は大統領を議長とする閣議で、法律と同等の効力を持つ政令を出すことが可能です。議会での審議が必要ありませんから、野党勢力の排除や批判的なメディアを弾圧することが可能になります。

事実、すでに大規模な野党勢力排除に動き出しました。この規模が凄いのです。軍の関係者約七五〇〇人を拘束。二万五〇〇〇人の公務員を停職。二万一〇〇〇人の教員の免許を取り消し。全国の大学の幹部教員一六〇〇人に辞任を要求。二七四五人の裁判官も解任されました。

さらにテレビ局とラジオ局計二四局の免許を取り消しました。

これだけの人たちがクーデターに関与していたら、クーデターがこんなに簡単に制圧されるはずはなかったでしょう。エルドアン大統領は、クーデター未遂に乗じて、反対派の一掃に乗り出したのです。

さらに死刑制度の復活も口にしています。EU（欧州連合）への加盟をめざすトルコは、EUの求めに応じて、二〇〇二年に死刑制度を廃止しました。しかし、エルドアン大統領は、アメリカのCNNテレビのインタビューで、拘束した数千人の軍人が死刑になる可能性があると語りました。

死刑制度を復活させれば、トルコのEU加盟の可能性は遠のきますが、エルドアン大統領は、それでもいいのでしょう。EUに加盟すると、死刑制度以外にも、強権的な政治を続けられなくなります。自らが**独裁者になるには、EUに加盟しない方が好都合。**おそらく、そこまで割り切っての発言なのでしょう。

逆に言えば、EUは今後、トルコに対して民主化を求める切り札を失うことになります。

国軍は政教分離の守護者だったが

実はトルコ軍は過去に三回クーデターを成功させてきました。国是の政教分離の原則が脅かされたり、政治が混乱したりすると、武力で全権を掌握。混乱を収めた上で、**民政移管を実現させてきました。**今回のクーデターの一報を聞いたとき、私はこの歴史を思い出したのですが、今回はそうはいきませんでした。

トルコといえば、私たちが思い出すのは、世界史で学ぶオスマン帝国（オスマン・トルコ）でしょう。第一次世界大戦で帝国が滅亡すると、**大戦中の英雄ケマル・アタチュル**

クが一九二三年、トルコ共和国を建国します。「建国の父」として敬われるアタチュルクは、トルコの近代化には政治をイスラム教から切り離すべきだと判断。政教分離を徹底させました。公の場で女性がスカーフを着用することも禁じたのです。

さらに文字の変更も実施。それまでトルコ語はアラビア文字で表記されていましたが、近代化のためにアルファベットを導入したのです。

アタチュルクの後継者を自任する国軍は、以来、政教分離の原則の守護者として行動。ときにはクーデターも辞さなかったのです。

ところが、二〇〇三年に首相になったエルドアンは、急速なイスラム化を進めました。過去にはイスラム教を重視する福祉党に所属していましたが、政教分離に反するとして一九九七年に非合法化されると、今度は美徳党を結成。これも解党させられると、現在の公正発展党を結成。首相の座を獲得しました。

二〇〇七年には軍のクーデター計画が暴露され、幹部ら三〇〇人を逮捕・追放して、クーデターが出来ないようにしていたのです。政教分離に反してイスラム化を進めようと計画していたことがわかります。今回の事件で、その布石が生きていたことが実証されました。

エルドアンは、二〇一四年、直接選挙で大統領に就任します。それまで大統領には政治的な実権がなかったのですが、政治の実権を首相から大統領に移すための憲法改正を準備中です。

この動きには野党勢力や学者、メディアが批判的だったのですが、今回の大量粛清で、障害を撤去しつつあります。

ただし、エルドアン大統領にとって目の上のコブが、アメリカに亡命したイスラム法学者のフェトフッラー・ギュレン師です。かつてはエルドアンの盟友でしたが、エルドアンが次第に独裁色を強めると離反。アメリカに住んで、トルコの民主化を呼びかけています。ギュレン師は長年にわたってトルコ国内で教育に力を入れてきたこともあり、教育関係者や裁判官、軍幹部などに影響力を維持しています。

エルドアン政権は、**クーデターの黒幕にギュレン師がいるとして、影響力の一掃に乗り出した**のです。これでエルドアンには怖いものなし、一気に独裁国家化が進みそうです。

▼トルコとEU激しく対立

　イギリスが離脱通告をしたEU（欧州連合）に、もうひとつ頭の痛い問題が起きています。トルコとの関係悪化です。

トルコのエルドアン大統領は、大統領権限を強化する憲法改正案を成立させようとしています。これに対し、トルコの人権状況を悪化させることになると懸念したEU諸国は、憲法改正を牽制します。これに怒ったエルドアン大統領が、EUから送られてくる難民たちを追い返すぞと脅しているのです。

トルコは建国以来、イスラム教徒が多い国としては珍しく、政教分離を貫いてきました。**首相が政治の実権を握り、大統領は国家元首ながら政治権力は持ちません。**

　ところがエルドアン大統領の下、急速なイスラム化が進められています。公的な場所で女性がイスラムの象徴のスカーフをかぶることは禁止されていましたが、エルドアン大統領の妻はスカーフ姿で登場します。夜間のアルコール類の販売が禁止されました。イスタンブール周辺には、新たなモスクが続々と建設されています。**エルドアン大統領**

の野望は、かつてのイスラムの帝国であるオスマン帝国の再興だからです。

これに危機感を覚えたのがトルコ軍幹部です。トルコ軍は伝統的に政教分離を貫く世俗主義の守護者を自任してきました。エルドアン大統領の政教一致の方針はトルコの建国の精神に反すると反発した一部の幹部は二〇一六年七月、クーデターを試みましたが、失敗。エルドアン大統領は、これを機会に反対派勢力の一掃を進めています。すでに大量の公務員や教員、軍関係者が解雇されました。

その仕上げが憲法改正です。首相府を廃止し、大統領が国家元首であると同時に行政のトップとして君臨する改正案をまとめました。新憲法案では、大統領が大統領令を出して国を動かすことができ、長期間の非常事態宣言も可能になります。非常事態宣言では、一切の法律に縛られないオールマイティの権力を握ることができると規定されています。

この憲法改正案を認めるかどうかの国民投票が、二〇一七年四月一六日に実施され、承認されました。国民投票にはトルコ国外に住むトルコ人も参加できます。トルコは二重国籍を認めているので、他国の国籍を取得していても、トルコ国籍を保持している人が多いのです。エルドアン政権は在外トルコ人に憲法改正案に賛成の票を投じるように働きかけようと、ヨーロッパ各地に閣僚を送り込む計画を立てました。

ところが、こうした閣僚の入国を拒否するEUの国があったのです。たとえば三月一一日、トルコのチャブシュオール外相がオランダに入ろうとしてオランダ政府に拒否されました。オランダは、トルコ国内の対立がオランダ国内に持ち込まれることを恐れたからです。これに対し、エルドアン大統領は「ナチズムの残党だ」と口を極めて罵りました。

エルドアン大統領が、なぜ強気の発言ができるのか。トルコが怒るとEU諸国が困ることを知っているからです。**それは難民問題です。**

「難民を送り返すぞ」

内戦が続くシリアから大勢の難民がヨーロッパに押し寄せたのは、二〇一五年から一六年にかけて。シリア難民ばかりでなく、中東・北アフリカ諸国からの難民・移民を含め約一〇〇万人が押し寄せました。

この混乱を見て、ドイツのメルケル首相が「ドイツに来たい難民は全員受け入れる」と表明したことから、多数の難民・移民がドイツにやってきました。その数八〇万人以上です。

さすがにこの奔流に困ったドイツを中心とするEU諸国は、トルコに協力を求めることにしました。

というのも、シリア難民の多くは、まずトルコに密入国し、そこから地中海を船で渡ったり、バルカン半島を踏破したりしてEU諸国に入ってくるからです。トルコにはすでに三一〇万人を超える難民が滞在しています。この人たちがヨーロッパを目指すのです。そこで、トルコを経由して出てきた難民だから、トルコにお引き取り願おうというわけです。

こうして二〇一六年三月、「EU・トルコ声明」がまとまりました。それによると、トルコからギリシャに渡ってきた難民や移民はトルコに送還します。その費用はEUが負担します。

その際、トルコが受け入れるシリア難民ひとりにつき、トルコ国内にいるシリア難民ひとりをEU加盟国で引き受けて定住させます。

難民をただ追い返すのでは人道問題ですし、トルコの負担が大きいですから、トルコでシリア難民だとはっきりわかった人を少しずつ受け入れる、というわけです。

すでにEUはトルコに三〇億ユーロ(日本円で約三六〇〇億円)の資金を渡しました。この資金を使い切ったときには、二〇一八年末までにさらに三〇億ユーロを援助する予定です。

端的に言ってしまえば、「金を渡すから難民を引き取ってくれ」というわけです。

そうはいっても、**トルコだって見返りを要求します。**それが、**トルコのEU加盟を認めろ、**

というわけです。トルコはEU加盟を希望し、二〇〇五年から交渉を続けていますが、話し合いは進展していません。これまでのEU加盟国はすべてキリスト教圏。イスラム教徒が多数のトルコ加盟には抵抗感があるからです。

EUとしては、難民を引き取ってもらう代わりにトルコのEU加盟手続きを「活性化」させることにしました。また、トルコ国民がEUにビザなしで渡航できるようにすることも合意されました。

「エルドアン大統領としては、これだけの犠牲を払っているのに、EUはトルコの国内問題に口を出すのか、というわけです。トルコに文句をつけるなら、難民をEUに送り返すぞ。EUが混乱しても知らないぞ、という脅迫です。これにEUも苦慮しているのです。

難民受け入れの見返りにEU加盟を迫るエルドアン大統領

最悪のイギリスＥＵ離脱

「ブレグジットは'Bad or Awful'になる」。

二〇一九年元日に、英フィナンシャル・タイムズ紙がイギリスのＥＵ離脱について掲げた見出しです。'Bad or Awful'とは「悪いか、最悪か」。つまり、「甲乙つけがたい」ではなく「丙丁つけがたい」ほど、どうにも救いがたいという意味でしょう。

イギリスは、二〇一九年三月二九日にＥＵから離脱する予定です。テリーザ・メイ首相は、その後約二年かけてＥＵと通商交渉を進めるという「離脱協定案」を提案しましたが、英国下院議会は大差でこれを否決。いったいどのようにＥＵ離脱するのか、なんの協定もなしにハード・ランディングするのか、まったくわからなくなった――というのが、この文庫のための「ゆっくり解説」を書いている一月末の状況です。

ＥＵ離脱について、大きな問題点は二つあります。

ひとつは、ＥＵとの通商関係をどうするか。ノルウェーのように、ＥＵに加盟しなくても「欧州経済領域（ＥＥＡ）」に加盟すればＥＵと貿易しやすくなります。メイ首相としては、こうした道をとることで経済上の打撃を減らしたいのですが、離脱派は、EUへ分担金を出さなくてはいけないのにEUでの発言権はないから無意味だと反対しています。

もうひとつは、北アイルランドとアイルランド共和国との国境問題です。英国の正式名称は「グレートブリテンおよび北アイルランド連合王国」。そう、北アイルランドは、アイルランド島の北東部にありますが、あくまでイギリスの一部なのです。かつては独立や統治をめぐる「北アイルランド紛争」で過激派IRAによるテロが頻繁でしたが、英国もアイルランド共和国も、ともにEUに加盟したことで、IRAの目的は果たされて平穏になっていました。ところが、EUを離脱すれば再び国境線が必要になり、北アイルランド紛争が再燃しかねない、というわけです。

不思議に思いませんか？　そんな当たり前のこと、EU離脱の国民投票をするときに気づいてなかったの？

そう、気づいていなかったのです。EU離脱が議論された頃の記事を読み直してみてください（一二七ページ）。当時のロンドン市長、ボリス・ジョンソンは「イギリスのトランプ」といわれた右派で、EU離脱を煽るだけ煽って、保守党党首選には出ず、離脱から逃げ出してしまった。その後、外相としてきびしい離脱交渉の矢面に立たされましたが、それも辞任しました。本気でEU離脱を提案していたのか、疑問です。

そしてイギリス国民も、EU離脱を本気で考えていませんでした。特に若者は「ボーン・イン・EU」世代です。一九九三年にEUが誕生してからすでに三〇年近く、生まれた時からEUがあるので、そこから離脱するなんてありえないとタカをくくっていて、国民投票の若者の投票率はとても低かったのです。

こうしたイギリスの混乱ぶりを見て、EU他国では、極右政党への支持が急速に弱まっています。「自国ファースト」を煽るナショナリストにのせられるな、という警戒心が高まっているのです。

EUは、二度の大戦という痛い経験を経て、戦争のない平和な世界をつくろうという壮大な理想に基づいた「実験」です。国境をなくし、統一通貨を導入し、人とモノの行き来を自由にしました。

自由にした結果、難民が流入してくることになり、EU各国は理想と現実のはざまでもがいています。EUの盟主ドイツは難民を引き受けようとしましたが、受け入れきれなくなり、メルケル首相は党首を辞任しました。ハンガリー、チェコ、ポーランドといった、後からEUに加入した国が難民を受け入れないことに対して「いいとこどり」という批判もあります。実際には、EUに隣接するトルコに難民を押し付けるかたちとなっています。

イギリスのEU離脱は、この壮大な「実験」のゆくえを決める、大きな一歩なのです。

じっくり対談 2

歴史人口学者

エマニュエル・トッド

高齢化社会EUの迷走

ベルギー連続テロ事件直後の2016年3月、ベストセラー『「ドイツ帝国」が世界を破滅させる』で知られるエマニュエル・トッド氏とのスカイプ対談が実現した。

エマニュエル・トッド／フランスの歴史人口学者、家族人類学者。1951年生まれ。人口統計や家族構造などに基づく独特な分析で知られる。著書に『帝国以後　アメリカ・システムの崩壊』『シャルリとは誰か？　人種差別と没落する西欧』など。

池上　トッドさんの新著『シャルリとは誰か？』（文春新書）は日本でも話題になっています。二〇一五年一月の風刺週刊紙「シャルリ・エブド」襲撃事件後、フランス各地で起きたイスラム恐怖症のデモを分析した本でしたが、続く一一月にはまたしてもパリで同時多発テロが発生、その記憶もまだ新しいさなかに、二〇一六年三月、さらにベルギーでも連続テロが起きてしまいました。三〇〇人以上が死傷したこのテロの第一報を聞いて、トッドさんはどんな印象をお持ちになりましたでしょうか。

トッド　私の見解は、基本的には変わっていませんが、まず国内の治安上の責任問題として、フランスもベルギーも内相を更迭する必要があるでしょうね。ただもっと大きな視点で見たとき、欧州の経済成長が停滞しているなかで、若者にとって将来が見えない状況がいちばんの問題です。また繰り返し起きているテロを仔細に追いますと、興味深いことに気がつきます。パリ、ベルギーともに実行犯に兄弟がいることです。北アフリカ・アラブ系移民の家族の連帯の基礎単位は兄弟にありますが、その連帯がテロなどの犯罪行為に向いてしまっていることに、悲劇があるように思います。

最悪の分離社会の中から

池上　移民たちに、何が起きているのでしょうか。

トッド　フランスへの北アフリカ・アラブ系民族の移入については、二つの段階がありました。まずひとつは大戦後の経済成長の著しい時代です。フランスの社会に移民を受け入れる余力が十分にありました。人種間の混合結婚も盛んで、同化政策によって移民が持っていたもともとの民族性もポジティブに変容し、社会になじんでいった時代でした。しかし八〇年代に入り、低成長時代が訪れると、社会的な流動性が失われ、それぞれの社会階層が各自のコミュニティに閉じこもるようになります。社会が分断された状況のなかで、移民出身の兄弟が連帯して犯罪に手を染めている現実は、もっとも弱い立場にある移民の家族に、社会のしわ寄せが来ている表れといえるでしょう。

またフランスとベルギーは、フランス語で共通する面のある国ですが、一連のテロ事件においては、両国の違いに目を向けることも重要です。移民が多いことは共通しますが、移民への対応ではだいぶ違うのです。フランスでは移民たちにもフランス人になるよう、フランス語や文化を教え、同化主義政策をとってきましたが、フランス語話者、オランダ語話者の入り混じるベルギーはもともと多文化主義であり、それぞれがバラバラにコミュニティを形成しています。私は若いころベルギーのブリュッセル自由大学で教えていたこともあり、恋人もベルギー人でしたので、身をもって体験しています（笑）。

池上　パリの同時多発テロの取材で、私もブリュッセルの移民たちが多く住むモランベーク地区に行きました。北アフリカから来たという移民に、なぜフランスでなくてベルギーなのかと尋ねましたら、フランスはフランス語を学ばざるを得ないけれども、ベルギーは自分たちのままで暮らせるからと答えていました。まさにトッドさんの話のとおりですね。

トッド　あなたもベルギーのそういった面をご存知でしたか。ブリュッセルは素晴らしく感じの良い町です。しかしその反面、エスニシティのとても硬化した町でもあり、たとえばオランダ語地域でフランス語を話そうとすると、とてもプレッシャーがかかるのです。思わず「私はフランス人ですので」と弁解したくなるほどに。かつてオランダ語地域でカフェに入ったところ、ボーイから完全に流暢なフランス語で「あなたがフランス人だから、フランス語で接客しますが、ベルギー人でしたらそのようなサービスをするわけにはいきません」と言い放たれました。ことほどさように分離したそれぞれのコミュニティが、自分の文化や言語の同一性を守ろうと強迫観念を持っている。そのなかに移民が入っていき、彼らのコミュニティを形成したとき、彼らがどんな影響を受けるか、考えてみるべきでしょう。

それぞれのコミュニティに分かれて自分たちの文化や言語を維持しようと躍起になっているベルギーの人々は、見方を変えれば最悪の分離社会の住人であり、その問題は、フランスにおける同化政策による移民統合の失敗よりはるかに大きいといえるのです。そして同様の問題は、多文化主義をとる北欧諸国全体にいえることです。

池上　今回のベルギーの連続テロについて、前回のパリの同時多発テロでのフランス人の受けとめ方と、何か違いはありましたでしょうか。

トッド　ベルギーは、テロ直後におおむね落ち着いた対応をしていた……とする報道もありましたが、表面的な捉え方でしょう。ここのところ、二〇一二年のフランス・トゥールーズでのユダヤ人学校を襲ったテロや、一五年の「シャルリ・エブド」事件、パリの同時多発テロなど、テロが繰り返し起きています。「シャルリ」事件の直後は、「私はシャルリ」のプラカードを掲げる大きな反テロのデモが起こりましたが、その時には、その行動に意味があるのだとデモの参加者は思っていました。今回あまり運動が盛り上がりを見せないのだとすれば、それはくり返されるテロに対して、デモ行動の意味が見出せない無力感からだと思います。この点でフランスとベルギーに違いはありません。

池上 ブリュッセルでは連続テロの追悼集会に極右が乱入し、ヒトラー礼賛や移民排斥を叫びましたね。警官隊が排除する騒ぎになっています。

トッド いま、ヨーロッパのエリート、指導者層は何をすべきなのか、完全に途方にくれていますね。

まず三月一八日、パリのテロ実行犯の唯一の生存者と目されるサラ・アブデスラムがようやくベルギーで捕まり、一段落とほっとしていたところに、今回のベルギーでのテロが起きてしまいました。

また数年来の難民問題も深刻です。少子化の問題を抱えるドイツはメルケル首相が難民の積極的な受け入れを表明し、昨年だけでも一〇〇万人以上を受け入れてきました。しかしいま大量に押し寄せているシリア人は、これまでのトルコ移民と比べても、いっそうドイツ人と社会文化を異にする人々です。この政策を続ければ、今後シリアだけでなく、イラク、アフガニスタン、そしてまもなくサウジアラビア人をもドイツは受け入れることになりましょう。しかしサウジアラビア人はいとこ同士で結婚する内婚率が三五％に達する、極めて内向型の文化を持つ人々です。このような多様な民族の統合をドイツは本当にできると考えているのか。たいへん危険な挑戦であるといわざるをえない。

ヨーロッパ諸国はオープンなヨーロッパであるためにと、国境審査を撤廃し自由に各国間を行き来できるシェンゲン協定をこれまで停止しないできました。そのため、テロリストにも悪用され続けました。

しかもこのような問題が、デフレで経済がうまくまわっていない状況下、失業率が下がらず、若者の社会統合がうまくいかないなかで起きているのです。ヨーロッパは基本的には高齢化し成熟した社会です。年老いた社会が不安定で冒険的になるのは稀なことですが、いまヨーロッパは極度の知的空白が生じ、おかしくなっている。若年層の台頭で既存秩序が転覆して社会が変化してきたのがこれまでの人類の歴史でしたから、歴史家である私としてはこれは大変興味深いことです（笑）。

ドイツはどうするのか

池上　最近、ＥＵはトルコと交渉し、不法な密航を試みた難民をトルコに送り返し、その代わりに同数の問題のない難民を受け入れ、さらにトルコに難民支援金を六〇億ユーロ（約七六〇〇億円）支払い、トルコ国民のEUへのビザ要件の緩和をするという約束をしました。EUも難民問題を食い止めようとしはじめています。

トッド 結局のところ、そのような合意は機能しないでしょう。難民への対応はヨーロッパ各国でバラバラです。要するにヨーロッパは分裂状態といってよい。一方、トルコはトルコで、自国のクルド人問題を抱え、これまた解体途上にあるといえます。解体しつつある両者間で交わされた約束は、まるで二〇年前の言葉で交わされたような話で、意味があるものではありません。実際には実行されないことは目に見えています。最近のフランス人は、「EUレベルで扱うことになった」というのを、「なにも決まらないことになった」と了解するようになっています。「ヨーロッパ」はもはや単なる言葉にすぎません。実体を失っています。

ヨーロッパにおける難民問題について考えるさい、私はまずドイツはどうするのか、ということを見ます。先ほども言いましたが、そもそも中東からの難民は、ドイツが呼び寄せているからです。フランスにも若干は来ていますけれども、失業率が高く、「シャルリ・デモ」でイスラム恐怖症を表明したフランスに難民が来たがるはずもありません。

ドイツは少子化という日本と共通した悩みを抱えています。高齢化と人口減によって、老化へと向かっている両国ですが、日本は社会の同質性、一体性を重視して、力の衰退を受け入れつつあるようにみえます。一方で、ドイツはまだ力の獲得を諦めていない。だから、移民を大量に受け入れ、若い人口を維持しようとしているのです。もちろん、ドイツもどこかでリーズナブル（理性的）な政策に方向転換する可能性もありますが。

ドイツのほかに考慮に値するのは、安定した国々であるアメリカやロシア、そしてイランの動向でしょう。中東の安定化は、これらの国々の協力関係が鍵を握っていると思います。残念ながらフランスにはもはや歴史の趨勢に関与する力はありません。そのことは私がフランス人でも、研究者として率直に認めないといけません。

池上　この六月二三日には、イギリスがEU離脱に関する国民投票を予定していますね。「ブレグジット（Brexit＝英国のEU離脱）」という新しい言葉まで生まれています。キャメロン首相はイギリスをEUにひき留めようとしていますが、国民の世論調査ではEU離脱の支持が増えてきています。今回のベルギー連続テロでさらに離脱派に勢いがついたことでしょう。

トッド　イギリスはEUの一員であると同時に、英米圏というより大きなコミュニティの一員でもありますからね。ほかの国と比べてEUを離れることは比較的容易でしょう。EUに参加するほかの国々がドイツに従順になってしまっているのに引き換え、イギリスはフランスと違って一度もドイツに負けたことがない、という歴史も心理的に大きいでしょう。ただ、イギリスは実際には地理的、経済的にEUと一体化していますから、EUを離れるのはかなり難しい面もある。そのことを理解しているイギリスの上層階級は脱退したがっていません。いまはお金の力がとても強い時代ですから、結果がどちらに転ぶか判らないです。

アメリカ社会の大きな転換期

池上 中東地域の安定化にはアメリカとロシアが重要であると先ほどおっしゃっていましたが、二〇一六年はアメリカ大統領選挙の年です。現在行われている予備選挙では、共和党はトランプの独走、民主党ではヒラリーが首位ですが、サンダースが猛追しています。ヨーロッパからはどう見ていますか。

トッド この動きは非常に面白いですね。アメリカの大統領は、フランスにおける大統領ほど権限があるわけではありませんので、誰が大統領になるかはさほど重要ではありませんが、トランプとサンダースが同時に台頭する背後にある国民のメンタリティーの推移に大いに関心があります。彼らは右か左かということを超えて、共通のテーマを取り上げている。

ひとつはエスタブリッシュメントへの反抗。ふたりとも、それぞれ立候補した党にこれまで属していたわけではなく、大統領候補になるために入党しましたから、従来の党首脳たちの考えと異なっています。また累進課税や積極的な財政政策など、「進歩主義的」な経済政策をかかげている。そして貿易面での保護や、学費免除など、アメリカの民衆の利益を守ることを約束しています。

これは、アメリカ社会に大きな転換期が来ていることを意味しているのだと思います。歴史を振り返ってみますと、このような大きな揺れ動きが何度かアメリカにはあったことがわかります。かつて国家の介入に徹底的に反対し、自由放任的な国だったアメリカは、一九三〇年代にはフランクリン・ルーズベルトのもとでニューディール政策を行います。このときは国家のリーダーシップに頼ったわけですが、一九八〇年代のレーガンの時代には新自由主義が政治を席巻し、国家の役割を否定します。そしていままた国家の役割が見直されつつある。

このような大きな揺れ動きは、アングロサクソンの絶対核家族の構造に起因していると考えられます。直系家族を伝統とするドイツや日本が親子の継続性を重視するのに比べ、親子は自由な関係であり、子どもがまったく新しいことをはじめるわけです。だから、世代ごとに大きく変わる傾向がある。「世代」というものが大きな意味をもつ文化なのです。

もうひとつ、アメリカの世論調査を見ていて気がつくことがあります。

とくに若者に顕著に表れているのが、国家に対しての好意的な評価が高まってきていること。そして、宗教への関心が低下してきていることです。

興味深いことに、ネオリベラリズムの動きが高まっていたときには、宗教への関心は並行して高まっていました。

いまアメリカのなかで宗教熱が冷える一方で、むしろ世俗を重視し、国家の役割への評価が高まっている。この両者を勘案すると、アメリカがヨーロッパや日本のような社会に近づいてきているのだといえます。

ヨーロッパでの報道は、一般にトランプやサンダースの台頭を、なにか奇妙な状況ととらえているだけですが、その背後にあるものを見ると、なにも奇妙な動きではなく、歴史的に興味深い推移が見えてくるのです。

池上 なるほど。よくわかりました。こうして見てみますと、ヨーロッパもアメリカもいま、たいへんな岐路にたっているといえますね。

トッド そのとおりです。アメリカ、ヨーロッパだけでなく、いま人類はどの国もうまくいっていません。ロシアが混乱した国から安定勢力へと、あるいは急成長の中国が不安定勢力へと変わったように、旧来の観念は通用しなくなりました。今後、各国の間でどのようなネットワークが結ばれるのか、再構成はまだ決まっていません。どの国にも通用する万能なモデルは存在しないなかで、私たちはそれぞれの道を選ばなければなりません。

池上 長い時間、ありがとうございます。メルシー・ボクウ。

トッド そちらは夜中の一時ですよね。日本の皆さんの仕事熱心さに驚きました（笑）。おやすみなさい。

（通訳 堀茂樹、週刊文春二〇一六年四月二八日号）

第3章

ロシアの覇権

〝皇帝〟プーチンの新・帝国主義

クリミア半島を併合、中東の紛争にも乗り出し、
旧ソ連領土回復への野望を隠そうともしない
プーチン大統領。北方領土はどうなるのか?
「おそロシア」の実態を知っておこう。

あのころ何が Fast News

2014年	3月	ロシア、ウクライナのクリミア半島を併合
2015年	2月	野党指導者の暗殺
2016年		ロシア、シリア国内で爆撃
2018年	3月	プーチン大統領が圧倒的再選。任期は2024年まで
2018年	11月	日露首脳会談。北方領土2島返還へ

▼クリミア半島はいま——ウクライナ併合

ウクライナのクリミア半島が、二〇一四年三月、ロシアに併合され、ウクライナ国内では親露派勢力と政府軍との軍事衝突が続き、停戦も守られない情勢が続いています。内戦の陰でニュースにならなくなったのが、クリミア半島です。黒海に突き出した恰好の半島は、どうなっているのか。二〇一五年二月、現地に取材に行ってきました。

モスクワからクリミア半島のシンフェロポリ空港までは、通常ですと飛行時間は一時間五〇分程度ですが、今回のフライトは約三時間もかかりました。なぜか。内戦状態のウクライナ東部の上空を飛ばないように迂回しているためです。マレーシア航空機のようにミサイルで撃墜されるリスクを減らすためです。

シンフェロポリ空港のターミナルに到着すると、入国審査のゲートが無人になっていました。ウクライナ時代は国際線の到着口だったものが、ロシアの国内線になってしまったからです。

六年前、私がクリミアに来たときは、上が青で下が黄色の二色に分けられたウクライナ国旗が翻っていましたが、いまは上から白、青、赤の三色のロシア国旗だらけです。

到着して携帯電話の電源を入れましたが、圏外の表示。ウクライナ時代、日本の携帯電話は海外ローミングで使用できましたが、現在はロシアの国内電話網に組み込まれる一方、海外ローミングのサービスが停止されているためです。

自動車のナンバープレートは、まだウクライナの国旗が描かれているものが多い一方で、ロシアの三色旗のプレートが増えてきています。

クリミア半島はロシアの一部でしたが、一九五四年、当時のフルシチョフ第一書記によって、ウクライナに移管されました。ウクライナでの勤務が長く、**ウクライナに愛着を持つフルシチョフ第一書記が、保養地として人気の高いクリミア半島を移管して、ウクライナの機嫌を取るためでした。**

当時はロシアもウクライナもソ連（ソビエト社会主義共和国連邦）の一部でしたから、クリミア半島の管轄がどちらでも問題はなかったのですが、ソ連崩壊後は、ロシアから切り離されます。ロシア時代に大勢のロシア系住民が住むようになっていたため、ソ連崩壊後、ウクライナからの分離独立を目指す動きが続きます。その結果、**妥協策として、ウクライナに属しながらも「クリミア自治共和国」の形で、高度な自治**が認められていました。

しかし二〇一四年二月、**ウクライナで親EU派が政権を掌握し、**ＥＵへの傾斜を強めると、ウクライナ国内の親ロシア派住民が反発。東部で武装闘争を始める一方、**クリミアでは住民投票を実施し、ロシアへの編入**を決めます。これを受けてロシアのプーチン大統領はクリミアをロシアに併合してしまいます。

これに対して、アメリカやEU諸国はロシアに経済制裁を実施しました。日本もこれに同調。その結果、日露関係がギクシャクし、北方領土問題を話し合うために訪日予定だったプーチン大統領の日程が定まらない状態が続きました。

ロシアによる「買収作戦」成功

日本にも思わぬ影響を与えたクリミア半島の併合問題。現在はロシア連邦の一部となった「クリミア共和国」のドミトリー・パロンスキー第一副首相に話を聞きました。クリミアがロシアに編入（日本などロシアの行動に反対の国々は「併合」と表記）されたことを、どう考えるかとの私の質問には、次のような答えが返ってきました。

「クリミアのルーツはロシアだ。これまでウクライナだったが、多くの住民たちにとって、ウクライナは祖国ではなかった。我々はいま、故郷に帰ってきたという感覚だ」

「公共事業が増えて失業率が低下。高度な医療が必要とされる重病患者が出た際には、モスクワの医療機関に運んで治療が受けられるようになった」

二〇一五年一月一日からはクリミア半島全体が「自由経済ゾーン」に指定され、進出する企業は、税金が免除ないし軽減されることになりました。クリミアの人たちが、「ロシアになって良かった」と思うようにと、ロシア政府が施策を取っていることがわかります。

では、住民たちは、どう思っているのか。セバストーポリ市内に住む四人家族の話を聞きました。夫婦と二人の子どもの家庭です。

「ウクライナからロシアになって、一番変わったのは医療保険です。ウクライナ時代は、治療費がほぼ全額自己負担だったのに対して、現在のロシアでは、すべて無料になったからです。去年、夫が入院したのですが、入院中の三食の食事代も無料でした」「男性は六〇歳、女性は五五歳から年金の支給を受けますが、ウクライナ時代に比べて三倍に増えました。子どもが二人いる家庭には一時金として五〇万ルーブル（日本円で約九〇万円）が支給されます」

さらに各企業に勤務する社員の給料も平均で三倍になったとのこと。電気、ガス、水道代は、ウクライナ時代より高くなりましたが、移行措置として、段階的に引き上げていくそうです。「生活費は前よりかかるようになりましたが、収入が格段に増え、医療費が無料になって、生活は前より楽になりました」

ロシア政府がクリミアの住民に対して、いわば「買収作戦」を実施。これが功を奏していることがわかります。

クリミア半島といえば、七〇年前の一九四五年、「ヤルタ会談」が開かれた場所でもあります。ソ連のスターリン、アメリカのルーズベルト、イギリスのチャーチルの三巨頭が集まって、戦後処理を話し合いました。

三人が外で記念撮影をしている写真は、世界史の教科書にも掲載されているお馴染のもの。クリミア半島のヤルタは黒海に面した保養地として知られ、温暖な気候のはずなのに、三人は分厚いコートを着込んで写真撮影に臨んでいます。

それが不思議だったのですが、現場で疑問が氷解。この時期のクリミアは日中でも氷点下の寒さ。震えながら、写真の意味がわかりました。

会場となったリバディア宮殿は、帝政ロシア時代、皇帝ニコライ二世の離宮として建造されたもの。その庭園の一角に、二〇一五年二月、三巨頭の巨大な像が建てられました。

スターリンが手に持つのはパイプたばこ、ルーズベルトはフィルターたばこ、チャーチルは葉巻。そこまで細かく再現しています。

ところが、この像の構図には、ある意図が感じられます。**厳めしい顔をしたスターリンを、ルーズベルトとチャーチルが笑顔で仰ぎ見るような構図**になっているのです。戦後秩序を先導したのはロシアのスターリン。そんなロシアの思いが伝わってきます。イメージ操作ですね。

実際には、スターリンは他の二人より背が低かったため、側近がスターリンの椅子だけ高くして、三人が対等に見えるように苦慮していたのですが。

この会談を、私たちは「ヤルタ会談」と呼んでいますが、最近のロシア国内では、「クリミア会談」と呼ぶように変化しています。「ヤルタ会談」ではロシアなのかはっきりしませんが、「クリミア会談」と表現すれば、「クリミアはロシアだった」というアピールができるというわけです。こうして歴史が書き換えられていくのですね。

授業はウクライナ語からロシア語に

クリミア半島は、二〇一四年までウクライナのものでしたが、いまはロシアが実効支配しています。

ウクライナ東部では、ウクライナ政府軍と、親露派との戦闘が激化したり、停戦したりという不安定な状態が続いていますが、クリミア半島は平穏です。そこで、ウクライナ東部のドネツクなどから大勢のロシア系難民が押し寄せています。彼らは、親戚や知人の家に身を寄せたり、自力でアパートを借りたりしているため、実数はつかめません。クリミアのセバストーポリ市に住んでいる友人を頼って二週間前にウクライナ東部・

ドネツク州から逃げてきたという家族に話を聞きました。三六歳のシングルマザーのリリヤさんは、一〇歳の息子と四歳の娘がいます。ウクライナ東部はロシア系住民が多く、リリヤさん一家もロシア系。クリミアがロシアに併合されたことで、前よりも来やすくなったそうです。一〇歳の息子も、すぐに地元の小学校に編入が認められ、ロシア語で授業を受けています。

歴史もロシア式に修正？

ドネツクでは、しばしば砲撃の音がして、生きた心地がしなかったけれど、ここなら平穏で安心できるとリリヤさんは笑顔で話してくれました。リリヤさんの息子はロシア語で授業を受けていますが、ウクライナからロシアに併合されたことで、学校の授業は変わったのでしょうか。

クリミアで一番の名門校「ギムナジア一番学校」を取材しました。ここは、もともとロシア語中心のエリート校ですが、ウクライナ時代は、

「ウクライナ語」が週に二コマ、「ウクライナ文学」も二コマ必修で、ロシア語は週に一回に過ぎませんでした。

これがロシアに変わったことで、「ウクライナ語」は週に一回の選択科目に格下げとなり、「ウクライナ文学」は、「ロシア文学」に取って代わられました。ただし、「ロシア文学」にはウクライナ文学の授業も含まれるのだそうです。

では、子どもたちの感想はどうなのか。小学校五年生のクラスで、ロシア編入（併合）をどう思うか、意見や感想を聞いてみました。

「ロシアになったことで、いろんな場所に行けるようになり、楽しい」

「ロシアは強い国家だ。強いからクリミア半島を守ってくれる」

最初のは女子児童、次は男子児童の発言。どちらも要するにロシアは広大で強大だ、というわけです。

「ロシアになって良かったと思う人は手を挙げて」と言うと、一人を除いて三〇人全員が挙手しました。挙手しなかった児童は、「いいとも悪いとも、どちらとも言えないから」との返答でした。ロシアになったことを良しとするクラスメートばかりの中で、この発言は勇気あるもの。「ロシアになったことは良くなかった」という遠回しの発言です。

空港近くの壁には、ロシアになったことを喜ぶ子どもたちの壁画が描かれていました。ところが、よく見ると、青い線と黄色い線の二本の線が上からスプレーされています。

これはウクライナの国旗の色。誰もが歓迎しているわけではない、というのが、ここから読み取れます。

ウクライナ語の授業を受けている女子児童にインタビューすると、通訳がロシア語に訳して伝えるのですが、児童の返事は一貫してウクライナ語。あくまでウクライナ語にこだわります。

この女子児童、少数民族のタタール人でした。タタール人はトルコ系の先住民族。クリミア半島には一割の二五万人が住んでいます。第二次世界大戦中、ドイツに協力するのではないかと恐れたスターリンが、全住民を中央アジアに強制移住させたことから、多くの住民が犠牲になりました。以来、ロシアへの不信感を持ち、併合を喜んでいません。この子も、ロシア語を話すのを潔しとしなかったのでしょう。**クリミアには現代史が詰まっているのです。**

▼野党指導者の暗殺

かつてのソ連時代には言論の自由がなく、政府を批判した人物は逮捕されました。あるいは、「こんなに理想の社会を悪く言うとは、精神に問題がある」として、精神科病院に収容されました。

一方、いまのロシアには言論の自由があり、政府の批判をしても逮捕されることはありません。その代わり、何者かによって殺害される危険があります。

さて、どちらがいいか……などというのはブラックジョークですが、いまのロシアは、まさに「おそロシア」と呼ばれるような状態になってしまいました。有力な野党指導者が、モスクワ市内の中心部で暗殺されたからです。

プーチン大統領の執務室があるクレムリン。クレムリンとは「城塞」の意味で、帝政ロシア時代に建設された宮殿のこと。ロシア革命でソ連共産党が政権を握ると、共産党の本部が置かれ、クレムリンは共産党の別称になっていました。ソ連崩壊後は、エリツィン、そしてプーチン大統領の居住区兼執務室です。

このクレムリンに近いモスクワ川にかかる橋で、二〇一五年二月二七日深夜、元第一副首相のボリス・ネムツォフ氏が何者かに銃撃されて死亡しました。

ネムツォフ氏が政治に関与するようになったきっかけは、一九八六年にウクライナで起きたチェルノブイリ原子力発電所の事故でした。原発反対運動をする中で政治の世界に入り、同じボリスという名前のエリツィン大統領の知遇を得ました。

元第一副首相という肩書でわかるように、彼はエリツィン大統領時代には政権中枢にいて、経済改革で腕を振るい、一時はエリツィンの後継者にも擬せられたほどの人物でした。しかし、経済改革に不満を持つ勢力によって解任され、プーチン政権では、リベラル派の野党に転じました。

その後、二〇〇四年にウクライナで「オレンジ革命」と呼ばれる民主化運動が起きると、民主化指導者のヴィクトル・ユシチェンコを支持し、ユシチェンコ大統領が誕生後は投資問題担当の大統領顧問に任命されました。

今回の事件の直前に、ネムツォフ氏は、「ウクライナの内戦にロシア軍が介入している証拠がある」と語っていたと言われますが、ウクライナとの関わりは、このときから始まっていたのです。

今回の事件後、プーチン大統領直属の捜査機関である捜査委員会は、ネムツォフ氏の自宅の家宅捜索から始めました。「交友関係のもつれやビジネス上のトラブルが原因である可能性があるから」というわけですが、この家宅捜索により、ネムツォフ氏と連絡を取り合っている野党勢力の全貌をプーチン政権が把握することが可能になりました。何のための捜査なのか、目的は明白ですね。

プーチン政権批判者は消される

今回の事件を捜査している捜査委員会は、ロシア南部のチェチェン共和国の関係者五人を逮捕したと発表しました。

はてさて、不思議な話です。なぜネムツォフ氏が、まったく関係のないチェチェンの関係者に殺害されなければならないのか。

事件の第一報を聞いて多くの人が感じた「プーチン政権寄りの勢力による犯行」の可能性はどうなのか、不明です。真犯人は、別にいるのではないかとの疑惑は晴れません。というのも、**これまでロシアでは、プーチン政権に批判的な政治家やジャーナリストが、次々に殺害**されているからです。

たとえば二〇〇六年にはプーチン政権に批判的な報道を続けてきた独立系新聞社「ノーバヤ・ガゼータ」(新しい新聞)の女性記者アンナ・ポリトコフスカヤ氏がアパートのエレベーター内で何者かに射殺されました。容疑者として、このときもチェチェン出身者が逮捕されましたが、背後関係は解明されませんでした。

同じ年、ロシアの元情報機関幹部でイギリスに亡命したアレクサンドル・リトビネンコ氏が、ロンドンで放射性物質「ポロニウム210」を摂取させられて、死亡しました。ポロニウム210は、大規模な核施設がなければ生成させることはできないもの。国家的な組織にしかできない犯行でした。ロンドン警視庁は、事件の容疑者としてロシア人を特定し、ロシア政府に身柄の引き渡しを求めますが、ロシアは拒否。名指しされた人物は、その後、国会議員選挙で当選。ロシア国会の議員になっているのです。

さらに二〇〇九年には、チェチェンの人権問題に取り組んでいた弁護士のスタニスラフ・マルケロフ氏と、一緒にいた「ノーバヤ・ガゼータ」の嘱託記者アナスタシア・バブロワさんが銃撃されて死亡しています。

今回の事件に関連し、二月二八日、ロイター通信は、一九二四年にイタリアの首都ローマで起きた殺人事件を引き合いに出した論評を配信しました。

殺害された政治家はジャコモ・マッテオッティ氏。同氏は殺害される少し前に議会で当時の指導者ベニート・ムッソリーニと彼が率いる国家ファシスト党を批判する演説を行ってきました。事件後、複数の容疑者が逮捕されましたが、裁判の判事は政権派に代えられ、有罪判決を受けた者たちは恩赦が与えられたそうです。

その後、イタリアがどのような道を進んだかは、ご存じの通りです。

二〇一四年三月、ウクライナの停戦をめぐり、プーチン大統領と会談したドイツのメルケル首相は、アメリカのオバマ大統領に対して、**「プーチン大統領は別の世界に住んでいるようだ」と感想を語った**そうです。

ロシアはもう、「別の世界」に行ってしまったのでしょうか。

「おそロシア」②

▼言論の自由を消す方法

ロシアに、プーチン政権を批判し続けてきた新聞があります。「ノーバヤ・ガゼータ」（新しい新聞）という名前の新聞です。この新聞は、多くの記者の犠牲を出しながらも、政権批判という孤塁を守ってきました。

言論の自由がなかったソ連が崩壊後、自由な言論活動をするメディアが次々に生まれましたが、プーチン政権になると共に、ロシアの放送局は次々に政権寄りの報道をするようになります。政権寄りでない放送局はプーチン政権に近い富豪によって買収され、批判しなくなります。新聞社も御用新聞ばかりになりました。

それだけに「ノーバヤ・ガゼータ」は貴重な存在ですが、払った犠牲も大きなものです。これまでに五人もの記者が殺害されてきたからです。

二〇〇三年には副編集長が不審死を遂げています。高熱を出してモスクワの病院に入院しましたが、顔の皮膚が剝げ、脱毛も始まり、呼吸困難となって死亡しました。

当時は原因が不明でしたが、放射性タリウムを、何らかの方法で体内に入れられたためと見られています。放射性タリウムなど、普通の人が入手することは困難です。二〇〇六年には、女性記者のアンナ・ポリトコフスカヤ氏がアパートのエレベーター内で何者かに射殺されるという悲劇に見舞われました。

この事件には、多くの人が衝撃を受けたのですが、プーチン大統領はポリトコフスカヤ記者の関係者にお悔やみを言うことは一切ありませんでした。普通ならば、とりあえずは「言論の自由に対する侵害だ」などと言うところでしょうが、「彼女の書いた政権批判の記事以上に、暗殺によってロシアは大打撃を被った」と言ってのけたのです。反政府のジャーナリストが殺害されるのは、プーチン政権を貶めようとする陰謀だというわけです。

このポリトコフスカヤ氏以外にも、二〇〇九年には、同紙の顧問弁護士でチェチェンの人権問題に取り組んでいたスタニスラフ・マルケロフ氏と、彼を取材中だったアナスタシア・バブロワ記者が白昼の路上で射殺されています。

「ノーバヤ・ガゼータ」は、ソ連崩壊後の一九九三年に創刊。ソ連最後の大統領となったミハイル・ゴルバチョフも出資して話題になりました。週三回の発行で、発行部数は公称二七万部という小さな新聞です。

しかし、広告が激減し、苦しい経営が続いています。

民間の新聞や放送局に広告を出している広告主に圧力をかけ、広告を出すのをやめさせる。気に食わないメディアを黙らせるには、これが一番有効な方法であることを、「ノーバヤ・ガゼータ」の悲劇は物語っています。ロシアから「言論の自由」の灯が消えかかっているのです。

「自由民主」の名が泣く

ここまで読んでこられた読者は、私が何を言いたいか、もうおわかりですね。二〇一五年、**日本にも「メディアを懲らしめるには広告収入をなくせばいい」と発言した議員がいた件**です。この議員が所属している政党の名前には「自由」と「民主」の言葉が入っています。自由で民主的な世の中が素晴らしいと思っている人たちの集まりのはずなのに、そうでない人もいたのですね。

こういう人に想像してもらいたいことがあります。将来、再び政権交代が起きたときのことです。政権を取った政党の議員が、同じことを発言したら、どう思いますか？　その政党の議員が「懲らしめる」対象として考えるメディアが、自分の愛読している新聞だったら、どうしますか？　あってはならないことだとは思いませんか。

状況が悪化しているのはロシアばかりではありません。次はトルコの状況です。

二〇一四年一二月、トルコの警察当局は、トルコの大手新聞「ザマン」の編集長やテレビ局のプロデューサーらジャーナリストを中心に二七人の身柄を拘束しました。

大手新聞「ザマン」とは「時」という意味ですから、英語名にすれば「タイム」ですね。トルコを代表する高級紙ですが、エルドアン大統領が独裁色を強めるにつれ、政権批判を強めていました。

エルドアン氏は、首相の任期中に大統領選挙に出て当選。トルコは首相が政治の実権を握り、大統領は象徴的な国家元首にすぎなかったのですが、エルドアン氏が大統領になるや、憲法を改正して、大統領に実権を集中させようとしています。これを批判的に報道する新聞記者たちは、次々に逮捕されます。

政権からの攻勢に「ザマン」が苦しんでいるのは、編集長逮捕だけではありません。広告料収入の減少に見舞われているのです。

エルドアン大統領による独裁色が濃くなると、これまで「ザマン」に広告を出していた企業が、次々に広告を取りやめるようになったのです。「ザマン」は高級紙ですから、読者にインテリや富裕層が多く、広告の媒体としては魅力です。

それなのに、広告が減少。広告を出すと、紙面で一目瞭然ですから、政権側からの猛烈な嫌がらせにあうというのです。

こうして、トルコの「表現の自由」は蝕まれているのです。二〇一六年、ついに「ザマン」は政府の管理下におかれてしまいました。

「メディアを懲らしめるには、広告収入をなくせばいい」

トルコのエルドアン政権は、まさにそれを実践しているのですね。

そういえば**安倍晋三首相は、ロシアのプーチン大統領やトルコのエルドアン大統領と大変ウマが合うことで有名**です。安倍首相の応援団を自任する自民党の若手議員たちは、ロシアやトルコに見習うべきだと考えているのでしょうか。

▼「ギリシャ神話」と地政学――なぜロシアが狙うのか

ギリシャの人々は誇り高い。ギリシャがヨーロッパを作ったと自負している。ギリシャ神話を見てみなさい。

フェニキアの王女エウロペは美しい娘として有名だった。全能の神ゼウスは、エウロペに一目ぼれ。なんとか自分のものにしようと、白い牡牛に姿を変えて接近。エウロペが背中にまたがると、背中に乗せて、各地を駆け巡り、最終的にクレタ島にたどり着いた。ゼウスがエウロペを乗せて駆け巡った地域は、エウロペにちなみ、ヨーロッパと呼ばれるようになった。

ギリシャがあったから、いまのヨーロッパがある。これがギリシャ人の意識です。ユーロの紙幣はユーロ加盟国共通ですが、硬貨は各国が独自に製造していて、ギリシャの二ユーロコインの裏には、牡牛に姿を変えたゼウスの背に横乗りしているエウロペの姿が刻まれています。

ソクラテス、プラトン、アリストテレス……。ギリシャといえば、錚々《そうそう》たる哲学者も輩出しています。二〇〇九年にギリシャの財政危機が表面化した際、首都アテネでギリシャ人たちにインタビューしたところ、「ヨーロッパ文明はギリシャ文明が作り出したのだから、ヨーロッパ各国がギリシャを助けるのは当然だ」と言われて絶句しました。借金が返せなくなったのは、返せないほど多額の資金を貸した方が悪いと思っているのでしょう。

でも、ギリシャがここまで強気なのも（増長しているのも？）、そこには過去の歴史があるのです。それは東西冷戦という歴史です。

ギリシャの場所が、東西冷戦では重要な位置になりました。**ソ連に組み込まれた東欧と、アメリカグループについた西欧との対決で、ギリシャは、その中間地点に位置していました。**それゆえに内戦まで起きました。**ギリシャ内戦**です。

ナチス・ドイツの占領を受けていたギリシャは、ドイツ敗北後、権力の空白が生まれ、ギリシャ共産党の指導を受ける共産主義ゲリラ勢力と、イギリスやアメリカの支援を受けた右派民兵が激しく対立。戦火を交えたのです。第二次世界大戦よりも内戦の方が被害甚大でした。

アメリカのトルーマン大統領は、ギリシャが共産主義勢力圏に陥ることを防ごうと、多額の援助を開始します。共産主義勢力が仲間割れを起こしたこともあり、一九四九年、アメリカの支援を受けた右派民兵が勝利しました。

これ以降、**アメリカは、ギリシャが共産化しないように、援助をし続ける**ことになります。一九五二年、ギリシャはNATO（北大西洋条約機構）に加盟します。NATOは、対ソ連圏の集団安全保障体制。ギリシャが、ここで重要な位置を占めるようになります。その後、ギリシャでは軍事クーデターが発生し、一時は軍事独裁政権になりますが、アメリカは、対ソ包囲網を形成する上で重要な位置に存在するギリシャを重視し、独裁政権の振る舞いに目をつぶります。アメリカのダブルスタンダードが、ここでも発揮されたのです。

ギリシャは現代でも地政学的に重要

こうなると、ギリシャの政治家や国民は、東側諸国との対決の最前線に位置する自国を西側諸国が支援するのは当然という意識になります。

ギリシャは一九八一年、EUの前身のEC（欧州共同体）に加盟して以降、他の加盟国からの財政援助を受けてきました。当初から、他国に支援される存在だったのです。**ギリシャが見放されることはない。もうひとつの〝ギリシャ神話〟**でした。

ギリシャのチプラス政権は、自国の地政学的位置を使い、ロシアや中国との関係を深める素振りを見せることで、欧米を焦らせます。

ＥＵによる緊縮財政要求に反発したギリシャのチプラス政権は二〇一五年七月、ＥＵの要求を受け入れるかどうかの賛否を問う国民投票を実施しました。このとき、チプラス首相は、すぐにロシアのプーチン大統領に結果を電話で報告しました。

ロシアとギリシャは宗教で結ばれています。どちらも東方正教会。ギリシャ正教が東欧に広がって、ロシア正教になりました。**ロシア独特のキリル文字も、ギリシャ文字が変化したもの。**日本に住んでいると、意外に気づかない視点です。

プーチン大統領は折に触れ、「ロシアとギリシャは共通の文化で結ばれている」と発言しています。苦境に立った仲間を助けるのは当然という意識があるのです。

ただし、現在のロシアにギリシャを救済できるだけの力があるかと言えば、その点は疑問符。石油や天然

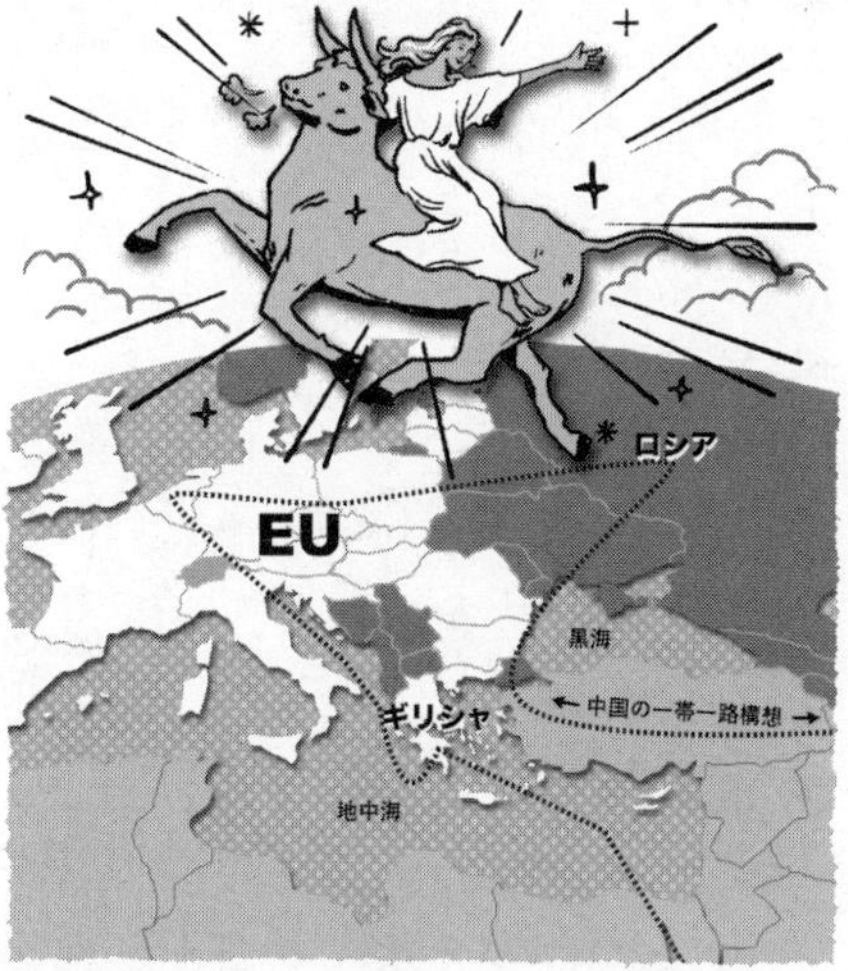

我々を追い込んだら、困ることになる？

ガスの価格下落で国際収支は悪化。クリミア半島を併合したことに対する欧米諸国の経済制裁によって、通貨ルーブルも下落。経済的に他国を支援するどころではないのです。

しかし、ギリシャのチプラス政権としては、ロシアのプーチン大統領と親しい様子を見せることで、「我々を追い込んだら、ロシアの側に行ってしまうかもしれないぞ」と脅しに使ったのです。

一方、中国にとって**ギリシャは、中国が構想している「一帯一路」で重要な位置**にあります。「一帯」とは中央アジアを通る陸のシルクロードのこと。「一路」は中国沿岸部から南シナ海、インド洋を通って中東・北アフリカに至る航路のことです。ギリシャは、一帯と一路が結びつく結節点にあり、中国は支援を通じて影響力を強めようとしています。

これにアメリカが神経を尖らせます。バルカン半島南端のギリシャは、黒海と地中海を挟んでロシアや中東と向き合う軍事的要衝です。**米軍基地があり、自称「イスラム国」（IS）への空爆拠点**でもあります。ギリシャがユーロやEUから離脱したら、NATOからも脱退するかもしれない。それを避けるため、アメリカはEU諸国に対し、ギリシャを追い込まないように働きかけています。自らの地政学的位置を自覚している国は、一筋縄ではいかないのです。

▼「南下政策」でシリアが欲しい！

二〇一六年になってロシアがシリア国内で行った爆撃は、自称「イスラム国」（ＩＳ）の過激派を狙ったものか、それとも反アサド政権勢力を叩こうとしているのか。シリア情勢は、すっかり不可解なものになってしまいました。

ヨーロッパに押し寄せる難民の多くは、シリア内戦を逃れた人たちです。難民の受け入れも限界に来た**ヨーロッパとしては、難民が生まれる源泉を何とかするしかない。**そこでアメリカにしてもイギリスにしても、ＩＳに対する空爆を続けています。さらに、ここへ来て、フランス軍も空爆に参加しました。

ここでシリア情勢を概観しておきましょう。そもそも**アサド政権は、イスラム教のアラウィ派**という少数派政権。アラウィ派というのは、あまり聞かない名前ですが、イスラム教をスンニ派とシーア派に大別した場合、シーア派系になります。というのも、シーア派の**大国イランが、「アラウィ派はシーア派の一派だ」と認定**しているからなのです。

それでも、輪廻転生が教義に入っているなど、まるで仏教やヒンズー教のような性格もあるため、スンニ派からは「邪教」扱いされることもあります。

シリアのアサド大統領は、もともと権力への野心などなかったのですが、独裁者・父親の後継者になるはずだった兄が事故死したため、大統領にさせられました。当初は独裁国家を民主化しようという動きも見せたのですが、「アラブの春」の影響が国内に波及し、反政府運動が始まると、一転して弾圧に回りました。

政府軍を動員して反政府勢力の虐殺を始めたため、**見かねた政府軍の一部が離反。「自由シリア軍」を結成して、アサド政権と戦い始めました。**これに目をつけたのが、スンニ派の大国サウジアラビアやカタールでした。「邪教」政権を打倒する絶好のチャンスと考え、反政府勢力に資金や武器を提供しました。かくして本格的な内戦となったのです。そこに付け込んだのが、国際テロ組織アルカイダ。反政府勢力に潜り込み、勢力を拡大しました。

さらに、隣国イラクに存在していたＩＳの前身組織もシリアに入ってきます。この連中は、アサド政府軍と戦うこともありましたが、主に反政府勢力を攻撃。資金や武器を獲得して急成長します。結果、**アサド政権軍と自由シリア軍、アルカイダ、ＩＳと四つどもえの戦争**になってしまいました。

欧米諸国はこれに危機感を覚えますが、どの国も、自国の地上部隊を派遣するつもりはありません。泥沼の戦闘に巻き込まれるのは目に見えているからです。

そこでアメリカのオバマ政権は、アルカイダではない反政府勢力をシリア国内からイラクの政府側支配地域に連れ出し、ここで軍事訓練を施し、最新兵器を与えて、シリアに送り返すという方法を始めました。

ところが、これに参加しようとする勢力がほとんどありません。さらに、せっかく兵器を与えても、それがアルカイダ組織に渡ってしまう始末です。

反アサド勢力は叩き潰す

ロシア、アサド政権を支援

これを見ていたロシアのプーチン大統領は、アサド政権のテコ入れを始めました。

ISが勢力を伸ばすことに危機感を覚える点では、プーチン大統領も同じこと。**欧米諸国はアサド政権を認めたくないため、ISとアルカイダ以外の反政府勢力を支援**していますが、プーチン大統領は、アサド政権を強化することでIS退治をしようと考えています。

いや、こういう言い方は正確ではありませんね。**プーチン大統領としては、反アサド勢力はすべて叩き潰して、アサド政権を存続させたい**のです。ロシアはISを空爆していると発表していますが、本当なのか、という疑惑も浮上しています。ISだと言いながら、実際は自由シリア軍など反アサド勢力を攻撃している様子です。ロシアは、何としてもアサド政権を守りたいのです。

なぜか。それは、**アサド政権が、ロシア海軍基地の場所を提供しているから**です。ロシアは伝統的に不凍港を求めて南下政策をとってきました。冬には港が凍り、外海に出て行くことができない。私たちにはピンときませんが、ロシアの人たちにとっては耐えがたいのです。

地中海に面したシリアの海岸にロシア海軍基地ができたことで、ロシアは地中海から大西洋へと自由に艦隊を移動させることができるようになりました。

さらに今回、ロシアはシリア国内に空軍の戦闘機や戦闘爆撃機を送り込みました。海軍ばかりでなく、空軍基地も確保できたようなものになったのです。「ISを攻撃する」と言えば、ロシア空軍の戦闘爆撃機がシリア上空を自由に飛び回れます（その後、撤退）。

かつての東西冷戦時代、ソ連は中東地域に大きな影響力を維持。イスラエルに対抗するアラブ諸国に武器を輸出してきました。しかし、ソ連が崩壊すると共に、アラブ諸国はアメリカに傾斜。ソ連を引き継いだロシアは、影響力をすっかり失っていました。今後は、**シリアを拠点に、かつてのソ連の威光を取り戻そうという野心**が見え隠れします。

こうなると、微妙な立場に立たされるのがオバマ政権です。ＩＳの脅威はなくしたいが、自力では無理。いっそのこと、反ＩＳでアサド政権と共闘してもやむをえないのではないか、という声もあるからです。共通の敵・日本と戦うため、国民党と共産党が手を組んだ「国共合作」の現代版です。

実はオバマ政権は、アサド政権を支援しているイランがＩＳを攻撃していることについては、黙認してきました。この際、ロシアとも阿吽《あうん》の呼吸でＩＳを攻撃することになるのか。でも、そうすると、国内から「アサド政権を延命させるのか」と批判を受ける。思い悩んでいるうちに、何もできなくなってしまう。オバマ政権の悪い癖が露呈しました。

どうなる北方領土

日本にとって大きなニュースは、北方領土返還の可能性が出てきたことです。

二〇一八年一一月のプーチン大統領と安倍首相の会談で「今後三年以内に平和条約を締結する」と合意しました。これは一九五六年の「日ソ共同宣言」を基礎にしたもので、「ソヴィエト社会主義共和国連邦は、日本国の要望にこたえかつ日本国の利益を考慮して、歯舞《はぼまい》群島及び色丹《しこたん》島を日本国に引き渡すことに同意する。ただし、これらの諸島は、日本国とソヴィエト社会主義共和国連邦との間の平和条約が締結された後に現実に引き渡されるものとする」という約束を実現させようという意味です。

つまり、平和条約さえ結べば、歯舞群島と色丹島が返還されます。

ではあと二島、国後《くなしり》島と択捉《えとろふ》島はどうなるのか？

はっきり言えば、安倍政権は四島返還を諦めたのです。しかし、そうは言えない。かつて「二島先行返還」の可能性を追求した鈴木宗男衆院議員と佐藤優外務省主任分析官は、「国策捜査」によって逮捕されたのですから。

そこで「とりあえず二島の返還を実現する。だがこれで終わりではありません、返還交渉や経済協力を進めます」という「二島プラスアルファ」で説明しようとしています。

これまでの政権は、火中の栗を拾うことなく「四島一括返還を」と訴え続けてきましたが、ウルトラ保守の安倍政権だからこそ、国内の極右勢力も安倍政権の「二島返還」の方針に強く反対できない。現政権にしかなしえない外交交渉といえるでしょう。

南下政策は止まらない

ロシアには伝統的に「南下政策」があります。不凍港を求めて、黒海から地中海にかけて自由に活動するために、多くの戦争・紛争を引き起こしてきました。冷戦時代に日本の自衛隊が北海道に大部隊を置いていたのも、ソ連の南下政策を警戒したためです。

二〇一四年にウクライナからクリミア半島を強引にロシアに編入したのも、南下政策の一環です。現在は、シリア内紛に介入しています。シリア西部に地中海に面してロシア海軍の軍港があるので、現政権を維持したいのです。

一方で、資源大国ロシアは天然ガスをヨーロッパに売ってきましたが、ロシアが不安視され、ウクライナの内戦でパイプラインがドイツまで届かなくなったこともあり、売れ行きが不振になりました。アメリカでシェールガスが産出されたため価格も下がります。そこで、日本にもっと天然ガスを売りたい。そうだ、平和条約を結ぼう、北方領土問題も解決しよう、とプーチンが言いだしたのです。

ロシアとしては、極東の資源開発で日本の資金と技術力が欲しい。シベリアや樺太（サハリン）の天然ガス田から北海道に直接パイプラインを敷いて、そのまま日本に売りたいわけです。いまはいったん気体を液体にして、液化天然ガス（LNG）をタンカーに積んで輸送しているので、効率的になります。東日本大震災と原発事故以来、火力発電に頼らざるを得ない日本にとっては、資源大国ロシアの存在は大きいのです。

「おそロシア」という言葉どおり、ロシアは敵に容赦しません。二〇一八年にも、イギリスに亡命した元スパイをノビチョク（新米）という神経毒で殺害しようとしました。住まいのドアノブにノビチョクを塗り付けたのです。私が二〇一八年暮れに取材に行ったところ、イギリスの警察は現場の建物全体を解体するいきおいで徹底捜査を続けていました。防犯カメラにうつったロシア人の容疑者二人の映像が公開されると、プーチンは即座に「民間人だ」と断言しましたが、英BBCは二人の出身地まで取材に行き、「ああ、こいつならGRUに就職したよ」という証言を引き出しています。GRUはロシア連邦軍参謀本部情報総局、つまり軍事部門のスパイ組織です。

実はロシア連邦議会では「ロシアの敵を殺害してもよい」と決議しているので当然のことなのです。日本がこれからつきあっていく国に、こうした「おそロシア」な側面と、そこにいたる歴史的背景があることは、知っておかねばなりません。

第4章

中東の火種

大国サウジvsイランの時代に

テロで猛威をふるったIS（イスラム国）が壊滅状態でも、
内戦が止まらない中東。その根源にある
シリアの地政学、そして大国サウジアラビアと
イランの対立は、そもそもなぜなのか?

あのころ何が Fast News

2015年	7月	イラン、核開発制限に合意
2015年	11月	IS(イスラム国)によるフランス同時多発テロ
2016年	1月	サウジアラビア、シーア派聖職者を処刑、イランと対立
2016年	1月	イラン、ロウハニ大統領が欧州歴訪
2016年	9月	OPECが石油減産を決定
2017年	6月	カタール、周辺国から断交される
2017年	6月	サウジアラビア、新皇太子就任
2018年	5月	アメリカ、在イスラエル大使館をエルサレムに移転
2018年	4月	米英仏がシリアのアサド軍を空爆
2018年	8月	米、イランへの経済制裁を再発動
2018年	10月	サウジアラビアのカショギ記者が殺害される

▼「イスラム国」とは何だったのか？

二〇一五年一一月一三日、フランスで起きた同時多発テロ事件。ここで改めて「イスラム国」とは何かを基礎からおさらいしておきましょう。

自称「イスラム国」（ＩＳ）の前身組織は、「スンナと共同体の民軍」というイスラム教スンニ派の極小組織でした。「スンナ」とは慣習。イスラムの教えを守る、という意味です。二〇〇三年、アメリカのブッシュ政権がイラクを攻撃し、フセイン政権を倒したことをきっかけに誕生しました。**英米軍による攻撃を「現代の十字軍の侵略」と考えたアブー・バクル・アル・バグダディというイスラム法学者が組織**したのです。

バグダディは二〇〇四年、米軍によって逮捕されますが、まもなく釈放。釈放されると、二〇〇六年にアルカイダのイラク支部に参加しました。アルカイダは、二〇〇一年九月、アメリカで同時多発テロを引き起こした反米国際テロ組織ですね。

ところがバグダディは、アルカイダへの参加はごく短期間で、まもなく飛び出し、「イラクのイスラム国」を設立。アルカイダから距離を置きます。反米目的の組織に飽き足らず、自らイスラム国家を樹立しようという壮大な野望を持っていた可能性がありますが、初期の頃の情報は少なく、はっきりしたことはわかりません。

二〇〇九年、アメリカがイラクから撤退を開始し、イスラム教シーア派のマリキ政権は、徹底したシーア派偏重の政治を実施しました。疎外され、抑圧されることになったスンニ派勢力の不満が高まります。バグダディは、これらの不満分子を集めて勢力を拡大します。

そこに起きたのが、**隣国シリアでの民主化運動でした。**「アラブの春」の運動がシリアにも飛び火。国民の多数を占めるスンニ派が民主化運動を始めると、シーア派系（厳密には、アラウィ派だが、シーア派の大国イランはシーア派と認定）の**アサド政権は、これを弾圧。内戦状態**となります。

これに目をつけたバグダディは、組織名を**「イラクとレバントのイスラム国」（ISIL・アイシル**と発音）と改称します。レバントとは、シリアやレバノンなどを含む地域名ですが、日本では馴染みのない名称なので、日本のメディアは**「イラクとシリアのイスラム国」（ISIS・**アイシスと発音）と呼びました。

この組織は、アサド政権と戦っている**自由シリア軍など反政府系組織を襲撃して武器や資金を獲得する**という手段に出ました。領土の横取りまでしたのです。

ここで力をつけたＩＳＩＳは、イラクに舞い戻ってきました。スンニ派住民が多い地域で勢力を拡大しました。

イラク軍はシーア派主体で、スンニ派地域を守っていた部隊は、武装勢力に攻撃されると、さっさと逃げ出しました。自分たちの土地でもない所に愛着はなかったからです。

こうして**ＩＳＩＳは、米軍がイラク軍に供与した最新兵器を獲得しました**。いま米軍やフランス軍が空爆している対象は米国製なのです。

目標はスペインからインドネシアまでの征服

そして「イスラム国」を自称

シリアとイラクで支配地域を広げたＩＳＩＳは、二〇一四年六月、遂に「イスラム国」の樹立を宣言します。もはや地域名を名乗らず、イスラムの大帝国を樹立するという野心が、この名前に込められています。

さらに「イスラム国」の指導者バグダディは、「カリフ」を宣言します。カリフとは、イスラム教の預言者ムハンマドの後継者のこと。ムハンマド亡き後、代々後継者が選ばれてきましたが、第一次世界大戦に負けてオスマン帝国が崩壊すると、廃止されました。「イスラム国」は、これを復活させ、「カリフ制イスラム国家」を樹立したというのです。

全世界のイスラム教徒は、カリフの命令に従え。これがメッセージでした。

ここが、これまでのアルカイダ系組織と大きく異なる点です。

他のアルカイダ系組織は、反米テロ組織。アメリカを攻撃することは考えても、国家を作り上げるという発想はありませんでした。それが、**自ら「真のイスラム国家」を建設すると宣言**したのです。

この主張に対し、世界各地のイスラム過激派の多くが賛意を示し、カリフの指導に従うという方針を打ち出しました。

もっとも、アフガニスタンの反政府武装組織タリバンは、「イスラム国」に従う勢力と拒否する勢力が対立。激しい戦闘が始まりました。いわゆる「内ゲバ」です。

「イスラム国」の目標は、二〇二〇年までにスペインからインドネシアまでの地域を征服することです。東京オリンピックまでに、この地域を取り戻すというのです。

たとえばインド大陸の大半は、一六世紀から一九世紀にかけてムガール帝国が支配していました。

スペインも、一時、イスラム勢力に支配されていました。それをキリスト教徒が取り返したのが、「レコンキスタ」（国土回復運動）でした。「イスラム国」は、かつてイスラム教徒が支配し、その後失った土地を取り戻すというのです。過去の栄光を取り戻したいイスラム教徒には、魅力的な目標です。

さらに今回の同時テロについての犯行声明では、フランスに対する攻撃について、アラビア語で「侵略」を意味する「ガズワ」という表現を使っています。これは、初期イスラム時代、預言者ムハンマドが、周辺地域を武力制圧して支配地域を拡大したことを示す言葉です。

これまでは、過去のイスラム勢力圏を取り戻すと言っていた「イスラム国」が、それにとどまらず勢力を拡張し、世界をイスラム化することを宣言したに等しいのです。

異教徒や背教徒は殺害し、世界を正しいイスラム世界にする。荒唐無稽に思える主張ですが、それを実現しようとしたのが「イスラム国」だったのです。

▼シリアをめぐる地政学

地政学という学問が脚光を浴びるようになりました。名前の通り地理と政治。地理的な位置関係が国際政治に与える影響を研究する学問です。イラクやシリアの自称「イスラム国」（IS）をめぐり、サウジアラビア、カタール、イラン、トルコ、アメリカそしてロシアの利害をめぐって、混乱は深まるばかり。フランスでのテロをきっかけにIS包囲網が築かれると思いきや、トルコ軍機によるロシア軍機撃墜事件が起きて、ますますキナ臭くなっています。シリアという国が存在する位置が、国際紛争を複雑化させているのです。

フランスのパリでの同時多発テロをきっかけに、前回はISがどうやって成長してきたかを取り上げました。そこで今回は、そもそもシリアはどうなってきたかを解説しましょう。

数年前のこと。シリア在住の日本人にカタールで会ったことがあります。日本語での会話なのに、シリアの政治をめぐる話題になると、声が低くなります。「どうしたの?」

と尋ねると、「シリアに住んでいると、政治的な話題になったときは、周囲に聞かれやしないかと不安になり、反射的に低音になってしまうんです」と苦笑していました。彼によれば、タクシーに乗ると、運転手がアサド政権を批判する話題を振ってくることがあるのだそうです。これが罠。つい同調して政権批判をすると、摘発される。つまりタクシー運転手が、当局のスパイとして、批判勢力をあぶり出しているというのです。アサド政権の統治下、いかに抑圧された社会であったかがわかります。

二〇一一年三月、アラブ諸国で始まった「アラブの春」の影響を受けて、シリアの首都ダマスカスでも民主化を求めるデモが始まったとき、集まった市民は、ビクビクだったはずです。というのも、アサド大統領の父親が大統領だった時代、反政府勢力が立てこもったハマという町をシリア政府軍が総攻撃。少なくとも一万人以上の市民が虐殺されたことがあったからです。

　その後、父親が亡くなり、現在のアサド大統領の時代になると、一時は民主化の動きがあり、国民は希望を持ったこともありました。でも、政権基盤に影響が出るような事態になると、結局は息子も父親と同じ路線を取り、国民を弾圧。それに対する、恐る恐るの異議申し立てだったのです。

　これに対し、アサド大統領は政府軍を使って弾圧に走りました。市民を銃撃するように命じられた政府軍の中には、同じ国民に銃を向けることに反発する兵士や将校がいて、武器を持って政府軍から離脱。民主化を求める市民の側に立って戦い始めました。彼らが「自由シリア軍」。反政府勢力の誕生です。

これをサウジアラビアやカタール政府が支援します。資金や武器を送りました。というのも、アサド政権は、イスラム教シーア派系のアラウィ派。サウジやカタールのような厳格なスンニ派から見れば、邪教に等しい存在だったからです。

サウジとイランの代理戦争に

シリアの内戦が始まりますと、勢力拡張の絶好のチャンスと考えたイスラム過激派が集結します。破綻国家には過激派が集まりやすいのです。それがアルカイダ系の**アル・ヌスラ戦線**であり、「イラクとシリアのイスラム国」と名乗っていたグループでした。後者は、その後名称を**「イスラム国」**と変更します。

資金と武器の援助を得た反政府勢力が攻勢を強めますと、シリア政府軍は劣勢に立たされます。そこで乗り出したのが、隣国レバノンを拠点とする**ヒズボラ**（**神の党**）でした。ヒズボラはシーア派。同じシーア派系のアサド政権が窮地に追い込まれたのを見た彼らが、応援に駆け付けることで、シリア政府軍は辛うじて崩壊を免れます。

一方、イラクでISと戦ってきたイラク軍の士気が落ちると、支援組織として**「シー**

ア派民兵」という集団が登場します。不思議な名称ですが、実態はイランの軍隊である革命防衛隊。イランには政府軍のほかにエリート部隊として革命防衛隊が存在します。イラク政府はシーア派。同じシーア派の政府を支援するため、革命防衛隊が送り込まれたのです。革命防衛隊は、シリアにも送り込まれたと見られています。かくしてシリア内戦は、**スンニ派の大国サウジ対シーア派の大国イランの代理戦争**の様相を呈することになりました。

シリアの地理的位置が混乱を呼んでいる

　ここで、遅ればせながら登場したのがアメリカ。反政府勢力に対して恐る恐る支援を開始しました。

　一方ロシアはアサド政権支援に回ります。シリアにはロシア海軍の基地があり、アサド政権は大事な友人。友人を守るため、反政府勢力すべてに対する空爆を開始します。

　こうしてアメリカ対ロシアという「新しい冷戦」の構図が誕生しまし

た。

これにＩＳが反発。エジプトのシナイ半島を飛び立ったロシア航空機を爆破。今度はプーチン大統領が激怒してＩＳへの空爆を強化します。

ここで微妙な立場になったのがトルコです。トルコはイスラム教スンニ派。エルドアン大統領は、シーア派系アラウィ派のアサド大統領が大嫌い。反アサド勢力であれば、ＩＳだって構わないという態度を取ってきたため、イラクとの国境管理を厳重に行いませんでした。その結果、ＩＳに参加しようとする若者たちは、トルコから密入国。トルコは間接的ながらＩＳを支援していたのです。

▼イランの核開発と経済制裁

核開発問題をめぐり、欧米など六か国と交渉を続けてきたイランは、二〇一五年七月、核開発を制限する合意文書に同意しました。これは、「歴史的合意」なのか、イランに騙されたものなのか、評価は分かれます。

以前、イランのテヘランで、中東で長く国際援助の仕事をしてきた日本人技術者から聞いた話です。アラブ世界で日本の技術援助を実行しようとすると、アラブ人たちは、「お願いします」とばかりに、すべてを丸投げしてくるそうです。ところが、イランで仕事を始めると、**イランの人たちは、「まずは自分たちだけでやってみます。ダメだったら助けてください」**と言って、自力で取り組もうとするというのです。

技術者曰く、「イランはすごいですよ。これから発展しますよ」と。

その通りと言うべきでしょうか。アラブ諸国はどこも核開発を進めていませんが、**イランは秘密裡に核開発を進めていた**のです。

問題発覚は二〇〇二年のこと。イランの反体制派が、イランは秘密裡にウラン濃縮など核開発を進めていると告発。イランの核開発疑惑が表面化しました。

当時のイランの大統領は、穏健改革派のハタミでした。ハタミ大統領は国際社会の非難を受けて、二〇〇四年にウランの濃縮作業を停止しました。このとき、現在のロウハニ大統領は、ハタミ大統領の下で、世界各国と協議していました。つまり、一度は核開発を中止した責任者のひとりだったのです。

ところが二〇〇五年、アフマディネジャド大統領になると、一転してウラン濃縮を再開。国際社会の批判を無視して、ウラン濃縮施設を次々に拡大していったのです。

これに対して、国際社会は、イランに対する経済制裁を実施。イランの原油購入をボイコットし、アメリカは、世界各国の銀行に対して、イランの通貨リアルの交換業務を停止するように求めました。

こうなると、通貨の価値が下がります。イランは猛烈なインフレに見舞われ、国民生活は困窮します。

今回の合意は、在任中に歴史に名を残したいアメリカのオバマ大統領の野心と、困窮する国民の不満の高まりを恐れたイラン政府の思惑が一致した、ということでしょう。

主な合意内容は、以下の通り。核兵器に転用できる高濃縮ウランを今後一五年間製造しない。低濃縮ウランを、現在の一万二〇〇〇キロから三〇〇キロまでに減らす。ウランを濃縮する遠心分離機の数を三分の一に減らす。核開発施設をＩＡＥＡ（国際原子力機関）が査察する。

さらに、弾道ミサイルの開発を八年間停止することや、イランに対する武器の輸出は今後も五年間禁止される、というものです。

今回のポイントは、もし一五年後に核開発を再開しようとしても、すぐには取りかかることができないように、少なくとも一年はかかるようにした、ということです。

アメリカは、「イランの核開発を阻止した」と言え、イランは、「核開発の権利を確保できた」と発表できる。これが、今回の特徴です。

最高指導者は反米貫く

イランは、大統領の上に最高指導者が存在するという不思議な国家体制です。大統領や国会議員は国民の選挙で選ばれますが、最終的な政治権力は最高指導者が握っています。最高指導者は、イスラム法学者でなければならない。これがイランの政治体制で、「ヴェラヤテ・ファギーフ」（イスラム法学者による統治）といいます。

普通、大統領と言えば、行政のトップであり、軍の最高司令官のはずです。ところがイランは、最高指導者が、立法、行政、司法の三権の上に立ち、軍の最高司令官なのです。

イランには、国軍の他に革命防衛隊という精鋭部隊も存在し、最高指導者はこの総司令官の任免権も持っています。革命防衛隊は、国軍が現体制に反対してクーデターを起こさないように監視する役割を帯びています。軍が二重構造なのですね。

最高指導者は、権威あるイスラム法学者たちの集まりである専門家会議が選出します。一般国民が直接選ぶことはできないのです。最高指導者に一度選ばれると、終身制で任期はありません。

現在の最高指導者はハメネイ師。合意発表後の七月一八日、首都テヘランで演説し、「アメリカの覇権主義に対するイランの政策は一切変わらない」と述べました。アメリカと核開発では協議をし、合意に達しても、反米姿勢に変わりのないことを強調したのです。

イラン国内では、アメリカとの合意によって、経済制裁が解除され、国民生活が豊かになることを期待する市民の喜びが広がっていますが、中には、これを面白く思わない強硬派がいると言われます。ハメネイ師は、反米姿勢に変化はないと、敢えて言わざるを得なかったのでしょう。

今回の合意に不満なのはイラン強硬派ばかりではありません。イスラエルのネタニヤフ首相は、「歴史的な過ち」と称しました。歴史的は歴史的でも「過ち」だというのです。

イランは反米国家ばかりでなく、反イスラエルでもあります。現在のロウハニ大統領の前任者のアフマディネジャドは、「イスラエルを地図上から抹殺しなければならない」と公言するほどでした。核兵器が完成したら、狙われるのはイスラエル。イスラエルは、イランの核開発を何としても阻止しようとしてきました。過去には核開発に携わっているイランの研究者が、次々に暗殺されてきました。イスラエルは認めていませんが、イランは、イスラエルの仕業だと非難しています。

ただし、経済制裁が解除されれば、日本はイラン産の原油を輸入できます。イラン産の原油が世界市場に出てくれば、石油の値段は、さらに値下がりします。日本にとって、とりあえず悪いことではありませんが、これで中東情勢が安定するわけではないのです。

ところが、この**イランの核をめぐる合意は、二〇一八年にトランプ大統領が離脱してしまい、**情勢は再び混沌としてしまいました。

▼第五次中東戦争か――サウジアラビアとイラン対立

中東の二大大国のサウジアラビアとイラン。宗派の異なるイスラム国家の対立が激化しています。場合によっては、「第五次中東戦争」に発展しかねないキナ臭さです。いったいどういうことなのか、解説することにしましょう。

きっかけは、サウジアラビアが二〇一六年一月二日、シーア派の聖職者ニムル・バーキル・ニムル師を含む四七人の死刑執行を公表したことです。

二日の前日は金曜日。サウジアラビアでは、死刑を執行する場合、金曜日の集団礼拝の後、広場で公開処刑をしています。大勢の観客を集めて、首を切り落とすのです。自称「イスラム国」（IS）がやっていることとそっくりです。

処刑された者の多くは、二〇〇三年から〇六年にかけてサウジ国内でテロを起こしたアルカイダ系ですが、この中に、シーア派の聖職者が入っていたことから、シーア派国家のイランが激怒しました。

ニムル師に「師」がつくのは、イスラム教の聖職者（イスラム法学者）を意味します。

ニムル師は、二〇一一年の「アラブの春」の際、サウジアラビア東部で起きた民主化運動を指導。このために逮捕され、二〇一四年に「宗派対立を扇動した」という容疑で死刑判決が下されていました。

アラブの春は、チュニジアやエジプト、リビア、シリアに関してはたっぷり報道されましたが、サウジアラビア国内の動きはほとんど伝えられませんでした。中東のニュースといえば、カタールに本拠のあるアルジャジーラが有名で、アラブの春を大々的に報道しましたが、サウジアラビアに関しては遠慮が目立ち、サウジ国内の反政府運動は、ほとんど報道しなかったのです。

サウジアラビアはイスラム教スンニ派の大国ですが、東部の油田地帯にはシーア派住民が多く住んでいます。シーア派であることから日常的に差別・抑圧されていて、その不満が爆発したのです。

ニムル師はサウジアラビア生まれですが、シーア派としての知識はイランに留学して学びました。サウジアラビア政府にすれば、「イランの回し者」というわけです。

ニムル師への死刑判決が出たときには、イランが反発したのはもちろん、欧米諸国も、「宗派対立を激化させる」として、死刑を執行しないように求めていました。サウジアラビア政府は、その要求を無視して、死刑を執行しました。つまりイランに喧嘩を売ったのです。

イランは、売られた喧嘩を買いました。処刑が報じられた翌日、イランの首都テヘランにあるサウジアラビア大使館とマシュハドという都市にあるサウジアラビア領事館が暴徒によって襲撃されました。大使館は放火されましたが、大使館内に人はおらず、負傷者などは出ていません。大使館に人がいない。通常なら、そんなことはありえません。サウジ政府が、イランの対応を予測して大使館員を避難させていたことをうかがわせます。

スンニ派とシーア派の対立激化

大使館襲撃を受けて、その日の夜、サウジアラビアは、イランとの外交関係を絶つことを発表しました。さらに、バーレーン、スーダンもサウジに追随。イランと断交しました。その一方、サウジアラビアと同じスンニ派のUAE（アラブ首長国連邦）は、イランに駐在する大使を呼び戻し、格下げするかたちで代理大使を置くことにしました。スンニ派政権の諸国は一致してイランを非難しています。

では、スンニ派とシーア派は、どう違うのでしょうか。

イスラム教を広めたムハンマドが亡くなると、後継者をどう選ぶかをめぐって信者たちが分裂します。ムハンマドの血筋を引く、従弟のアリーこそが後継者にふさわしいと考えた人たちは、「アリーの党派（シーア）」と呼ばれます。そのうちに、単に「シーア」と呼ばれるようになります。これが「シーア派」です。これでは「党派・派」になってしまいますが、こう呼ばれています。

一方、血統に関係なく、信者たちによって選ばれた人がイスラムの慣習（スンナ）を守っていけばいいと考えた人たちは「スンニ派」と呼ばれるようになります。世界史の教科書では「スンナ派」と表記されますが、日本のメディアはスンニ派と表記します。

スンニ派とシーア派は、教義において、それほど隔たっているわけではありません。ただ、**スンニ派はイスラム教徒の八割**を占める多数派なのに対して、**シーア派は二割弱。**少数派なのです。このためイラン以外では少数派としてスンニ派政権の下で政治的に抑圧され、経済的に困窮している人々が多いのです。スンニ派政権は、こうしたシーア派が「革命」を起こすのではないかと恐れているのです。

また、**サウジアラビアはアラブ人**なのに対して**イランはペルシャ人。**伝統的な対抗意識が働きます。とりわけサウジアラビアは、このところの石油価格の低迷で、財政状態が急激に悪化。さらに隣国イエメンのスンニ派政権を支援するために軍隊を派遣したところ、戦費がうなぎ上りに増加。戦死する兵士も急増し、国内に不安が広がっています。国庫収入を確保するために、ガソリン価格を値上げするなど、国民の不満を買っています。そういうときには、国外に「敵」を作り出せば、国内は団結する。独裁国家の定番ですね。

しかも、イランと一触即発という危機になれば、石油の価格も上がり、一息つけるのではないか。そう考えると、その点ではイランの利害とも一致します。つまり、両国の関係が緊張すると、それは両国にとって経済的にプラスになる。こんな構図でもあるのです。

しかし、こんな状態がエスカレートしたら、「第五次中東戦争」に発展しかねません。両国の間にあるホルムズ海峡は、日本に向かうタンカーの通り道。戦争になれば、日本にとって「存立危機事態」になってしまうかも知れないのです。

▼カタール、周辺諸国から断交される

二つの大国に挟まれた小国は、自国の安全確保のために両国と良い関係を維持しようとするけれど、それがかえって一方の国との関係を悪化させる。まことに国際関係とは難しいものです。

この小国とはカタール。アラビア半島の先に突き出した小さなカタール半島にあります。

二つの大国とは、イスラム教スンニ派の大国サウジアラビアとイスラム教シーア派の大国イランです。

ことの発端はカタールのタミム首長が二〇一七年五月二三日に軍事学校の卒業式で行った演説です。タミム首長は「イランはこの地域とイスラム教にとって無視できない力を持っており、協力することが大切だ」という趣旨のことを述べたとカタール国営通信が伝えたことです。

これに対し、イランと敵対しているサウジアラビアやアラブ首長国連邦（UAE）が

激しく反発。カタールを強く批判しました。

すると、カタール政府は、「国営通信がハッキングされ、嘘のニュースが流された」と弁解しましたが、サウジもUAEも納得せず、遂に六月四日から五日にかけてカタールとの断交（国交断絶）を宣言しました。

サウジはアラブ世界の大国であると共にイスラム教の二大聖地（メッカとメディナ）を抱える国。サウジの判断に追随して、UAE、バーレーン、エジプト、イエメン暫定政府、東西に分裂しているリビアの東部政府、コモロ、それにモルディブ、モーリシャスもカタールと断交しました。モルディブもモーリシャスもイスラム教の国だったのですね。

ちなみに、サウジのトップは国王ですが、カタールなどのトップは首長といいます。UAEも首長国の集まりです。

国王と首長は何が違うのか。**首長とは指導者という意味の「アミール」の日本語訳。**要は王様ですが、国王よりはワンランク下のイメージです。**サウジアラビアの国王に遠慮してアミールと名乗っている**のです。

もともとサウジアラビアやUAE、カタールは湾岸協力会議（GCC）のメンバーです。これは一九八一年に発足した国際組織ですが、サウジアラビア以外はペルシャ湾岸の小さなスンニ派が政権をとっている国ばかり。一九七九年にイランでイラン革命が起きると、革命政権は周辺諸国に住むシーア派住民を支援する「革命の輸出」を行うと宣言します。これに脅えた小国がサウジアラビアを引き込んでできた組織です。

それくらい**イランを軍事的脅威に感じてきた**のですが、**カタールで大量の天然ガスが産出し、経済的に裕福になってくる**と、他のアラブ諸国とは一線を画した方針を取るようになります。**その象徴が衛星放送局アルジャジーラの創設**でした。

アルジャジーラは「半島」という意味。アラビア半島のことだと思われていますが、私がアルジャジーラ本社を取材した際、「この半島はどこのことか」と尋ねたら、広報担当者が「カタール半島のことです」と答えました。

アルジャジーラが目の上のコブ

アルジャジーラは一九九六年、ハマド前首長（二〇一三年に退位）がポケットマネーを出して作ったニュース専門チャンネルです。それまでアラブ圏は国営放送ばかりで、それぞれの国の政府の宣伝機関。自由な報道はありませんでした。

ところがアルジャジーラは欧米風の自由な報道スタイルを持ち込み、アラブ諸国政府の腐敗や反政府運動も積極的に報道して、アラブの人たちの支持を得ました。

二〇〇三年にアメリカがイラクを攻撃したイラク戦争では、アメリカのCNNやFOXニュースがアメリカの立場からのニュースを流すのに対して、アルジャジーラは、攻撃されるアラブの立場からの報道を続けました。

また、二〇一〇年から始まった**「アラブの春」でも、反政府勢力の活動を精力的に報道**。結果として反政府運動を後押ししました。

しかし、これがアラブ諸国の権力者たちにとっては目の上のコブ。**政府の命令に従わない報道などアラブ世界では考えられなかった**からです。そんな報道を認めるカタールの方針に、周囲のアラブ諸国は警戒感を強めます。

「アラブの春」でエジプトのムバラク政権が崩壊する際には、アルジャジーラは反政府勢力の中心になっていた「ムスリム同胞団」を大きく報道します。カタール政府もムスリム同胞団を支援しました。

ムスリム同胞団はイスラム原理主義勢力ですが、社会福祉に力を入れるなど庶民の根強い支持がありました。エジプトでは選挙の結果、ムスリム同胞団による政府が樹立されました。

しかし、クーデターでムスリム同胞団政府を倒した軍事政権のシーシ大統領はムスリム同胞団をテロ組織に指定して、敵視します。サウジアラビアも、イスラム原理主義勢力のムスリム同胞団の影響力が強まることを警戒します。そんな国々からすると、**ムスリム同胞団を支援するカタールは、「テロを支援している」と見える**のです。

またカタールは、イスラエルの隣国レバノンに存在する反イスラエル組織の**ヒズボラ**

を支援。さらにパレスチナ自治区のガザ地区を支配する反イスラエルの**ハマスも支援**しています。

これは、カタールが中東で影響力を強めようとする戦略の一環ですが、周辺諸国とは摩擦の原因になります。カタールは、反イスラエルの組織を支援し、イランとも良好な関係を築く一方で、アメリカとも友好関係を維持してきました。あまり知られていないのですが、**カタールには中東最大の米軍の空軍基地であるアルウデイド基地があります。**ＩＳ（イスラム国）掃討作戦の出撃基地にもなっていました。

まさに綱渡りの外交政策。それだけに足を踏み外すリスクと隣り合わせなのです。

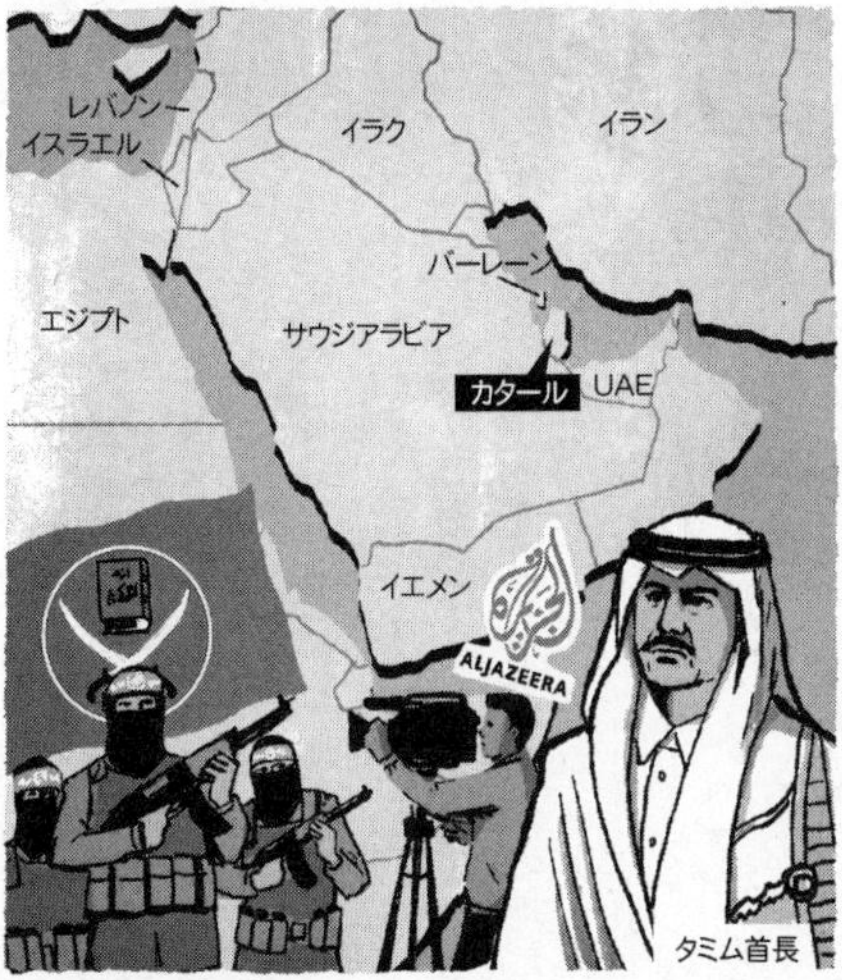

アルジャジーラを抱えるカタールはアラブの「目の上のコブ」

▼サウジアラビアの新皇太子とは

　国王の下にいる皇太子といえば、息子だろうと考えがちですが、世界では「次期国王」という位置づけであって、息子である必要はない、というところもあります。サウジアラビアも、これまで皇太子は国王の甥だったのですが、二〇一七年六月、皇太子が交代し（駄洒落ではないですよ）、国王の息子になりました。

新しい皇太子の名前はムハンマド・ビン・サルマン。「ビン」は「～の息子」という意味なので、「サルマンの息子」という名前です。名前の英語の頭文字をとってMBSとも呼ばれます。

サウジアラビアといえば、石油の埋蔵量世界一。サルマン国王が二〇一七年三月に来日した際には、大量の高級車のハイヤーをチャーターしたり、五つ星ホテルの部屋を多数押さえたりしたことで話題になりましたね。さすが大金持ちの国と改めて驚いた人も多かったことでしょう。

サウジアラビアとは「サウド家のアラビア」という意味です。国家全体がサウド家の持ち物なのです。サウド家がすべての権力を掌握する絶対王政です。

サウジアラビアの国王には「二つの聖地の守護者」という敬称があります。イスラム教の聖地は三つあります。神殿があるメッカと預言者ムハンマドの墓（預言者モスク）があるメディナ、そして岩のドームがあるエルサレムです。エルサレムはユダヤ教とキリスト教の聖地でもあり、現在はイスラエルが統治。三つのうちの二つを守っているのですから、イスラム教徒間での権威は高くなります。

しかも一九三八年に大規模な油田が発見されたことで、経済的にも強大な力を持つようになりました。

サウド家は一八世紀半ば、イスラム原理主義の指導者ムハンマド・イブン・アブドルワッハーブと盟約を結びます。政治はサウド家が、宗教はアブドルワッハーブが受け持つという約束です。イスラム教はスンニ派とシーア派に大別され、アブドルワッハーブの教えは**スンニ派ですが、非常に厳格で、ワッハーブ派**と呼ばれます。

サウジアラビアでは男女が厳格に分けられ、女性は家族以外の男性に素顔を見せることはできません。マクドナルドでさえ、男性と女性の席は分けられています。

女性は「保護すべき者」とされ、自動車の運転は認められてきませんでした。憲法は『コーラン』とスンナ（『ハディース』という預言者ムハンマドの言行録に記されたもの）です。主権を持っているのはアッラー（神）であり、人間が勝手に憲法を制定することはできないという考えからです。

イスラム教の戒律は厳格に守られ、酒は禁じられています。サウジに入国するときは、アルコール類を持ち込んでいないか、荷物が徹底的にチェックされます。和食につきものの味醂も持ち込みは認められていません。

刑罰も独特で、死刑執行は斬首。毎週金曜日の集団礼拝の後に公開で執行されます。窃盗犯は右腕を切り落とします。現代でも、こうした慣習が守られているのです。

国営石油会社の上場で巨額資金を

いまのサウジアラビアが建国されたのは一九〇二年。二二歳だったアブドラアジズ・イブン・サウド国王が、先祖伝来の都市リヤドを奪回して首都に定めました。

当時のサウジアラビアは奴隷制が残っていたため、アブドラアジズには正規の妻のほか奴隷の身分の妻が多数いたと伝えられています。イスラム教では妻は四人までと定められていますが、奴隷は妻に算入されないからです。

また、妻の数は常に四人を守っていればいいので、離婚を繰り返すことで延べ人数ではもっと多いとも伝えられます。その結果、子どもの数は八九人。うち男子は五二人とされますが、正確な数ははっきりしません。ただし、王位継承者を産んだ四人の妻の名前は記録として残っています。中でも三番目のハッサ妃が最愛の妻と言われ、二人の間に生まれた七人の男子は「スデイリーセブン」と呼ばれます。ハッサ妃がスデイリー家の出身だったからです。現在のサルマン国王も「スデイリーセブン」の一人です。

一九五三年、アブドラアジズ国王が亡くなると、息子のサウードが即位しますが、失政で退位させられ、異母弟のファイサル国王が即位します。一九七三年の第四次中東戦争で石油を武器にしたことで、オイルマネーが流れ込み、いまの石油大国を築きますが、甥に暗殺され、異母弟のハリド国王が即位。その後も、次々に異母弟が即位していきます。

二〇一五年、現在のサルマン国王が即位すると、異母弟のムクリン皇太子が誕生します。

ところが、ムクリン皇太子はまもなく解任され、異母弟の息子のナーイフが皇太子となります。このとき副皇太子になったのが、サルマン国王の息子のムハンマド・ビン・サルマン。いずれ息子を皇太子にするのではないかと見られていたのですが、その通りになりました。

いまのサウジアラビアを建国したアブドラアジズ国王を第一世代とすると、その後の国王は、いずれもアブドラアジズの息子たち。第二世代でした。ムハンマド皇太子が国王になれば、第三世代の誕生です。

新しいムハンマド皇太子は、就任時三一歳。高齢の国王や皇太子が続いていただけに画期的です。現在のサウジアラビアの政策の舵取りをしていると見られています。

皇太子に就任すると、**女性の自動車運転を認めるなど次々に改革を進めています。**その一方で、二〇一八年にはトルコのイスタンブールにあるサウジアラビアの総領事館で、**皇太子に批判的だったカショギ記者が殺害された事件への関与が疑われています。**これからもサウジをめぐるニュースには皇太子の名前が登場するでしょう。

▼OPEC石油減産で合意だが

石油価格がいくら下がっても我慢する。そんな石油生産国の我慢比べが続いていたのですが、遂に限界に達し、石油を減産して値段を上げようと舵を切りました。二〇一六年九月二八日、OPEC（石油輸出国機構）が臨時総会を開き、八年ぶりに石油の減産を決めたのです。

OPECはそれまで二年ほど最高水準の生産を続けてきましたが、生産量を日量最大七〇万バレル減らすことに暫定合意しました。バレルは原油の単位で約一五九リットル。原油は地下から掘り出したばかりの精製される前の石油のことです。

OPECとは、中東やアフリカ、南米の産油国一四か国が加盟した国際組織。石油の産出量をコントロールして、極端な値動きにならないようにしています。

石油の値段は、二〇一四年夏頃から下がり続けています。ガソリンの値段が下がったという実感をお持ちの方もいるでしょう。

石油の値段が下がると困るのは石油の産出国。そこで二〇一四年の一一月に開かれた

OPECの総会で、生産量を減らして値段を上げようとしたのですが、サウジアラビアやUAE(アラブ首長国連邦)、クウェートが反対し、生産量は減りませんでした。この結果、石油価格の値下がりに歯止めがかからず、価格は一段と値下がりしたのです。

サウジなどは、どうして減産に賛成しなかったのか。 それは**アメリカのシェールオイルが理由**でした。

アメリカには地下二〇〇〇メートルより深いシェール(頁岩《けつがん》)層に、大量の天然ガスや石油が眠っています。二〇〇六年以降、技術革新によって、このシェール層から天然ガスや石油を採掘できるようになりました。これは「シェール革命」と呼ばれます。これにより、天然ガスや石油の世界最大の輸入国だったアメリカは輸入量を大幅に削減。世界で石油が余ってしまったのです。

しかもアメリカはOPECに加盟していません。サウジアラビアにしてみれば、OPECが減産しても、アメリカがOPECに加盟していないので、シェアを取られてしまうと考えたのです。

また、**石油価格が下がれば、シェールオイルはコスト割れになり、新規開発の動きを止めることができるのではないか**と考えました。開発の動きが止まれば、世界的な原油過剰が解消され、原油価格は再び上昇するだろうというわけです。

いわば**肉を切らせて骨を断つというチキンレース**を繰り広げてきたのです。

これは、一時的には功を奏しました。シェールオイルを掘削してきたアメリカの中小企業は倒産が相次ぎ、シェールオイルの新規掘削が止まりました。

ところが、サウジやUAEへのダメージも大きかったのです。サウジ政府の予算は財政赤字に転落し、公務員や政府高官への給与を削減し、国民に出している種々の補助金の削減も始めました。こうなると国民の不満も高まります。

値上げ効果は一時的か

サウジは、アラビア半島南端のイエメンでの内戦に介入しています。イエメンでは、イスラム教スンニ派の現政権と、シーア派の武装組織「フーシ派」の内戦が続いています。フーシ派は、同じシーア派のイランの支援を受けています。

イランと対立し、スンニ派の盟主を自任するサウジはイランのシーア派の勢力が拡大するのを恐れ、現政権を支援して軍隊を派遣。フーシ派に対する空爆を続けています。

この軍事費が莫大で、二〇一四年に七三七〇億ドルあった外貨準備高が二〇一六年には五五五〇億ドルまで減少しました。

危機的な財政状態を脱するために背に腹は代えられないと、石油の減産に同意したのです。

減産はアメリカのシェールオイル企業を利するかもしれないが、少しでも石油収入を増やしたい、というわけです。

この方針にロシアも同調。一〇月一〇日、プーチン大統領は石油について「増産凍結か減産しかない」と発言しました。OPECの方針に足並みを揃える意向です。OPECに加盟していないロシアも石油価格の下落で外貨収入が激減。財政状態の悪化に苦しんできました。その上、クリミア半島を併合したことで欧米の経済制裁を受けています。石油価格の値上がりを待望しているのです。

プーチン大統領の発言を受け、世界の石油価格は上昇傾向に転じました。この動きは株価にも好影響を与えました。石油産出国は、石油価格の下落で外貨準備高が減ったため、世界各地での株式投資の余裕を失っていました。懐事情が好転すれば、株式投資を復活させてくれるのではないかという期待からです。

石油の価格が上がれば、国際経済には好影響があるかもしれませんが、消費者にしてみれば、ガソリンや灯油、さらにはプラスチックなどの石油製品も値上がりしますから、困ったことになります。

では、石油価格は、これからどうなるのか。専門家たちは、石油価格の上昇は一時的なものだと予測しています。その理由は二つ。ひとつはシェールオイルの増産です。

石油価格が低迷したことで、体力のないシェールオイルの企業は淘汰されましたが、体力のある企業は生き残っています。石油価格が上がれば、ここぞとばかりに新規の掘削を始め、生産量を増大させるでしょう。こうなると、ＯＰＥＣの減産は帳消しになります。

二つ目の理由は、ＯＰＥＣの減産合意の見通しが不透明なこと。九月二八日に決めたのは、「減産する」という大方針だけ。どこの国も、生産量は減らしたくありませんから、結局、全体としての生産量は大きく減ることはないのではないか、というわけです。灯油価格の値上がりを心配している人には安心材料になるかもしれません。

「石油が売れない」焦り

中東もまた「速すぎるニュース」を実感する地域です。二〇一五年、パリ同時多発テロなど猛威をふるった過激派組織「イスラム国（IS）」には、世界各国から若者が「死にがい」を求めて参加しました。二〇一八年の段階で、アメリカ軍をはじめとする各国の封じ込め作戦によって、ほぼ壊滅状態となりました。

かわって前面に出てきたのが、サウジアラビアとイランという二大大国の対立です。背景にはイスラム教スンニ派のサウジと、シーア派のイランという歴史があります。

二〇一七年、カタールがイラン寄りの姿勢を見せると「けしからん」と周辺のスンニ派国家が断交しましたが、サウジアラビアやアラブ首長国連邦がカタールに輸出していた野菜などの生鮮食品を、イランが肩代わりして空輸。カタールは「イランのおかげ」といっそう接近しています。

部族国家のメンタリティ

キーマンとなるのは、二〇一七年にサウジアラビアの皇太子に昇格した、ムハンマド・ビン・サルマン皇太子です。

いま中東は「ポスト・オイル時代」に直面しています。これまでも、化石燃料はいつか枯渇するから、石油に頼らない国づくりをしなければという長期的な見通しはありました。ところが、EUではガソリン車・ディーゼル車の販売を禁止して、電気自動車にシフトする流れが出てきました。「脱・石油」の前に、「石油が売れなくなる」時代が来るという焦りがあるのです。そこで、アラブ首長国連邦（UAE）のドバイは国際金融都市を目指しています。アブダビは文化教養都市を築くため、海外の美術館や大学を誘致しています。

サウジアラビアの若きムハンマド・ビン・サルマン皇太子は、孫正義ソフトバンク会長とともに一〇兆円規模の巨大ファンドを立ち上げ、各国の先端事業に投資しています。さらに経済改革の一環として、イスラム教の戒律を理由として禁止してきた、女性の自動車運転や、映画館を解禁しました。ところが、こうした動きにサウジ保守派は反対。彼らの「口封じ」をするために、汚職を摘発するとして、王子や政府高官らをリッツ・カールトンホテルに「収容」したのです。そして誰もムハンマド皇太子に逆らえなくなった——こうした政府を批判したのが、サウジ出身の有名記者カショギ氏でした。

二〇一八年一〇月、トルコ国内のサウジアラビア総領事館の中でカショギ氏が殺害されたことが明るみに出て、世界は衝撃を受けました。しかも、生きたまま切断という残虐な処刑です。サウジ政府の指示なのか、皇太子自身の指示なのか。

ここで、ゆっくり考えてみましょう。

実は、アラブは日本でいえば戦国時代のメンタリティをもっています。いまだ国民国家ではなく、部族単位で利益や名誉・不名誉を判断しているのです。そもそも「サウジアラビア」という名前は「サウジ家のアラビア」という意味です。地域全体がひとつの富裕な家の「持ちもの」という感覚なのです。刀や槍でなく、戦車やミサイルがある戦国時代なので、大ごとになってしまうのですが。

宗教に関しても同様です。七世紀はじめに成立したイスラム教は、三大宗教のなかでは一四〇〇年あまりの「若い」宗教です。キリスト教で一四〇〇年代、つまり一五世紀といえば、魔女狩りが盛んだった暗黒の中世の真っただ中。宗教改革を経て近代化するのはもっと後です。

現代の目線からはおどろおどろしく見える中東情勢ですが、そうした歴史的段階にあることをふまえ、考えていくしかありません。

日本はまだ化石燃料を必要としています。そして、中東各国、イラン、イスラエルとも関係がいいという稀有なポジションにいることを大事にすべきです。

第5章

中国の成長痛

習近平、〝皇帝〟への道

世界第二位のGNPを達成し、南シナ海ではやりたい放題、
アメリカとの貿易戦争も辞さない——今や毛沢東を
超える独裁を完成させようとしている習近平。
日本との関係はどうなる?

あのころ何が **Fast News**

2014年		南シナ海に人工島建設
2015年	3月	経済成長目標を引き下げ
2015年	6月	中国株の暴落
2015年	8月	人民元引き下げ
2015年	10月	「一人っ子政策」を撤廃
2015年	10月	反中国書店幹部の「拉致」か
2016年	7月	フィリピンが「中国の南シナ海の主張は国際法違反」と訴え判決
2017年	1月	資産家・肖建華氏が香港で行方不明に
2017年	7月	民主化運動でノーベル平和賞を受けた劉暁波氏が死去
2017年	10月	習近平国家主席、中国共産党総書記に再任
2017年	11月	トランプ米大統領と中国で首脳会談
2018年	3月	アメリカが中国への追加関税を表明、米中貿易戦争へ

▼経済が「頭打ち」になってきた

国家の状態を、人間の成長になぞらえると理解しやすいことがあります。いまの中国は、さしずめ〝思春期〟を迎えた若者と言えるのではないでしょうか。

というのも、二〇一五年の経済成長率の目標を、前年の七・五％から七・〇％前後に引き下げる方針を示したからです。これは三月、北京で開かれた全国人民代表大会（全人代）で、李克強首相が示しました。

ちなみに、全人代のことは、よく「中国の国会に当たる」と表現されます。国家全体の方針を決定するという点で、日本の国会と役割が似ているところがあり、この表現になってしまうのはやむをえない部分もありますが、誤解を招く恐れがあります。日本の国会は、国民の選挙で選ばれた国会議員で構成されていますが、**中国の全人代の代議員は、国民の選挙を経ていない**からです。

全人代の代議員は、全国各地の代表。ただし、各地の共産党組織が、「お前が代議員として北京に行け」と指名しています。国民が選ぶ余地はありません。全人代の会場には、中国の少数民族の代表が、民族衣装を着て登場します。いかにもセレモニーであることがわかります。

全人代で審議する内容は、あらかじめ中国共産党が決めています。全人代は、その内容を追認するだけの機関なのです。

ただし、政府の方針や人事に関して採決すると、方針に反対する票が出てくることがあり、共産党から指名された代議員であっても、政府の方針に不満を持っている人たちが一定数存在することがわかります。

それはともかく、注目すべきは、経済成長率の目標を引き下げたことです。

中国経済といえば、一九九〇年代から二〇〇〇年代にかけて、年率で一〇%前後の高度成長を実現してきました。人間の子どもが、中学生から高校生にかけて、急激に背が高くなるようなものです。たとえば私の場合、中学一年生のときに一年間で背が一三センチ伸び、足首の骨の成長に皮膚の成長がついていけずに痛むという成長痛に悩まされたことがあります。

日本経済も、一九六〇年代、成長率がしばしば一〇%を超える高度経済成長を遂げました。日本は急激に豊かになった反面、公害問題など成長の歪みに苦しめられました。

いまの中国も、〝成長痛〟に悩まされています。その典型例が大気汚染です。全人代の開会直前の二月二八日、中国中央テレビのニュースキャスターだった柴静氏が自主制作した「穹頂之下」（天空の下）というドキュメンタリー番組が、インターネットの無料動画サイトで公開されました。ＰＭ二・五に代表される大気汚染の深刻さを報じたもので、公開直後には、共産党の機関紙「人民日報」の電子版が報道し、共産党が後押しした番組だと話題になりました。

一時間四三分もの長編番組であるにもかかわらず、その日のうちに中国大陸での再生回数は一億五〇〇〇万回を超え、すぐに三億回を超える大ヒット作になりました。

「不都合な真実」は放送禁止

ところが、三月になって、中国国内では見ることができなくなってしまいました。この番組は、大気汚染の深刻さを告発しているものの、政府や共産党を批判することは注意深く避けられ、当初は共産党内部でも高く評価する声があったようですが、あまりの人気ぶりに怖くなった共産党中央宣伝部が、報道することを禁じ、中国国内では動画サイトへのアクセスが遮断されたのです。

社会が問題を抱えているのに、それを報じることが禁じられる。これが、いまの中国の実情です。

でも、共産党中央も、問題の存在はわかっていますから、経済成長の方針を軌道修正せざるを得なくなったというわけです。

人間の場合でも、高校生くらいになりますと、身長の伸びは頭打ちになります。国家の経済成長も同じこと。日本経済も、一九七〇年代から八〇年代にかけて成長にブレーキがかかりました。いまや年間一％を確保できたら上々、という状態になっています。

中国社会も、急速な高齢化に悩まされています。**「一人っ子政策」を続けてきた結果、少子高齢化の進み具合は、日本をはるかに超え、すでに二〇一三年から労働人口（一五歳から五九歳）は減少に転じています。もはや過去の成長ぶりは取り戻せない。それを共産党が渋々認めたのです。**

これを習近平政権は、「新常態」（ニュー・ノーマル）と称しています。これが新しい姿だよ、というわけです。各地で続けられてきた野放図な土地開発や輸出主導の経済の時代は終わりを告げ、今後は内需主導の産業構造に変え、環境を重視し、先端産業の比率を高めていく方針です。つまりは、開発途上国から中進国になったことを自覚し、先進国への道を歩んでいこうというわけです。

実は二〇一〇年頃の中国では、「保八」という言葉がしきりに叫ばれました。これは、「経済成長率八％を確保する」という意味です。毎年大量に社会に出て来る大学卒業生の就職口を確保するためには、八％の成長が必要だ、ということでした。

しかし、経済全体が大きくなると、八％を維持しなくても、それなりの雇用のチャンスは生まれます。

中進国になった中国は、人件費が高騰。以前のように安上がりの生産はできなくなり、日本企業をはじめ世界各国の工場進出の勢いは止まっています。とりわけ日本企業は、反日リスクに加え、円安の進行もあって、中国進出には二の足を踏むところが増えています。中国は、外部からの投資に依存するのではなく、自らの内需で成長を図っていかなくてはなりません。それを、どのように進めるか、思い悩む様子が、国家としての〝思春期〟なのです。

思春期を迎えた子どもは扱いにくいもの。早く思春期を脱して、思慮深い〝大人〟になってほしいものなのですが。

▼中国株式市場のしくみ

二〇一五年六月、中国の株式市場の暴落が世界経済を揺らしました。当時の「週刊文春」も、上海市場での株価の暴落について、日系証券会社の現地駐在職員が、日本からの連日の問い合わせにてんてこ舞いの様子を描写しています。

中国政府は、暴落に慌て、傍目もはばからない介入で株価暴落を食い止めようとしましたが、効果は限定的でした。中国株は、なぜ暴落したのでしょうか。

まずは、中国の株式市場のイロハから。**中国大陸の証券取引所は、上海と深圳《しんせん》の二か所**にあります。首都・北京には存在しないのです。深圳はベンチャー企業が多く、中国を代表する企業は上海の株式市場に上場しています。

どちらの株式市場も、**人民元建ての「A株」**と、**ドル建ての「B株」**に分かれています。このうち**「A株」は、中国籍の個人や企業しか売買できません。外国人投資家は「B株」しか取り引きできないのです。**外国人による自由な売買は限定的にしか認められていない。中国の株式市場の閉鎖性がよくわかります。

中国の株価の動きを報道するときに使われるのは「上海総合指数」です。A株とB株の双方に連動しますが、圧倒的にシェアが高いのはA株です。中国の株価の上下に影響力を持っているのは、取引の八割を占める個人投資家。ですから、今回の株価の暴落とは、中国の個人投資家が多く参加する上海株式市場のA株が暴落したという意味なのです。

今回の株の暴落で、中国人の個人投資家の損害は膨大な金額になったはずです。

そこには、不動産市場のバブル崩壊という前段がありました。中国の不動産バブル崩壊は、二〇一五年しきりに騒がれました。中国各地で飛ぶように売れていた新築マンションの販売に陰りが見えてきたからです。

これは、住宅市場の過熱ぶりに危機感を抱いた中国当局が、二〇一三年から、バブルの鎮静化を図るため、二軒目の住宅購入に必要な頭金の比率を引き上げたり、住宅ローンの金利を引き上げたりしたことによります。これにより、住宅市場から逃げ出した投機資金が、株式市場に流れ込みました。この結果、上海総合指数は、一年間で二・五倍に上昇しました。

株式市場が急上昇を始めると、それまで縁のなかった素人が株式投資を始めるのは、洋の東西を問わず、悲しい人間の性。中国も例外ではありませんでした。

ところが、**中国の素人投資家は、慎重派が多い日本とは違って、実に大胆な方法を取りま**

した。信用取引で株の売買を始めたのです。

信用取引とは、購入した株を担保に、証券会社から資金を借り、その資金で株を売買する方法です。これはリスクが高く、素人は手を出さない方がいいのですが、中国は、果敢にリスクを取りに行く人が多かったのです。

信用取引のリスクを知らなかった?

なぜ素人には勧められない手法なのか。たとえば手元に現金一〇〇万円があり、これで株投資を始めるとしましょう。

一〇〇万円の株を購入し、株価が一割上昇すると、利益は一〇万円。儲けが少ないと考えた人は、信用取引を始めます。一〇〇万円で購入した株を担保に証券会社から一〇〇〇万円を借りるとします。一〇〇〇万円で株取引をして、一割上昇したら一〇〇万円の利益。一〇〇万円の元手が二〇〇万円になるのですから、元手は二倍。

ところが、逆に一割下落すると、損失は一〇〇万円。元手が一瞬にして吹っ飛びます。

安易に信用取引に乗り出す個人投資家が多いことを危惧した当局は、六月、こうした信用取引の規制強化に乗り出しました。

これが引き金となり、六月中旬から七月中旬にかけて、上海総合指数は三〇%も下落しました。

株価の下落は、信用取引に大きな影響を与えます。

もし株価の下落が二割になると、損失は二〇〇万円。投資家が払えないだろうと心配する証券会社は、強制決済（ロスカット）に踏み切ります。担保にしていた株の売却です。

信用取引をしている人が多い株式市場で、いったん株価が下がり始めると、証券会社は一斉にロスカットに走り、株を売ります。「売りが売りを呼ぶ」ことが起きて、株式市場は、途中から暴落に拍車がかかる事態になります。この一か月に起きたことは、これだったのです。

慌てた中国政府は、なりふり構わぬ株価対策に乗り出しました。金利を引き下げ、資金を借りやすくするばかりでなく、証券会社に対して、株を購入するように強制しました。

七月四日、証券会社二一社が自発的に株を購入すると発表しました。表面的には自発的な購入ですが、そんなわけはありません。政府が証券会社に対して、強制的に株の買い支えを命じたのです。

これでは中国の証券市場への信頼は高まりません。中国国内の投資家の間に、「株価が下がったら政府が何とかしてくれる」という安易な発想が生まれます。モラルハザード（道徳的節度の崩壊）です。

では、中国の経済状況は、本当のところ、どうなのか。

七月一五日、中国国家統計局は、二〇一五年四月から六月までのGDP（国内総生産）の成長率が七％であると発表しました。

これは当初の予想を上回る高い数字でした。ところが、中国の統計数字への不信感は根強く、「実際はもっと低いのではないか」との疑惑が囁かれました。

これについて国家統計局の報道官は、一五日の記者会見で「中国のGDPは過大評価されていない。実情を反映している」と繰り返しました。世界から疑われていることは自覚しているのですね。GDPは数字を操作していないと強調しますが、少なくとも株価指数は、無理やり動かすことができるようです。

▼信用できないGDPデータ

「ブラックマンデー」（暗黒の月曜日）といえば、これまでは一九八七年一〇月に起きたアメリカの株価大暴落のことを指しました。ニューヨーク証券取引所のダウ平均株価は前週末より五〇八ドルも下がり、翌日は世界各国の株価暴落につながり、世界同時株安となりました。

それが二〇一五年八月二四日の月曜日のニューヨーク株式市場は、一時一〇〇〇ドルを超える値下がり。こんなに下がったのは史上最大でしたが、終値にかけて戻し、最終的には前週末比で五八八・四〇ドル安となりました。値を戻さなければ、こちらが「ブラックマンデー」と呼ばれかねませんでした。

このとき私はベトナムに取材で滞在していたのですが、ベトナムの英字紙は「ベトナムにとってのブラックマンデー」と報じました。ベトナムの株式市場でも暴落を演じたからです。これだけの株価暴落の理由は、中国経済への不安が世界各国で広がったからです。

中国経済は、中国政府が発表しているデータより、はるかに悪いのではないか、という不信感が募っているのです。はっきり言えば、中国政府が発表している経済成長率は人為的に操作された数字ではないか、という疑惑です。

中国経済への不信感が高まったのは、八月、中国人民銀行が人民元を大きく引き下げたからです。

日本の円は、ドルやユーロに対して、毎日変動しています。これは、円やドルを交換したいという需要と供給によって、交換レートが変化しているからです。これを「変動相場制」といいます。

これに対し中国は、**「管理変動相場制」を採用。中央銀行である中国人民銀行が、交換レートの基準値を決めて、毎日発表する仕組み**です。基準値より上下それぞれ二％の範囲内での変動が認められます。

たとえば一ドルが六元という基準値が発表されたら、一日の取引の間に、六・一二元から五・八八元の間での変動は認める、というものです。大きく変動することは認めないという点で管理されています。

中国人民銀行は、長い時間をかけて、少しずつ基準値を人民元高へと動かしてきました。人民元が高くなれば、中国人観光客にとって、海外の商品はどれも安くなりますから爆買いするようになります。ところが、中国人民銀行は、八月一一日から三日続けて基準値を引き下げ、計四・五ポイント超も引き下げたのです。

中国人民銀行が、これだけ人民元安に踏み切ったのは、輸出を振興して、経済のテコ入れに乗り出したものと受け取られました。

ところが中国国家統計局は、二〇一五年七月一五日に、四月から六月までのGDP（国内総生産）の成長率が七％であると発表していました。

このとき国家統計局の報道官は、記者会見で「中国のGDPは過大評価されていない。実情を反映している」と繰り返しました。ウソではないと強調したのです。これが、かえって疑惑を広げました。

経済成長率はもっと低い？

考えてもみてください。日本のGDPの発表記者会見で、「この数字にウソはありません」と発言することなど、ありえませんね。

中国のGDPは信用できない。世界にこんな不信感が広がったきっかけは、二〇一〇年一二月に内部告発サイト「ウィキリークス」が公開したアメリカの外交公電です。

それによると、中国の李克強首相が、遼寧省党委書記を務めていた二〇〇七年、中国のGDPの統計は「人為的」であるため信頼できない、との見解を示していたというのです。

これは、当時のクラーク・ラント駐中米国大使が李氏と食事をした際の発言として記録されていました。李氏は、遼寧省の経済評価の際、**電力消費、鉄道貨物輸送量および銀行融資の三つのデータだけに注目する**と発言したというのです。その際、**GDPの統計は、「参考用にすぎない」と言ってのけた**とのことです。

この発言暴露以降、イギリスの経済誌「エコノミスト」は、この三つのデータをまとめて「李克強指数」と呼ぶことを提唱。中国経済を見る基準として使うようになりました。

この指標に注目して中国経済を見ると、たとえば七月の電力消費量は、前年の同じ月に比べて一・三%のマイナスを記録しています。全国の鉄道貨物輸送量も減っています。それなのに、GDPが大きく伸びていると発表している。疑問が広がります。とりわけ不審なのは、GDPを計算して発表するまでの期間の短さです。

日本の場合、たとえば二〇一五年の四月から六月までのGDPの数値の一次速報値が発表されたのは八月一七日。その後、二次速報が発表されるのは九月八日です。GDPの数字を出すための膨大なデータを集めて計算するには、これだけの時間がかかっているのです。

ところが、中国政府による計算期間は、わずか二週間。その後、確定値発表はありません。中国の国家統計局のスタッフは、日本より計算能力が優れているのでしょうか。もし人為的にデータが操作されているとすれば、なぜ七%という数字が出てきたのか。

実は、中国の国会にあたる全国人民代表大会が二〇一五年三月に開かれ、李克強首相は政府活動報告で、中国の経済成長率目標を七%前後に引き下げ、「中国の経済状況が新常態（ニュー・ノーマル）に入った」と位置づけました。それまでの八%を超える経済成長率は、もはや望めなくなったが、七%前後なら可能だと発言していたのです。

すると、次の発表で出てきた経済成長率の数字は七・〇%。あまりに一致していると は思えませんか。だからこそ、世界から疑問の目で見られるのです。

世界経済が安定に向かうには、まずは中国の統計データが信用されるようになってからと思うのですが。

▼「二人っ子政策」へ――早すぎる少子高齢化

中国が「一人っ子政策」を撤廃することになったというニュースはご存知ですよね。でも、実はこれ、「一人っ子政策」の撤廃というよりは、「二人っ子政策」に方針を転換したというのが正確な表現でしょう。

これは二〇一五年一〇月、中国共産党中央委員会の総会で決まった方針です。政策なら政府が決めるものというのが私たちの常識ですが、中国は共産党が全ての方針を決めているので、こういうことになるのです。

この中で、「一組の夫婦が二人の子どもを産める政策を全面実施」すると明記しました。ただし、「計画出産の基本国策は堅持する」とも書いています。

つまり、**子どもを何人産もうが自由というわけではなく、「二人まで認める」**という方針なのです。

方針転換の理由は、中国でも少子高齢化が深刻になり、このまま「一人っ子政策」を継続していたら、経済の発展が望めない状況に陥ってしまう、という危機感からです。

では、中国は、なぜ「一人っ子政策」を実施していたのでしょうか。その歴史を振り返ってみましょう。

中国の人口が多すぎる。この問題意識は、新中国建国まもなく生まれました。一九四九年に中華人民共和国が建国された当時の人口は五億四一六七万人でした。建国の父・毛沢東は、「数こそ力」の信奉者でした。「産めよ、増やせよ」をスローガンに、出産を奨励。子だくさんの母親は表彰されました。

これに危機感を抱いたのが、北京大学学長だった馬寅初でした。一九五七年、人口を抑制しないと食料不足が発生すると訴えたのです。

馬学長の主張を毛沢東は厳しく批判しました。「人間の口は一つなのに対して、手は二本ある。二本の手でものを作れば大丈夫」というものでした。「人口論」ならぬ「人手論」でした。馬学長は大学を追われ、軟禁されました。

中国は、内戦中に多くの兵士を失いました。朝鮮戦争に中国も出兵し、人海戦術によって多数が死亡しました。毛沢東による無謀な「大躍進政策」によっても多数の死者を出し、やがて中ソ対立が激化すると、毛沢東はソ連との核戦争を覚悟。核戦争で多数の国民が死亡しても生き残りが出るだけの人口を確保しておく必要がある。これが毛沢東の目論見だったのです。

その結果、中国の人口は一九六九年に八億六七一万人に達しました。建国以来、二億六五〇〇万人増えてしまったのです。

このままでは大変だ。それがわかっていても、カリスマ指導者である毛沢東が生きているうちは、方針転換ができません。独裁的な経営者がいると、企業の経営方針の転換が遅れて衰退するという、どこかの国の企業経営のような状態が、中国でもあったのです。一九七六年、毛沢東が死去して、ようやく呪縛が解けました。三年後の一九七九年、馬寅初は軟禁を解かれて復権。この年から中国政府は人口抑制策を採用します。これが「一人っ子政策」です。

全国津々浦々まで出産制限徹底

中国には「少数民族優遇」という建前がありますので、この政策は少数民族には適用されず、漢民族だけが対象になりました。

国務院（内閣）の直属機関として「国家人口計画出産委員会」が設置され、全国の市町村から居民区（町内会）レベルにまで「計画出産専任者」を任命しました。その数一六万人。彼らには、「人口目標管理責任制」が課せられました。それぞれの場で毎年の「出産目標」が定められたのです。目標を達成するため、職場や地域で、出産が認められる夫婦が決められ、その名前が地域の施設に貼り出されました。どこの家庭が出産していいかを人々に知らせ、それ以外の夫婦が妊娠・出産できないように社会的圧力をかけたのです。

子どもは一人だけにすると宣言した夫婦には、子どもが一四歳になるまで奨励金を支給する一方、二人目を出産した家庭には、多額の出産費用を請求。夫婦の職場での給料は一〇％カットされ、昇給も昇進も停止されるという罰を受けました。

それでも二人目を妊娠する女性が出てきます。この女性が「計画外」の出産をすると、計画出産専任者までが罰せられます。そこで、専任者は妊娠した女性の家に押しかけ、中絶するように圧力をかけます。

ところが、この極端な産児制限は、法律にもとづかないものでした。二〇〇二年になって「人口・計画出産法」が施行され、そこで初めて法的根拠が与えられました。中国は法治国家ではないのです。

農村部では、労働力として男児を欲しがる傾向が強い上、年金制度も十分には整備されていないため、男の子を産んで養ってもらおうと考える家庭が多数あります。こうした家庭では、**女の子が生まれると、その場で生き埋めにしたり、出産しても届け出ずにこっそり育てたりするケース**が続出します。中国の人口は、実際は一三億人よりずっと多い、とよく言われる所以です。

また、医療が発達し、胎児の性別が早くわかるようになると、女児だったら中絶する、という例も頻発します。自然界での出産時の男女比は、女子一〇〇に対して男子は一〇三から一〇七程度ですが、中国では女子一〇〇に対して男子は一一八。適齢期になっても**結婚相手を見つけられない男性は二〇二〇年には二六〇〇万人に上る**という推計もあります。

妊娠・出産にまで国家が介入すると、奇妙な社会が誕生してしまうのです。中国は、いとこもおじ・おばもいない子どもたちばかり。**わがまま放題に育てられた子どもたちは「小皇帝」**と呼ばれます。

今回の方針転換で、出生率は上がるのでしょうか。中国では、一人っ子を大切に育て、教育費をかけるのが常識になりました。二人目の出産が認められても、子どもの数はそれほど増えないだろうと見られています。**時すでに遅し。中国は、豊かになる前に高齢社会を迎えるのです。**

▼相次ぐ富豪・言論人の「拉致」

アメリカのトランプ大統領のニュースに隠れがちですが、いま香港の独立性が再び危機にさらされています。カナダ国籍の富豪が拉致されたのではないかと大揺れなのです。

香港が中国に返還された一九九七年、中国は香港の「高度な自治」を五〇年間保障すると明言していました。これが「一国二制度」です。

香港はイギリスの植民地時代、独立した警察と裁判所があり、警察は清廉であることが有名でした。

報道の自由も保障され、多数の新聞や雑誌が多彩な言論活動を展開していました。

香港が返還された後も、香港政府の自治が認められています。当然のことながら、香港の中で中国の公安機関が活動することは許されません。もし大陸が関係していたら、香港の憲法に当たる香港基本法に違反します。ところが、この保障が大きく揺らいでいるのです。

二〇一七年二月一日、中国出身の資産家である肖建華氏が香港のホテルから失踪したとして、警察が捜査を始めたのです。肖氏が失踪したのは一月二七日。ここ数年暮らしていた香港のフォーシーズンズホテルから複数の男たちに囲まれて出た後、行方がわからなくなりました。

肖氏は銀行・証券・保険会社など複数の中国企業を傘下に持つ明天集団の創業者です。中国でも有数の資産家で、四五歳の若さながら総資産額は六〇億ドル（日本円で約六七八〇億円）に上るとされています。

肖氏は習近平国家主席ら中国共産党幹部の親族の資産運用に関わっていたとされます。そんな人物が、なぜ姿を消したのか。香港のメディアは、中国の公安当局が拉致に関与したと報道しています。

肖氏が姿を消した直後、家族が警察に捜索願を出しましたが、翌日になって取り消しました。いったい何があったのか。一日付の香港の新聞「明報」の一ページを使って肖氏の全面広告が掲載されました。「国外で治療を受けているので安心してほしい。治療が終わったら会見する」という趣旨の内容が記されていました。さらに、わざわざ「私は愛国者だ」「共産党を愛してきた」などとも書いていました。

なんとも不思議です。**自分が無事であること、国や党を愛していることを、なぜわざわざ新聞で広告しなければならないのか。**

しかも「国外」とはどこのことか。香港の警察によると、香港から中国本土に出た記録があるそうです。

肖氏は、実はカナダ国籍を持っています。香港が中国に返還されたとき、将来に不安を持った人たちは競ってイギリス連邦内のカナダやオーストラリアの国籍を取得しました。いざというときは守ってくれると期待したのですが。

それにしても中国の公安がなぜ拉致に踏み切ったのか。彼が習近平国家主席にとって都合の悪い情報を握っていたのか。それとも習近平国家主席が進めている腐敗摘発に関する重要な情報を持っていたのか。謎は深まるばかりです。

共産党批判の書籍が姿を消す

香港では、二〇一五年にも中国共産党に批判的な書籍を扱う書店の関係者五人が中国の公安当局によって拉致されています。

問題の書店は「銅鑼灣書店」（コーズウェイベイ・ブックショップ）。当時、私は書店を取材しました。香港島の中心部に位置する繁華街・銅鑼湾。高級ブランドを揃えて若者に人気の日本のデパート「そごう」の裏手、細い道路に面した雑居ビルの二階に書店はありました。入り口はあまりに狭く、書店の場所を示す大きな看板がなければ通り過ぎてしまいそうな規模です。

小さな書店ですが、中国政府に批判的な書籍を取り扱い、大陸の内幕を知るには欠かせない情報源として知られていました。中国国内では決して販売できない「禁書」を扱うという点で、言論の自由が保障された香港を象徴する存在でした。

ところが、書店の親会社の幹部が訪問先のタイで失踪。それから一週間のうちに、他の社員二人と書店の店長の計三人が、香港に接した広東省で相次いで姿を消しました。さらに書店の大株主で作家でもある李波氏までが行方不明になったのです。

ところがその後、李氏の直筆の手紙が妻に届き、「自分の意思で中国本土に来ている」「帰るまでに少し時間がかかる」などと書いてあったというのです。わざわざ「自分の意思で」と強調するのですから不自然極まりないですね。その後、李氏は無事に香港に戻ってきますが、何があったのか、堅く口を閉ざしたままです。

このとき問題の書店は、習近平国家主席の女性問題を扱った新刊書を販売する予定でした。香港に観光に来た大陸の人たちが、この本を買って大陸に持ち込む……。おそらく中国の公安当局は、このケースを恐れたのでしょう。

これ以降、香港各地の書店では、中国政府や中国共産党を批判する書籍を置かなくなりました。自分たちも危ないと恐れたのです。

中国大陸に遠慮する。それは他の新聞各紙にも言えること。書店主失踪のニュースをほとんど扱わない新聞がありました。かつては中国共産党を勇ましく批判していた新聞が、次々におとなしくなっていく。報道の自由は、こうして失われていくのだと痛感したものです。

それでも書店関係者の失踪は、「共産党の批判をしたからだ。自分たち商売人には関係ない」と思っていたビジネス関係者が多かったのですが、今回は違います。大陸で活発な商売をすると、いつなんどき拉致されるかもしれない。こんな恐怖が香港で広がっています。

「五〇年は自治を保障」と中国共産党が明言してから、まだ二〇年。もう自治が危うくなっています。

こうなると、香港から富豪やビジネスパーソンも逃げて行きます。自由な活動を謳歌してきた香港経済に暗い影を投げかけているのです。

▼「一帯一路」の原点——南シナ海の人工島

中国が、南シナ海の少なくとも七か所の岩礁を埋め立て、人工島を建設しました。アメリカは、これを断固として認めない方針で、上空に哨戒機を飛ばしたり、米海軍の軍用艦を接近させたりしています。

これに対して、中国も一歩も引かない立場を表明。軍事衝突も辞さない構えです。安倍政権が成立させた安保法制をめぐる国会討論で、安倍首相は、自衛隊が中東ホルムズ海峡での機雷の掃海をする可能性があると答弁していますが、実は本命は南シナ海なのです。

さすがの米軍も、南シナ海はアメリカから遠く、ここで縦横無尽の活動をするには無理があります。その分、日本に支援してもらおうという狙いがあるのです。

これまで日本は、尖閣諸島のある東シナ海で中国と偶発的な衝突があるかも知れないと言われてきましたが、そうではなく、日本から離れた南シナ海で、日米中三国による軍事衝突という可能性すら出てきたのです。どういうことなのでしょうか。

南シナ海は中国のもの。これが中国の主張です。主張通りだと、**牛の舌が南シナ海をペロリと舐めたような形になるため、「中国の赤い舌」と呼ばれます。**中国の主張は、ここに「九段線」という歴史的な境界線が引かれているというのです。

この**論拠として登場するのが、一五世紀の人物である明《みん》の時代の鄭和《ていわ》です。**鄭和が大航海時代を切り開き、南シナ海を開発。明の行政権を定めたのだ、というのが中国の主張です。世界各国がアジアにやって来る前に、明は南シナ海を支配していた。だから南シナ海は中国のもの。こういう理屈です。

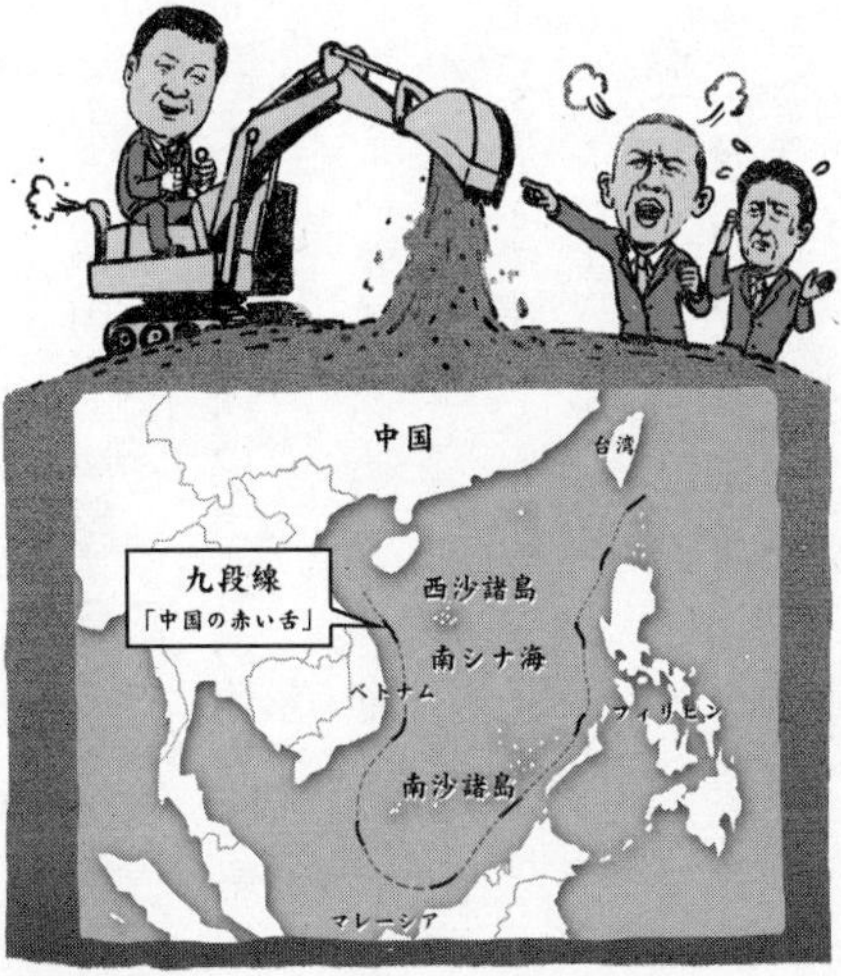

中国の赤い舌

一九四七年、当時の中華民国が、地図の上に一一本の破線を引いて南シナ海を囲み、「この海は中華民国の領海だ」と宣言したが、世界は異を唱えなかった。これが、いまの中国の主張です。一九四九年、大陸に中華人民共和国が成立すると、中華民国の領海はすべて現在の中国のものになったというわけです。

このとき中国は、隣接するベトナム（当時は北ベトナム）が、同じ社会主義の友好国だったことに配慮して、一一本の破線のうち、二本の破線の部分をベトナムに譲り、残り九本の破線を他国の領海との境界線に定めたというのです。これが、中国の主張する「九段線」です。

海の上に破線を書き、ここが俺の海だと主張する。傍若無人の振る舞いです。

一番の問題は、一九九四年に発効した国連海洋法条約を、中国が一九九六年に批准していることです。この国際条約によれば、領海は領土から最大一二海里（約二二キロ）と定められているからです。

仮に中国の主張通り、南シナ海に点在する南沙《なんさ》諸島や西沙《せいさ》諸島が中国領だとしても、南シナ海全部が領海とはなりません。

では、どうするか。南シナ海に巨大な人工島を建設。「中国の領土だ」と宣言すれば、周辺の海は、みんな中国の領海になる。これが、いま中国が行っていることなのです。

島がないなら島を建設しよう

しかし、これがまた、国連海洋法条約に違反した行為なのです。

自国の島の周辺を埋め立てて、島の面積を広げること。これは、他国がとやかく言う筋合いのものではありません。

ところが、いま中国がやっているのは、サンゴ礁でできている岩礁の埋め立てです。この岩礁は、満潮時には水面下に没します。満潮時に水面に顔を出していないものは、国連海洋法条約の規定で、島とは認められません。

いわば、自国から遠く離れた海を埋め立て、「ここは俺たちの島だ」と宣言していることになります。

もし島になると、独自に領海と排他的経済水域が設定できます。中国は、「南シナ海は全部、中国のもの」という主張が世界から認められなくても、「南シナ海の島の周囲は中国の領海だ。我が国の了解なく入って来るな」（ダジャレを言っている場合ではないのですが）と言える、と考えたのですね。

サンゴ礁を広範囲に破壊して、巨大な島を建設する。これをアメリカは「砂の万里の長城」と称しました。

サンゴ礁の破壊は、**自然破壊として世界から猛烈な批判を浴びるべきものですが、中国は知らん顔**です。

人工島には滑走路が完成しました。二〇一五年五月中旬に米軍の哨戒機が接近した際、中国側から「出ていけ」という無線の警告があったことから、警戒レーダーが設置されていることがうかがえます。

さらに人工島に移動式の大砲が配備されていることを米軍が確認しました。「近づいて来たら撃つぞ」と脅すことも可能になったのです。

今後おそらく中国は、南シナ海に防空識別圏を設定し、外国の航空機の接近や通過を阻止しようとすることでしょう。

この傍若無人さに怒ったのが、アメリカ。軍用艦を人工島から一二海里以内に進入させました。つまり、「岩礁の周辺は公海であって中国の領海ではないので、自由に航行できる」ということをアピールしたというわけです。

南シナ海は、東アジアと中東を結ぶシーレーン（資源を運ぶ貴重な海の道のこと）です。ここが丸ごと中国の実効支配下に入ったら、日本が中東から運んでくる石油や天然ガスの運搬船の安全が脅かされる事態になりかねません。日本経済にとっては死活の事態です。

となれば、ここで**米海軍と中国海軍が軍事衝突したら、日本は、集団的自衛権の行使として、米軍の艦船を防護。結果的に中国海軍の艦船と戦火を交える……**考えたくないシナリオですが、ホルムズ海峡の機雷掃海よりも、実は、こちらの方が現実味を帯びた話なのです。

さて、そのとき日本は、どんな行動に出ることになるのでしょうか。

▼フィリピン・ドゥテルテ大統領の作戦

警察が捜査を進めても犯罪の証拠が集まらないが、間違いなく犯罪者だ。そのとき警察はどうするか。

警察が手を出せないなら、闇の正義の味方が容疑者を容赦なく殺害していく。これではまるで人気テレビドラマだった「必殺仕置人」だ。

相手は凶悪な犯罪者だが、逮捕すると、その後の手続きが面倒で、弁護士がつくと無罪になるかもしれない。それなら、相手を挑発して自分に立ち向かわせて射殺してしまおう。これだとハリウッド映画の「ダーティハリー」だ。

テレビドラマや映画の世界だけのことだと思っていたことが、まさにいまフィリピンで起きています。二〇一六年六月、フィリピンにロドリゴ・ドゥテルテ大統領が誕生したことで、映画が現実となりました。

ドゥテルテ大統領は、フィリピン南部のダバオ市の市長時代、治安の悪かった市を劇的に改善することに成功しました。

その手法は、**警察に命じて麻薬犯罪の容疑者を片っ端から容赦なく殺害するもの。警察ばかりではありません。警察以外に自警団を組織し、ここにも非合法の殺人を実行させてきました。**その結果、一〇〇〇人以上が正規の裁判を受けることなく処刑されたと言われます。**これが治安回復の切り札になったのです。**

この結果を見ると、逮捕や裁判という手続きを経ない方が、はるかに効率的で効果的なのですね。

おっと、とんでもない。法治国家にあるまじき行動です。こんな人物が大統領になってしまうのですから、フィリピンという国はどうなっているんだ、と言いたくもなりますが、国民の高い支持を得て、遂に大統領になってしまいました。

二〇一六年五月に行われたフィリピン大統領選挙で、ドゥテルテ氏は「犯罪の一掃」を公約に掲げました。三月に行われた集会では、犯罪容疑者を「皆殺しにしろ」とまで発言。さらに選挙中は、「自分が大統領になったら、一〇万人のフィリピン人が死ぬことになるだろう」とも〝予言〟していました。まさにいま、予言通りのことが始まったのです。

ダバオ市でやっていたことを、今度は全国規模で実施する。そのためにドゥテルテ大統領は、ダバオ市で警察署長を務めていたデラローサ氏をフィリピン国家警察のトップに起用しました。地方の警察署長だった人間が警察長官。これも型破りの人事です。自分に忠実に〝殺人作戦〟を実行した人物を引き上げたのです。

デラローサ長官は、犯罪者について、「彼らには黙秘権が与えられる。永遠に沈黙する権利だ」と述べたそうです。

みんながあっと驚く強硬な発言で耳目を集め、高い支持を集める。どこかで見たような……。そう、アメリカ大統領選挙で共和党の候補者の座を獲得したドナルド・トランプ氏と似たような手法です。

ただし、トランプ候補はメキシコからの不法移民やイスラム教徒を入れるなとは言っても、殺害までは口にしていません。その点ではレベルが違うのです。

二か月ですでに二四〇〇人殺害

二〇一六年九月に入ってフィリピン政府は、ドゥテルテ大統領就任以来の二か月で二四〇〇人以上を「犯罪撲滅作戦」で殺害したと発表しました。その後、二〇一八年一一月までに五〇〇〇人以上が殺害されています。

これが映画やテレビドラマですと、麻薬取引に協力したり黙認したりしてきた悪徳警察官が、自分に累が及ぶのを防ぐため、自分のことを知っている犯罪者の口を封じるというシーンが登場するのですが、同じような懸念が出てきたのでしょう。デラローサ長官は、違法薬物に関与した警官の腐敗は、さらに容赦しないと強調。「我々の大義を裏切る同僚はなおさら殺害した方がいい」と述べた（九月五日付AFP日本版）そうです。

ドゥテルテ氏は一九四五年三月生まれの七一歳。大学卒業後、ダバオの検察官を経験してダバオ市長に当選。一期三年の任期を三期務めると、四期以降は憲法の多選禁止に触れるため、いったん下院議員に転身。その後再び市長になり、また三期務めて、今度は娘を市長にして自分は副市長に。そこからまた市長という経歴を辿ってきました。

ドゥテルテ大統領は、〝暴言王〟としても知られてきました。二〇一六年四月の集会では、二七年前にダバオ市内の刑務所でオーストラリア人の女性宣教師が囚人に集団強姦されて殺害された事件について「美人だった。市長（自分のこと）を差し置いて先に強姦した。もったいないことをした」と言ってのけたのです。それでも大統領に当選とはすごいですね。

ダバオ市長時代、自警団組織が犯罪者を殺害したことについては、国際的な人権団体から人権侵害だと批判を受けてきました。大統領になってからも正規の手続きなしに容疑者を殺害していることを国連から批判されると、「国連からの脱退を考える」と逆切れしています。

それでも、さすがに次の発言はまずかったようです。二〇一六年九月五日の記者会見で、記者から「アメリカのオバマ大統領が人権侵害について発言したらどうするのか」

と聞かれると、「フィリピンは隷属国ではない。私はフィリピン国民だけに答えるが、彼（オバマ米大統領）のことは気にしない。彼は何様だ」とののしった後、「売春婦の息子だ」と口走ったのです。それまでは英語で、この部分はタガログ語で発言したのですが、これがオバマ大統領を怒らせました。翌六日にラオスで開かれたＡＳＥＡＮ首脳会議で予定されていた首脳会談をキャンセルしたのです。

犯罪者は皆殺し！“暴言王”ドゥテルテ大統領

南シナ海で我が物顔に振舞っている中国を牽制するために、アメリカにとってフィリピンは大事な同盟国。そんな思いが、この下品な発言につながったのかもしれませんが、アメリカの後ろ盾がなければ中国と対峙できないのも事実です。

「剣を取る者は皆、剣で滅びる」とは聖書の言葉。「言葉」を武器にしてきた大統領も、その言葉で窮地に立たされました。

IT管理社会でマナー向上？

中国では、今まさに独裁体制が完成しようとしています。習近平国家主席（総書記）が、「第二の毛沢東」になろうとしているのです。

二〇一八年三月、中国の国会に相当する全国人民代表大会（全人代）で、二期一〇年までだった「国家主席」の任期が撤廃されました。これまでも中国共産党のトップである「総書記」は無期限ですが、かつての反省から「国家主席」には任期が定められていました。毛沢東は、大躍進政策で大飢饉を引き起こし、文化大革命で長老たちを粛清し、中国全土を混乱させたにもかかわらず、八二歳で亡くなるまで最高指導者として独裁を続け、誰も批判できなかったためです。

しかし、今回の任期撤廃によって、二〇二三年には退陣するはずだった習近平氏は、生涯、国家主席の座にとどまれるようになりました。通常は二期目に入ったところで、後継者となる人物を党の政治局常務委員に指名するのですが、習近平はこのナンバー2を置こうとしなかったので、「もしや終身主席を狙っているのか」と言われていたのですが、その可能性が高まりました。

　習近平が独裁体制を完成できたのは、「キツネ狩り」といわれる、汚職摘発で政敵を粛清してきたからでもあります。中国当局は二〇一八年の一年だけで約六二万人を汚職犯罪で起訴するという徹底ぶりです。中国高官は誰しも叩けばホコリの出る身ですから、習近平に逆らうなどできるはずもありません。

　外交面でも習近平は剛腕を発揮。南シナ海では人工島を完成させ、軍用滑走路もつくって〝不沈空母〟と化してしまいました。

　米中貿易戦争でも、トランプが中国からの輸入品に関税をかけると、習近平もすかさず報復関税をかけました。米中首脳会談を経て「一時休戦」となったものの、中国のハイテク通信機器会社ファーウェイの副社長が、アメリカのイラン制裁に違反したとして逮捕されるなど、一段と争いが激しくなっています。

技術開発のスピードと習近平の焦り

　注目すべきは、ITなど科学技術部門での中国の開発スピードの速さでしょう。

　人工知能（AI）を用いた監視カメラと公安当局のデータベースを連動させた監視システム「天網」が街中にあり、人気歌手のコンサート会場のカメラによって指名手配犯が何十人も逮捕されています。こんな恐怖の監視システムをすぐに実装できるのは、独裁体制ならではですね。

現金で支払わないキャッシュレス化も急速に進み、顔認証などを使った「無人コンビニ」も登場しています。

さらには「信用スコア」という、個人の支払い履歴から、犯罪歴までを総合したシステムが始まっています。この信用スコアがよければ金利が優遇されたり、悪ければ公共交通機関に乗れなくなったりするのではないかという、おそるべきポイント制度です。中国人のマナーが一挙に向上するかもしれませんが、ますます現体制に反対することはできなくなるでしょう。ジョージ・オーウェル『１９８４』のビッグ・ブラザーは、こんな形で実現するのか！　という衝撃がありました。

宇宙開発、ゲノム編集など科学技術でも驚かされるニュースが次々とあり、あと一〇年もたてばノーベル賞は中国人だらけになるとも言われています。

こうしたスピード感と、独裁強化の背景には、「習近平の焦り」があります。

中国は前例のない高齢化が進んでいます。すでに六五歳以上の人数が一億人以上、つまり日本の人口と同じくらいいるのです。「一人っ子政策」の撤廃も効き目はなく、二〇一二年からはついに労働力人口（一六～五九歳）が減り始めました。人口もまもなく一四億人をピークにして減り始めます。年金など社会保障制度がないまま、少子高齢化が進めば、〝姥捨て山〟のような悲惨な状況になりかねません。

そうした焦りのなかで、GDP成長率を保っていきたい習近平としては、独裁で指導力を強め、生産性の高い分野への集中投資を続けるしかないのです。

そのためには手段を選ばない。ファーウェイ幹部の逮捕劇も、新しい通信規格5Gをめぐっての国際的「仁義なき戦い」といえるでしょう。

近頃、中国の「反日」が弱まってきたように感じますが、実はすでに日本を乗り越えたという心理的余裕の表れかもしれません。日本は、IT分野などで中国の下請けにならないように心しなければなりません。そのためにも、科学技術の研究費をしっかり投入すべきです。

第6章

韓国・北朝鮮の新展開

「シン・冷戦」の結末は

核とミサイル実験で日米を挑発しつづけた北朝鮮が、
一転して南北首脳会談、そして米朝会談へ!
朝鮮半島は一触即発の「シン・冷戦」から脱するのか、
本音を見てみよう。

あのころ何が Fast News

2016年	9月	北朝鮮、核実験
2016年	12月	朴槿恵韓国大統領、 国会で弾劾訴追されのちに失職・逮捕
2017年	2月	金正男氏が暗殺される
2017年	3月	北朝鮮、ミサイル実験
2017年	5月	韓国、文在寅氏が大統領に
2018年	3月	金正恩委員長、中国を非公式訪問し 習近平主席と会談
2018年	4月	南北首脳会談
2018年	6月	金正恩委員長、トランプ米大統領と会談
2018年	10月	韓国大法院（最高裁）、徴用工への賠償を 日本企業に求める判決

▼北朝鮮の核開発で「シン・冷戦」に

かつて東西冷戦の時代があって……などと大学で講義してきたのですが、再び冷戦がやってきたようです。「新冷戦」というわけですが、ここは大ヒットした映画「シン・ゴジラ」にあやかって「シン・冷戦」と表記しておきましょう。北朝鮮の核開発が進んだ事態に対してです。映画の中のゴジラの行動が予測できないように、北朝鮮の金正恩《キムジョンウン》委員長の行動も予測が困難です。

二〇一六年九月の北朝鮮の核実験が、これまでとは比較にならないほど深刻に受け止められているのは、北朝鮮の核ミサイル攻撃能力が急進展を見せているからです。

過去の北朝鮮の核実験は、爆発力が小さい一方で、爆弾は大型のものだったと見られています。とりわけ初期のものは、核爆弾というよりは、「核爆発装置」とでも言うべき巨大なものではなかったかと思えます。

ところがその後、小型化に成功する一方、爆発力はむしろ大きくなっています。過去最大規模の爆発でした。韓国の国家情報院は、**「広島型」に匹敵する爆発の威力があると**

分析しています。

爆発力は「広島型」とはいえ、爆弾の種類は広島に投下されたウラン型原爆ではなく、長崎に投下されたプルトニウム型原爆のようです。長崎に投下された核爆弾は丸みを帯びていて、「ファットマン」（太っちょ）という愛称がついていました。朝鮮中央通信が二〇一六年三月に報じた写真には、金正恩委員長が、球形の爆弾の模型のようなものを視察している様子が写っています。この球形のものが、プルトニウム型原爆の形そっくりなのです。

これについて北朝鮮の核兵器研究所は九月九日の声明で、「戦略弾道ロケットに装着できるように標準化、規格化された核弾頭の性能と威力を確認した」「小型化、軽量化、多種化された打撃力の高い各種の核弾頭を必要なだけ生産できるようになった」と主張しています。

「標準化、規格化」ということは、それなりに大量生産できる能力を獲得したことを意味します。

「小型化、軽量化」ということは、北朝鮮のミサイル「テポドン」の先端に搭載可能なレベルにまで小さくなったと見られます。爆発力が大きければ、目標に正確に当たらなくても目的は達せられます。

「多種化」という表現が何を意味するか不明ですが、プルトニウム型だけでなくウラン型の原爆も保有している、という意味かもしれません。北朝鮮は、原子炉から使用済み核燃料を取り出し、プルトニウムを抽出している一方、ウランの濃縮も進めているからです。

またミサイル性能も向上しています。二〇一六年九月五日には、北朝鮮が同時に発射したミサイル三発が、約一〇〇〇キロ飛行して北海道西方の日本海に落下しました。ほぼ同じ場所に落ちていることから、正確さが向上していることを窺わせます。

もし北朝鮮が、これよりも多数のミサイルを同時に日本に向けて発射したときは、日本の迎撃システムに限界があり、撃ち漏らしが出る可能性があります。

アメリカへの直接的脅威に

このように日本にとって脅威が増しただけではありません。アメリカにとっても深刻な事態です。**アメリカ全土が北朝鮮の核ミサイルの射程に入る可能性**が出てきたからです。

それは、潜水艦発射型のミサイルの発射に成功したからです。**SLBMと呼ばれるミサイルは、海中に潜んでいる潜水艦から発射されます。つまり、相手に気づかれずに接近して発射できる**のです。

これまでの北朝鮮のミサイルは、いずれも北朝鮮国内から発射されていました。これですと、現在の北朝鮮の技術水準では、とても首都ワシントンに届くレベルではありませんでした。

ところが、潜水艦に搭載しておくと、潜水艦は隠密行動できます。アメリカ大陸に密かに接近しておけば、首都ワシントンでもニューヨークでも思いのままになってしまいます。

こうなるとアメリカは、北朝鮮の潜水艦を常に監視しなくてはならなくなります。

東西冷戦時代、アメリカもソ連も、地上に設置した核ミサイルは、敵の先制攻撃で破壊される可能性があるため、原子力潜水艦に核ミサイルを搭載。太平洋や大西洋、北極海などに潜航させておきました。敵が先に核攻撃したら、海中から報復のミサイルを発射できるようにするためでした。これぞ抑止力の考え方です。

一方、敵の抑止力は排除したい。そこでアメリカは、二種類の原子力潜水艦を建造しました。「戦略型原潜」と「攻撃型原潜」です。

「戦略型原潜」の「戦略型」とは、敵国を破壊する、という意味です。

これに対して「攻撃型原潜」とは、ソ連の原潜を四六時中追いかけ回すのが任務でした。もしソ連の原潜がアメリカを核攻撃する気配があれば、その前に沈めてしまう。これが「攻撃型原潜」の役割です。

北極海の氷の下でアメリカの原潜がソ連の原潜を追跡。ソ連の原潜は、追跡を逃れようとし、両国の潜水艦が衝突事故を起こしたこともあります。冷戦時代のことですから、当時は報道されることなく、冷戦が終わってから明るみに出ました。

今後アメリカは、北朝鮮の潜水艦に対しても攻撃型原潜を割り当てることになるでしょう。日本海周辺での追跡劇。きっとアメリカ軍は、日本の自衛隊にも協力を要請してくるはずです。

「シン・ゴジラ」より予想できない金正恩の核開発

実は北朝鮮がミサイル発射に使用した潜水艦の原型は、ソ連時代に購入した旧式なもの。スクリューの回転時の騒音がひどく、海中で発見するのは容易だとされています。

しかし、**「抑止力」という概念は、「相手も同じように考えるだろう」という、相手への奇妙な〝信頼〟**に基づいています。東西冷戦時代、アメリカもソ連も、相手が〝信頼〟できると考えていました。〝信頼〟できない国が核を持つから怖いのです。

▼金正男氏の暗殺——世襲とコンプレックス

二〇一七年二月の北朝鮮の金正男《キムジョンナム》氏暗殺。気に食わない人物は抹殺する。これが二一世紀の出来事なのかと驚くことばかりですが、北朝鮮国内は二一世紀どころか二〇世紀でもなく、まだ一九世紀の王朝なのです。でも、どうしてそんなことになったのか。まさに「そこからですか⁉」というレベルから説明しましょう。

そこには、自分の実力でトップに立ったわけではない男のコンプレックスと猜疑心、後継者への不安があったのです。

朝鮮半島は「韓国併合」で、第二次世界大戦が終わるまで日本が統治していました。日本がポツダム宣言を受諾して降伏すると、旧満州まで攻め込んでいたソ連軍が朝鮮半島北部に進駐してきます。

これに焦ったのがアメリカです。すでにドイツを破って東欧諸国に進駐していたソ連軍は、各国で自国の言うことを聞く政権づくりに着手していました。このままでは朝鮮半島全体もソ連の影響下に入ってしまうと危機感を持ったアメリカは、ソ連と交渉。朝鮮半島を北緯三八度線で分割占領するように持ち掛けます。これをソ連の独裁者スターリンが承諾。かくして南北分断の歴史が始まります。

当初、国連は南北朝鮮が同時に自由選挙を実施して統一朝鮮として独立させる構想を考えましたが、それではソ連寄りの国家がつくれないソ連が反対。結局、まずは南半分で選挙を実施し、大韓民国が建国されました。その後、北半分に朝鮮民主主義人民共和国が誕生しました。

ソ連は北朝鮮の政府樹立に当たり、自国の言うことを聞く人物をトップに据えようと考えます。そこで白羽の矢が立ったのが、ソ連軍の大尉だった金成柱《キムソンジュ》という人物でした。

金成柱はピョンヤン生まれ。一時は朝鮮半島内部で抗日闘争をしていました。ここで金日成《キムイルソン》という活動名を名乗るようになったと言われます。「人々の日（太陽）に成れ」という意味です。しかし、日本軍に追われて旧満州に移り、さらに追われてソ連に逃げ込みます。ここでソ連軍の中の朝鮮人部隊に所属し、大隊長になります。階級は大尉でした。ソ連は、将来、朝鮮半島を攻撃する日に備えて、朝鮮人部隊をつくっていたのです。ソ連にしてみれば、自国の軍隊に所属していたのですから、北朝鮮のトップにピッタリというわけです。北朝鮮のトップである首相に就任しました。

この経緯を見ると、**金日成は自力で北朝鮮を建国したわけでもなければ、実力でトップに立ったわけでもありません。**政権内部には、ソ連に逃げ込むことなく朝鮮半島に留まって抗日闘争をしていた古参メンバーもいます。金日成はコンプレックスに悩まされたはずです。

金日成は、他の古参メンバーに「アメリカの手先」「韓国のスパイ」等の汚名を着せて、次々に粛清していきます。それでも自力でトップの座を勝ち取るには実績が必要です。そこで朝鮮半島の武力統一を計画しました。

朝鮮戦争は終わっていない

一九五〇年六月、北朝鮮の軍隊が三八度線を越えて韓国に奇襲攻撃をかけます。朝鮮戦争の始まりです。

当初は不意を衝かれた韓国軍は苦戦し、一時は釜山付近にまで追い詰められますが、米軍が支援に駆けつけ、北朝鮮軍を押し戻し、さらに中国国境付近まで攻め込みます。すると今度は中国が介入。義勇軍を名乗って北朝鮮を支援しました。

このため、米韓軍は朝鮮半島中部まで押し戻され、戦線は膠着状態に陥ります。この段階で休戦協定が結ばれ、両軍が睨み合っていた場所が軍事境界線になります。現在も朝鮮戦争は終わっていません。休戦しているだけなのです。

朝鮮戦争で当初は優位に戦いを進めていた北朝鮮軍が、米軍の介入で散々な目に遭ったことから、**北朝鮮にはアメリカへの恐怖がトラウマとなって残りました。**

軍事力で朝鮮半島を統一できなかった金日成。実力でトップに立ったわけではないという引け目を持ち続けることになります。

そこで繰り広げられたのが個人崇拝であり、偶像化です。一九七二年、金日成が還暦を迎えると、憲法を改正し、国家主席に権力が集中する政治構造になります。金日成は朝鮮労働党の総書記であり、国家主席であり、朝鮮人民軍最高司令官でもあるという独裁体制を確立します。全国各地に金日成像が建設され、金日成は「百戦錬磨の将軍」と称えられるようになります。

しかし、金日成には気がかりなことがありました。それは自分の後継者です。かつて自分の後見人だったソ連のスターリンは死後、後継者のフルシチョフ第一書記によって批判されます。歴史に残る「スターリン批判」です。スターリンが個人崇拝を進め、多数の人々を粛清していたことが暴露されたのです。

こうなると、金日成は死後が不安です。自分の功績が全否定されかねません。さらにショックだったのが中国の「林彪《リンピョウ》事件」。毛沢東の後継者に指名された林彪が一九七一年、毛沢東に対するクーデターを企てて失敗したのです。林彪はモンゴルに逃げる途中、乗っていた飛行機が墜落して死亡しましたが、後継者選びに失敗すると、こんな事態になるという恐怖を感じたはずです。

頼りになるのは血のつながった子どもだけ。息子の金正日《キムジョンイル》を後継者に指名したのです。

しかし、金正日にも引け目が生じます。自力で国のトップに立ったわけではないからです。そこで、**「革命の血統」を引き継いだからトップになる資格があるという理屈**を作り出します。となれば、自分の後継者も金日成の血統を継ぐもの。金正恩が選ばれました。

金正恩もコンプレックスに悩んでいるはずです。実力が認められたわけではないからです。「血統を継いだ」という点だけなら、金正男氏にも資格がありました。金正恩には自分の地位を脅かす存在だったのです。

▼トランプvs金正恩という悪夢

北朝鮮は二〇一七年三月、ミサイル四発を同時に発射して、このミサイル発射が「在日米軍基地を攻撃する任務を持つ」部隊が参加した演習だったと言明しました。

北朝鮮はすでに大陸間弾道弾の完成は間近だと主張していますが、それが未完成でも、在日米軍基地に届くミサイルは大量に持っているので、米軍に大きな被害を与えることができるというわけです。

このニュースをテレビで取り上げると、専門家はつい「弾道ミサイル」「大陸間弾道弾」「液体燃料」「固体燃料」などの軍事用語を使ってしまいます。読者の中には、テレビの前で取り残された気になっている人もいることでしょう。そこで、まずは、この部分から説明しましょう。

たとえば前方上方に向けて拳銃を撃ったとしましょう。弾丸は斜め上に向かって飛んでいきますが、やがて力を失い、落ちてきます。この飛行ルートが「弾道」＝弾丸の道というわけです。短距離を狙うミサイルは真っ直ぐ飛びますが、遠くの標的を狙うときは、弾道を描いて飛ばすのが、一番効率がよくなります。

遠くの標的がアメリカだとしますと、北朝鮮から発射したミサイルは、いったん大気圏外に飛び出し、やがて大気圏内に再突入して落ちてきます。**ユーラシア大陸と北米大陸の間を飛ぶので、「大陸間弾道弾」（ICBM）**といいます。

つまり、ニュースが「北朝鮮が大陸間弾道ミサイルの開発を終えるのはまもなく」と伝えた場合、これをやさしく言うと、**「アメリカまで届くミサイルがまもなく完成する」**ということなのです。

これまで北朝鮮がいくらミサイルを発射しても、アメリカは「どうせ我が国には届かないんだから」と安心していた気配がありますが、そんなことを言っている場合ではなくなりました。まして、先端に核兵器が積まれていたら……。

次はミサイルの燃料について。過去の北朝鮮のミサイル発射実験では、地上に立てたミサイル発射塔からミサイルを発射していました。このときは、事前に液体燃料を注入します。これだと、北朝鮮がミサイルを発射する兆候を早くつかむことができました。

これに対して固体燃料なら、いつでもすぐに発射できますから、奇襲攻撃が可能です。

北朝鮮は性能のいい固体燃料を製造する技術がなかったため、やむなく液体燃料を使用してきましたが、今回の四発同時発射は固体燃料を使いました。

このことは、北朝鮮の脅威が格段に高まったことを意味します。

この国に暴走させてはいけない。歴代のアメリカ大統領は、軍事行動に出ることなく、北朝鮮の核開発をやめさせることはできないか、模索してきました。オバマ政権は、「戦略的忍耐」と称して、北朝鮮が非核化の意思を示さない限り対話に応じないという方針をとってきました。

迎撃ミサイル配備に中国が反発

しかし、非核化は実現できませんでした。オバマ政権の方針は失敗だったという評価になっています。

では、どうするか。ドナルド・トランプ大統領には忍耐力が欠如していますから、「戦略的忍耐」などというオバマ政権の方法はとりません。実はトランプ政権は、同年二月、政府の安全保障担当者を集めて、「主流から外れた」アイデアまで含めて多様なオプションを提出するように求めたと三月一日付の「ウォール・ストリート・ジャーナル」が報じています。

これを受けて担当者は二月二八日、トランプ大統領の副補佐官に複数のオプションを提出したそうです。この中には、北朝鮮を核保有国と認めるという案から、北朝鮮に対して軍事行動を起こすプランまで含まれている模様です。

実は一九九四年、クリントン政権時代、アメリカは北朝鮮の核開発をやめさせようと、軍事攻撃を真剣に検討しました。先制攻撃すれば、相手からの報復攻撃がある。これを見越して韓国内の米国人たちが大挙して国外に脱出する、ということもありました。

このときには、北朝鮮の報復攻撃で多数の犠牲者が出るというシミュレーションが出て、クリントン政権は攻撃を断念しました。

今回、トランプ大統領がどんな選択肢を取るにせよ、北朝鮮の脅威には対抗しなければならない。そこで**韓国内に米軍の「高高度迎撃ミサイルシステム」（THAAD・サードと発音）の配備**が始まりました。

ところが、**これに中国が猛反発しています。**THAADは北朝鮮が発射したミサイルを途中で撃ち落とすことが可能ですが、中国軍がアメリカに向けて発射したミサイルも迎撃できます。中国にすると、こんな迎撃ミサイルが配備されたら、アメリカを脅すことができなくなるというわけです。

中国は、THAAD配備のために用地を提供した韓国のロッテグループに対し、国を挙げて不買運動を呼びかけたり、ロッテの店舗の閉鎖を命じたりという嫌がらせを始めました。

北朝鮮がミサイルを発射するから、こんなことになるのに、北朝鮮をたしなめずに反発する。この国にも困ったものです。

▼韓国、朴槿恵を追い詰めた「国民情緒法」

韓国の朴槿恵《パククネ》大統領を辞めさせた国民の怒りのパワーには圧倒されます。日本では、政治の腐敗に対して、これほどの怒りを持つことがあるのでしょうか。

政治が国民を裏切ったのなら、全力で権力と戦う。それ自体は「正義の戦い」なのでしょうが、その勢いには違和感を覚える人もいるのではないでしょうか。

そもそも朴槿恵大統領を選んだのは誰か、と言いたくなるからです。

歴代の韓国の大統領は、悲惨な末路を辿ってきました。就任当初は高い支持率を得た朴槿恵大統領も、結局はこのパターンから抜け出すことはできませんでした。

韓国の初代大統領は李承晩《イスンマン》。朝鮮戦争を経て一二年間大統領の座を確保しましたが、不正選挙の疑惑を追及され、ハワイに亡命しました。

李承晩大統領が亡命したために急遽大統領に就任した尹潽善《ユンボソン》は朴正煕《パクチョンヒ》による軍事クーデターで、その座を追われ、その後、朴大統領を批判したために有罪判決を受けます。

クーデターで大統領になった朴正煕は、ご存じ朴槿恵大統領の父。妻は在日韓国人が朴正熙を狙って撃った銃弾で死亡し、本人も側近によって射殺されます。

大統領暗殺で後任に選ばれた崔圭夏《チエギユハ》は、わずか八か月で、またも起きたクーデターで追われます。

次に大統領になった全斗煥《チヨンドウファン》は、軍事独裁政権を率いて、反対派を容赦なく弾圧します。

全斗煥の次の大統領は、全斗煥の忠実な部下だった盧泰愚《ノテウ》。大統領になるや、前任者の不正蓄財を追及し、全斗煥は死刑判決を受けます。その後、無期懲役に減刑され、さらに恩赦で刑務所を出ることができましたが、隠遁生活を余儀なくされます。

前任者の不正蓄財を追及して国民の支持を得ようとした盧泰愚は、軍事政権を終わらせ、民主化を実現しますが、任期を終えた後、不正蓄財を暴かれ、有罪判決。恩赦を受けた後、こちらも隠遁生活です。

軍事クーデターによる軍事独裁政権が続いてきた韓国の政治が民主化され、民主的な大統領選挙で誕生したのが金泳三《キムヨンサム》。一九九三年のことです。つまり韓国は民主化されてから、まだ二六年しか経っていません。

前任者の不正蓄財を追及してクリーンなイメージを作り出した金泳三も、次男が不正な資金を受け取ったとして逮捕されます。

次の大統領は金大中《キムデジユン》。朴正熙政権時代には、民主化を求めて日本に滞在中、KCIA（韓国中央情報部）によって拉致され、韓国に連れ戻された上、自宅軟禁を強いられます。

その後は全斗煥政権の下で死刑判決を受けたこともありますが、アメリカの圧力で減刑と執行停止で釈放され、遂には大統領に当選を果たします。

まさに波乱万丈の人生でしたが、政権末期には息子三人が収賄で逮捕されました。

悲惨な末路の連続は、ここらで終わりにしたいところですが、そうはいきませんでした。

遂には自殺も

次の盧武鉉《ノムヒョン》は、側近に北朝鮮シンパを並べ、北朝鮮に接近。支援に力を入れたことで、アメリカとの関係が悪化します。退任後は、側近や親族が不正資金疑惑で逮捕され、自身にも捜査の手が伸びるや、自宅の裏山から投身自殺してしまいます。

そして李明博《イミョンバク》。就任直後は日本との関係改善に力を入れ、「未来志向の関係を」と言っていたのですが、任期が終わりに近づき、支持率が下がると反日に転じ、竹島に大統領として初めて上陸。日本との関係がすっかり悪化してしまいました。

それでも今度こそ無傷で退任と思いきや、国会議員だった兄が不正資金疑惑で逮捕されてしまいます。その後、本人も逮捕されます。

いやはや、無傷だった大統領はいないではありませんか。なぜ、そんなことになるのか。

民主化が十分でないと言ってしまえばそれまでですが、民主化後は、絶大な権力を持つ大統領に群がる親族という構図が浮かび上がります。血縁を大切にし、助け合うという韓国の美風も、裏を返せば権力を乱用してでも一族に利益を与えようという衝動に結び付きかねません。

韓国の大統領の任期は五年の一期限り。大統領制としては異例の短さです。独裁政権時代が長かったので、権力の暴走に歯止めをかけようとしたのでしょう。しかしアメリカの大統領は一期四年で連続二期まで。この程度の長さが一般的です。一期しか務められないとなると、任期後半には指導力が落ちてきます。支持を確保しようと、安易に反日に走る大統領も出てきます。

また、親族の中には、大統領でいられる間に利益を得ようと考える不心得者も出るというわけです。

それにしても、朴槿恵大統領の〝罪状〟を見ると、首を傾げたくなるものもあります。大統領の演説の草案を知人の崔順実《チェスンシル》被告に見せていたというものです。大統領や首相が、演説の内容をブラッシュアップするために知人ないしスピーチライターに相談するのは当然のこと。そんなことまで「機密漏洩」の容疑にしてしまうところに、検察のポピュリズムを感じてしまいます。

韓国の司法には「国民情緒法」が存在すると指摘されています。実際にこんな法律があるわけではありません。国民の情緒におもねる起訴や判決が出やすいという傾向を指す言葉です。**いわば「けしからん罪」です。**

典型的なものに「親日派財産没収法」があります。この法律が成立したのは二〇〇五年。日本が朝鮮半島を統治していた時代、日本に協力して築いた財産は子孫から没収できるというものでした。そもそも近代国家においては、法律は過去に遡ることはできません。**国民が喝采を送るのであれば、近代法の原則を曲げても構わない。韓国司法の歪みが見えます。**国民が怒っているから有罪に追い込む。国民の怒りを買った朴槿恵大統領は、今度はこの「法律」で裁かれたのです。

▼文在寅大統領の登場——親北・反日へ

"It's the economy, stupid"(問題は経済だよ、バーカ)

これは一九九二年のアメリカ大統領選挙で、民主党のクリントン陣営の中で使われた言葉です。

クリントン候補の相手は共和党の現職ジョージ・H・W・ブッシュ(パパ・ブッシュ)。ブッシュ大統領は、ソ連との東西冷戦を終わらせ、湾岸戦争でアメリカに勝利をもたらし、外交政策で大きな成果を上げていました。それだけ実績のある現職大統領に挑戦するのは無謀なこと。そんなムードがあったクリントン陣営で参謀が打ち出したのが、このスローガンでした。「ブッシュ陣営は外交政策の実績で優位に立っていると油断しているが、国民は経済が上向きにならないことに苛立っている。それに気づかないのはおバカさん」という意味だったのです。

ただし、これは国民向けのスローガンではありません。陣営の事務所の中に掲げられていました。経済に焦点を絞って選挙運動を展開せよ、という檄文だったのです。

こんなことを思い出したのは、二〇一七年五月の韓国の大統領選挙で文在寅《ムンジェイン》候補が勝ったからです。

文大統領は、親北朝鮮で反日と言われてきました。いまどき親北朝鮮の候補が選挙に勝つのか、と驚いた人も多かったことでしょう。確かに驚くべきことなのですが、韓国にいると、文在寅候補の人気の秘密がわかります。まず韓国の若者たちは、北朝鮮の脅威を肌身で感じていないという現実があります。

二〇一七年五月はじめ、韓国に新聞社の仕事で取材に行きました。そこで見たもの。北朝鮮に対する日本と韓国の国民の温度差に驚きました。いまにも北朝鮮のミサイルが降ってくるかのような騒ぎの日本とは別世界。平和そのものでした。

私たちは、北朝鮮の労働新聞の記事やテレビの論評で、「アメリカを焦土にする」「日本列島を沈没させる」という激烈な言い回しに驚きますが、韓国の人たちには聞き慣れた言葉です。これまで「ソウルは火の海になる」という脅し文句を何回聞かされたことか。「ああ、また言ってる」という感じなのです。

それより若者にとって深刻なのは就職難の現実です。韓国の若者の置かれた環境は苛酷です。韓国は、日本とは比べものにならないほどの学歴社会。小学校から塾通いをしながらひたすら勉強。ここは日本と似ているかも知れませんが、銘柄大学に入ればそれでOKとはいきません。韓国での安定した就職口といえば、財閥です。サムスンやLG、現代などの財閥に入れるように、大学生は就職試験の勉強に力を入れます。

なにせ韓国の一五歳から二九歳の二〇一六年の失業率は九・八％。統計を取り始めた二〇〇〇年以来最悪の数字です。

韓国は大学の新卒が就職に有利なので、就職浪人する学生も多く、この人たちを含めれば、失業率はもっと高くなります。

「ヘル朝鮮」との自虐的表現も

ところが、運よく財閥に入れても、経営陣になれそうもないと、四〇代後半には肩叩きの憂き目にあいます。年金制度が十分には整備されていない韓国では、老後の不安がつきまといます。

こんな状況から、**韓国のことを「ヘル朝鮮」（地獄の朝鮮）という呼び方**も生まれました。子どもの頃から受験勉強に追い立てられ、いざ就職しても、いつ失職するかもしれない。ひたすら追いまくられるばかり。社会にゆとりがなくなり、いじめが蔓延。**自殺率も日本を抜き、世界ワーストレベル**です。自国を嫌ってアメリカに脱出する若者も増えました。それゆえに「ヘル朝鮮」と呼ぶわけです。

こうなると、若者たちの願いは安定した職場で働くこと。そう、公務員志願者が激増しているのです。

ソウル市内には公務員試験専門の塾があります。これは宿泊施設が併設されています。わずか二畳の狭い部屋にベッドがひとつ。缶詰になって勉強するのです。

それでも警察官の募集には応募が殺到。競争率四五倍という異常な数値に達しています。

こうした若者たちの雇用への不安をうまく掬《すく》い取ったのが、文在寅候補でした。選挙中、文候補は、「当選したら雇用大統領になる」と宣言していました。**政策の目玉は「八一万人の雇用を作る」**です。でも、どうやって？　**公務員を増やす**というのです。警察官や消防士、社会福祉の分野で働く公務員を採用するのです。

こんな計画を聞くと、いまどき「大きな政府」の実現でいいのか、という気になります。そのための財源は五年間で日本円にして約二兆一〇〇〇億円。税金で働き口を作る。持続可能な経済政策になりません。

韓国経済は輸出に大きく依存しています。中国経済が好調なときはそれでもいいのですが、中国経済が失速すると、ストレートに影響を受けます。

韓国は日本以上に少子高齢化が進んでいます。生産年齢人口（一五歳から六四歳まで）も減少に転じました。これだけ失業率が高く、子どもの教育にお金がかかる国では、結婚したり出産したりすることに躊躇する人も多く、少子化に歯止めがかかりません。

こんな絶望的な状況だからこそ、南北融和を唱え、雇用を生み出すと宣言する候補に、韓国の若者たちは熱狂したのでしょう。

しかし、公務員を増やすというのは、ギリシャ危機を思い出さざるをえません。ギリシャは選挙のたびに公務員を増やし続け、遂に財政的に行き詰まりました。文在寅大統領は、若者たちの願いを叶えられるのでしょうか。

Slow Journalism

ラブレター・フロム・北朝鮮

二〇一八年の日韓関係は、韓国人元徴用工訴訟や、韓国軍艦による自衛隊機へのレーダー照射など、「またか……」とため息をつきたくなる出来事が続きました。

韓国人の元徴用工が日本企業に対し、戦時中の強制労働への賠償金を求めていた裁判で、韓国大法院（最高裁）は賠償金の支払いを命じました。賠償問題は一九六五年の国交正常化の際に「解決済み」とされてきたので、根底からひっくり返すことになります。しかも、反発する日本政府に対し、文在寅大統領は「日本はもう少し謙虚になるべきだ」と発言しました。

実は、二〇〇五年の盧武鉉政権のときに、徴用工問題の賠償は日本に請求できないという政府見解をまとめたのが、法律家でもある文在寅なのです。本人は「請求できないのはわかっちゃいるけど、裁判所が支払えと判断して困っているんだよ、わかってくれよ」というところではないでしょうか。

韓国は法律の上に「国民情緒法」があるともいわれます。いったんダメと見做せば大統領や元大統領も容赦なく追及し、平穏な晩年を迎えられた人のほうが珍しいという激しい国民性です。文在寅大統領は今後も、国内対策として「反日」を貫いてくるでしょう。しかも二〇一九年は、日本からの朝鮮独立運動「三・一運動」から百周年です。さらに厳しいトーンになることも考えられます。

では日本はどうすべきか。対・北朝鮮を考えると、韓国とは友好関係を保つしかありません。二〇一八年四月には南北首脳会談が初めて韓国側でおこなわれましたが、このまま南北が融和し、手をとりあって反日になるのは、まさに悪夢です。

韓国は日本以上に「本音と建前の国」です。外交関係は悪化しても、民間レベルでは、日本への観光客は増える一方ですし、日本への留学生、日本企業への就職も増えています。あなたは、嫌いな国にわざわざ行きますか？　彼らは本音では、日本や日本文化が大好きなのです。

北朝鮮の作戦勝ちか

二〇一八年六月の米朝首脳会談は、まさに現代史の一コマとなる大きな出来事でした。結果としては、金正恩の大勝利でしょう。北朝鮮は核開発やミサイル実験を繰り返し、経済制裁は厳しくなる一方、アメリカの先制攻撃もありうるか――という状況だったのが、トランプ大統領が北朝鮮の体制を保障してくれたのです。

金正恩が核開発で「こっちを向いてよ」という歪んだラブレターを送り続けていたら、トランプは見事にそのラブコールに応えてしまったのです。二〇一九年に予定されている二度目の会談で、関係がさらに強化されるかもしれません。

二〇一九年一月には、金正恩は自分の誕生日にわざわざ訪中し、習近平と会談しました。このとき中国の製薬工場を視察しているのは、これから北朝鮮が中国流の経済改革をしようとしているからかもしれません。中国は父・金正日にも改革・開放経済を見せたのですが、「とんでもない、体制が崩壊する」と、取り入れようとはしなかった。

しかしトランプの体制保障がある現時点ならば、北朝鮮が経済改革に取り組むのは十分ありうることです。

では日本はどうすべきか。安倍首相に日朝会談の可能性はあるのでしょうか。

二〇一八年八月、北村滋内閣情報官がベトナムで北朝鮮の高官と会ったことが、アメリカの新聞にすっぱ抜かれました。これは、アメリカ政府が「勝手なことをするな」と不快に思って、日朝会談を妨害するためリークしたと見ていいでしょう。たいへん残念ながら拉致問題解決は遠いようです。

第7章

沈む日本

安倍一強のひずみ

2019年5月に皇位継承が行われ、2020年に東京オリンピック。
新時代目前なのにニュースは
「忖度」「隠蔽」ばかり。どうしてこうなった?
原点にさかのぼってゆっくり考えてみよう。

あのころ何が Fast News

2014年 12月	「消費税引き上げ先送り」の是非を問う衆議院総選挙
2015年	「忖度」が流行する
2015年 9月	安保関連法案成立。武力行使が可能に
2015年 9月	「新・三本の矢」発表
2015年 10月	「南京大虐殺」がユネスコ世界記憶遺産に登録
2016年 2月	日銀、マイナス金利開始
2016年 6月	第二パナマ運河が開通
2016年 8月	天皇陛下「生前退位」のお気持ちをビデオメッセージで表明
2016年 12月	日本原子力研究開発機構の高速増殖炉「もんじゅ」廃炉を正式決定
2017年 2月	森友学園への国有地払下げの疑惑報道
2017年 5月	加計学園の国家戦略特区での疑惑報道
2017年 5月	前川前文科事務次官のスキャンダル報道
2017年 7月	自衛隊南スーダン派遣の日報隠蔽で、稲田朋美防衛大臣辞任
2018年 3月	佐川元理財局長が「森友事件」で証人喚問
2018年 9月	自民党総裁選で安倍首相三選。任期2021年まで
2018年 11月	日産自動車ゴーン会長を東京地検特捜部が逮捕

▼「忖度」の流行と放送法

「忖度《そんたく》という言葉があるんですね。最近初めて知りました」

先日、あるテレビ局で出会ったコメンテーターが、こう語っていました。「忖度」。テレビのコメンテーターがコメントを求められたときに、話す内容について忖度する人が増えてきた、というのです。

日常生活ではなかなかお目にかからない言葉「そんたく」。国語辞典を引けば、「他人の心を推し量ること」と出ます。他人の心を推し量るのは、気配りが利いていて、いいことではないかとも思えるのですが、最近のメディアでは否定的な意味で使われます。

相手が言ってはいないのに、勝手に「ああではないか、こうではないか」と推測し、勝手な解釈にもとづいて、相手の思いを実現してあげよう、と動くことです。

二〇一四年暮れの衆議院総選挙の際、自民党は、テレビ各局に対して、選挙報道に際して公平中立な立場で報道するように求める異例の要望書を出しました。要望書が出されたのは、解散前日。萩生田光一・自民党筆頭副幹事長、福井照・報道局長の両衆議院議員の連名で、出演者の発言回数や時間、ゲスト出演者の選定、テーマ選び、街頭インタビューや資料映像の使い方の四項目について「公平中立、公正」を要望する内容です。「ゲスト出演者の選定」にまで口を出すのは、テレビ局の編集権の侵害になりかねないもの。余計なお世話だとしか言いようのないものです。

この当時は、「そんなこと、言われなくたって、中立公正にやってるよ」という反発が放送界では強かったものの、**選挙が終わってみると、選挙を扱った特番の放送回数が激減していました。**

各局とも、自民党に言われたからといって、それで放送内容を変えたりすることはなかったはずですが、いろんな識者を招いて討論すると、自民党や政権批判の発言が飛び出す可能性があります。そうなると、自民党や官邸から文句をつけられるかもしれない。面倒くさいことにならないように、そもそも企画をやめておこうか。こんなムードが広がっていたように思えます。

そして二〇一五年三月。テレビ朝日の「報道ステーション」で、元経済産業省の官僚の古賀茂明氏が、「菅官房長官をはじめ官邸のみなさんにはものすごいバッシングを受けてきた」と語り、それにより自分が番組を降板させられることになったと生放送で発言し、これが一大騒動に発展しました。

これを受けて、自民党が、NHKの「クローズアップ現代」のやらせ疑惑と合わせて、した。

「テレビ朝日からも事情を聞きたい」と言い出し、両局の幹部を呼び出す事態になりました。

放送局の放送内容に関して、政権与党が事情聴取のために放送局の幹部を呼び出すなど、民主主義の先進国では考えられないことです。

選挙特番の放送回数が激減したのは？

圧力なくても忖度

自民党の行動は、なぜ問題なのでしょうか。自民党が呼び出した理由は、両局が、放送法に違反した疑いがあるからというもの。放送法の第四条第三項に「報道は事実をまげないですること」とあるからです。事実を曲げたのではないか調べたい、というわけです。

ところが、**実は放送法は、権力の**

介入を防ぐための法律なのです。

放送法の目的は第一条に書かれています。その第二項は、次のようになっています。

「放送の不偏不党、真実及び自律を保障することによって、放送による表現の自由を確保すること」

つまり、「表現の自由」を確保するためのもの。放送局が自らを律することで、権力の介入を防ぐ仕組みなのです。

この点に関しては、さらに第三条に明確化されています。

「放送番組は、法律に定める権限に基づく場合でなければ、何人からも干渉され、又は規律されることがない」

戦前の日本は、唯一の放送局だった日本放送協会が、権力の宣伝機関になっていました。そのことへの反省を踏まえ、**放送局が権力から独立したものになるような仕掛け**にしたのです。これが放送法です。

自民党には、「法律に定める権限」がありませんから、放送局に対して干渉することはできないのです。

しかし、この「調査」は、大きな効果を生むはずです。上昇志向の強いインテリは、忖度の能力が優れているからです。

「自民党を怒らせると、まずい」「官邸から文句の来ないようにしよう」

こんな忖度が放送局内に広がってしまいます。これこそ自民党が狙っていることでしょう。

ある政界通は、「自民党もまた忖度したんですよ」と解説してくれました。安倍政権や菅官房長官が、古賀発言に怒っている。この際、官邸に対してポイントを稼いでおこうと、官邸の気持ちを忖度し、テレビ局を牽制した、というのです。

さて、本当にそんなことがあったのかどうかはわかりませんが、これでは自民党も忖度、放送局も忖度、ということではありませんか。

さらに二〇一六年二月には、高市早苗総務相が、放送法に違反して偏った放送をする放送局には「電波停止命令」を出すことがあると国会で発言しました。これも、放送法の趣旨がわかっていませんね。「偏った放送」であると判断するのは政治家。特定の政治思想を持った政治家が、偏っているかどうかを判断する。恐ろしいことです。

▼安保条約のどこが実質改定された？

安倍内閣は、「他国の領域における武力行使が許されないわけではない」との答弁書を二〇一五年五月、作成しました。過去に一九九〇年代、宮澤喜一首相が、自衛隊の海外派遣を認める国連平和維持活動（ＰＫＯ）協力法案をめぐる国会審議で、「わが国が海外で武力行使するのは許されない」と答弁したことを実質的に変更するものです。専守防衛を旨としてきた自衛隊が、大きく変質し、他国で武力行使することの可能性を認めたのです。自衛隊が海外で武力行使する。その日がいよいよ現実のものになりそうです。

海外での武力行使を可能にしようと前のめりになっている安倍晋三首相。**憲法解釈によって集団的自衛権を認めることで、実質的に憲法改正を実現したようなものですが、**続いて、**「日米安全保障条約」（日米安保）を実質的に改定してしまいました。**日米防衛のガイドラインを一八年ぶりに改定することで、これを成し遂げたのです。いったい、どういうことか。今回は、この問題を取り上げます。

ガイドラインの正式名称は「日米防衛協力のための指針」で、通称がガイドラインです。二〇一五年の四月二七日、日本の外務大臣と防衛大臣、アメリカの国務長官と国防長官の会合で改定が決まりました。この会合を「2プラス2」(2はツーと発音)といいます。二人ずつが出席しての会合だからです。

日本とアメリカの間では、防衛に関して日米安保条約が結ばれています。しかし、条約には書かれていない部分についても、両国間で取り決めをしておこうということになり、一九七八年に最初のガイドラインが結ばれました。

安保は両国の議会が批准(承認)した正式な条約であるのに対して、ガイドラインは、実務者レベルでの取り決め。議会の正式な承認は必要ありません。つまり、ガイドラインの内容次第で、安保条約で定められている以上のことも可能になる仕組みです。

最初にガイドラインが結ばれた当時は、東西冷戦の真っただ中。ソ連軍の侵略を警戒して作られました。

それが、東西冷戦が終わると、北朝鮮の核開発やミサイル発射実験が脅威となります。そこで、朝鮮半島有事を想定し、日本が直接攻撃されなくても、自衛隊が米軍を後方支援できる仕組みを付加し、一九九七年に改定されました。

今度は、それに続く改定です。安倍内閣が、憲法解釈を変更して、集団的自衛権を行使できるようにしたことを受け、自衛隊が米軍の後方支援を世界中のどこでも可能にする内容にしたのです。

一九六〇年に改定された日米安保条約では、米軍は「極東の平和と安全に寄与」するために日本に駐留することになっています。では、その「極東」とは、どこのことか。過去の政府見解は、「フィリピン以北並びに日本及びその周辺地域」と説明してきました。過去のガイドラインの設定や改定においても、日本の米軍への協力は、「極東」の範囲を超えないと説明してきました。

世界のどこへでも?

ところが、今回**改定されたガイドラインでは、地理的な制約が取り払われました。**次のように謳い上げたからです。

「相互の関係を深める世界において、日米両国は、アジア太平洋地域及びこれを越えた地域の平和、安全、安定及び経済的な繁栄の基盤を提供するため、パートナーと協力しつつ、主導的役割を果たす」

「アジア太平洋地域及びこれを越えた地域」での協力。つまり、自衛隊は、極東から外に踏み出し、世界のどこへでも出て行って、米軍を支援できる、と言い切ったのです。

これが、安保条約の実質的な改定です。

では、世界各地に出て行って、自衛隊は、何をするのか。「国際的な活動における協力」として、八項目が列挙されています。「平和維持活動」「国際的な人道支援・災害救援」「海洋安全保障」「パートナーの能力構築支援」「非戦闘員を退避させるための活動」「情報収集、警戒監視及び偵察」「訓練・演習」「後方支援」です。

このうち注目されるのは「海洋安全保障」です。どんなことか。

「海賊対処、機雷掃海等の安全な海上交通のための取組、大量破壊兵器の不拡散のための取組及びテロ対策活動のための取組を含み得る」。

「機雷掃海」と例示されました。中東のホルムズ海峡で国際紛争が発生し（イランをめぐって紛争が起きた場合という意味）、機雷が敷設されたら（イラン軍が敷設したら、という意味）、自衛隊が出て行って、掃海つまり機雷を撤去することができる、ということです。

イランがホルムズ海峡に機雷を敷設するのは、自国防衛のため。自分たちが敷設した機雷を撤去する行動は敵対行為として受け止めます。つまり自衛隊はイラン軍の攻撃を受ける可能性が極めて高くなるのです。

自衛隊の機雷掃海能力は極めて高く、世界トップレベルといわれます。ただし、**掃海艇は、機雷が反応しないように木製**です。攻撃を受けたら、ひとたまりもありません。掃海艇をホルムズ海峡に派遣する場合、自衛隊の護衛艦も一緒に派遣しないと、危なくて仕方ありません。上空での偵察も必要になります。結局、大規模な部隊の派遣になります。海外での戦闘行為の可能性が高まります。

また、「安全な海上交通のための取組」となれば、南シナ海も対象になります。中国が南シナ海での活動を活発化させているからです。自衛隊は、**尖閣諸島などの東シナ海ばかりでなく、これからは南シナ海での活動も期待されているのです。**

このガイドライン改定により、自衛隊の役割が大きく変化（変質?）したことがわかるでしょう。

安倍首相の祖父の岸信介首相は、日米安保条約を改定したことで、歴史に名を残しました。今度は、孫のボクが安保条約を実質的に変える番だ。こう思っているのでしょうか。

▼自衛隊、南スーダンで「駆け付け警護」へ

二〇一一年七月に独立を果たしたアフリカの南スーダン。世界で最も新しい国家ですが、誕生してまもなく、大統領派と前副大統領派のそれぞれの兵士が銃撃戦を繰り広げるなど治安の悪化が激化しています。内戦状態と言ってもいいでしょう。

ここに派遣された自衛隊は二〇一七年五月末にPKO活動の終了により撤退しましたが、これまでの自衛隊員とはまったく次元の異なる任務を与えられていました。これまでひとりも殺すことなく、ひとりも殺されることのなかった自衛隊が、大きく変わるかも知れないのです。それほど深刻な事態が待ち構えているのに、大きなニュースにならない。**ここに日本の〝危機〟を感じてしまいます。**

独立を果たす前年、私は首都になる予定の都市ジュバを取材しました。それまで長年に渡って続いてきたスーダン内戦がようやく終息し、南部が国家として独立が確実視されていたのです。

宿泊した場所は「サハラ・リゾートホテル」。内戦が終わったばかりの所での取材で、

リゾートホテルに泊まっていいものかと心が痛んだのですが、到着して納得。宿泊場所はコンテナを積み重ね、窓をくりぬいただけのものでした。

各地を結ぶ主要幹線道路は舗装されておらず、デコボコの穴だらけ。移動に時間がかかり、国家再建の前途多難を実感しました。

現地では、新生・南スーダンの政治を担う人材不足が懸念されていました。長く続いた内戦のため、能力のある人たちが亡くなってしまったからです。

これからの国家を支える若者たちは、これまで戦争しかしたことがありません。働いて自ら給料を稼ぐ経験がない人たちばかり。

内戦中、学校も閉鎖されていたため、先生を養成することもできず、学校教育が始まっても先生がいないという悩みを抱えていました。

こうなると、国家建設には国連の関与が必要になります。治安維持の必要もあり、国連のPKO部隊が派遣されました。自衛隊もPKO協力法に基づいて派遣されました。

居住環境が過酷ですから、隊員は定期的に交代します。二〇一六年一一月には青森県の陸上自衛隊第五普通科連隊が派遣されました。彼らは従来の部隊とは異なる訓練を受けて、派遣されました。というのも、今回から「駆け付け警護」が可能になったからです。

二〇一五年夏、集団的自衛権を容認する安保関連法案の審議が大きなニュースになりました。自衛隊がペルシャ湾のホルムズ海峡で機雷の除去に当たることが可能になるのか、自衛隊が米軍と共に戦争をすることになるのか、こうした議論が活発に行われました。でも、法律が成立したら、すっかりニュースにならなくなりましたね。あの騒ぎは何だったのかと思ってしまいますが、法律が成立したことによって、南スーダンに駐留する自衛隊員は、実際に戦闘行動に入るかも知れなくなったのです。

アメリカの「提言」で実施へ

駆け付け警護とは、自衛隊が周辺のPKO部隊を助けに行くこと。これまでPKOで派遣された自衛隊は、もし現地の武装集団に襲撃された場合、正当防衛として自分たちを守るために反撃することは認められていました。

しかし周辺に展開している他国のPKO部隊が襲撃されても、自衛隊は手を出すことができません。他国の部隊の応援に駆け付けた場合、そこで戦闘に巻き込まれるかも知れません。それでは憲法第九条の次の条文に抵触する可能性があるから、とされてきました。

「武力による威嚇又は武力の行使は、国際紛争を解決する手段としては、永久にこれを放棄する」

このため最悪の場合、自衛隊の駐屯地の近くで他国の部隊が襲撃を受けても、自衛隊は静観するしかない、という状況だったのです。

こうなるとジレンマに陥るのは現地の指揮官。「日本の自衛隊は仲間を見殺しにするのか」と言われかねないからです。

そこで現地では、「もし他国の部隊が武装勢力に襲撃されたら、自衛隊は周辺の調査に出動。武装勢力の発砲を受けたら、正当防衛のために反撃できる」というシナリオを描いていました。

しかし、これでは「現地の部隊の暴走」という批判を受けかねないものでした。

これが、二〇一五年九月の安保関連法成立で、「憲法違反ではない」ということになりました。晴れて駆け付けることが可能になったのですが、それは言い換えれば、自衛隊員が武装勢力を射殺したり、逆に射殺されたりする危険性が飛躍的に増大する、ということでもあります。

実は、**自衛隊が駆け付け警護できるようにすべきだ**というのは、二〇一二年八月、アメリカの**リチャード・アーミテージ元国務副長官とジョセフ・ナイ元国防次官補**を中心とする研究グループが、提言していました。題して『日米同盟―アジアの安定を繋ぎ止める』。**二人は「ジャパン・ハンドラー」（日本を操る人）と呼ばれる知日派**です。日本の政界に大きな影響力を持っています。

報告書は、アジア太平洋地域の安定のために日米同盟を強化すべきだという提言です。この中に「日本への提言」が九項目列挙。ホルムズ海峡での機雷除去のために自衛隊を派遣すべきだとも提言しています。国会で安倍晋三総理が答弁していたのは「この提言を受け入れました」ということだったとわかります。

ここに他国のPKO部隊を防護できるように法的権限の範囲を拡大すべきだとも書いてあるのです。

日本の政府は、まさにジャパン・ハンドラーに操られている、というわけでしょうか。

ここには、さらに「米国と共同で南シナ海における監視活動にあたるべきである」とも書いてあります。次の自衛隊の任務は、これなのでしょうか。

▼安倍首相に憲法改正を直撃！

おやっと思ったのは、安倍晋三首相の答えでした。二〇一六年七月一〇日夜、テレビ東京系列の参院選挙特番で、憲法改正について尋ねたときのことです。

「現実どうなっていくか。結果を残していかないといけないわけでありまして、ただ、**自分の要望を示すのでは、これは政治ではない**」

安倍首相は、ご存じの通りの改憲派。憲法改正に前のめりだったこともあるのですが、**急に慎重な言い方に変化**したからです。

かつて首相に就任する前は「戦後レジームからの脱却」を主張していました。「戦後レジーム（体制）」とは意味不明という声もあり、最近は口にしなくなっていますが、要するに第二次世界大戦後に作られた現行憲法を変えたい、という意味だったのでしょう。

体調不良で首相を辞任する前の第一次安倍政権が誕生した直後、安倍首相は、「現行の憲法は、日本が占領されている時代に制定され、六〇年近くを経て現実にそぐわないものとなっているので、二一世紀にふさわしい日本の未来の姿あるいは理想を憲法として書き上げていくことが必要と考えている」と述べています（二〇〇六年一〇月）。

このとき安倍首相の頭の中にあったのは、「九条改正」でしょう。戦争放棄を謳う条文で、戦力放棄を定めています。この条文を巡っては、自衛隊は九条に違反する「戦力」に当たるのではないかという議論が行われてきました。歴代の自民党内閣は、自衛隊は自衛のための必要最小限の「実力」であり、戦力ではないと説明してきました。

しかし、安倍首相は、この説明に納得していないのでしょうね。小泉純一郎元首相も、二〇〇三年五月、国会で「自衛隊が軍隊であると正々堂々と言えるように、将来やはり憲法を改正するというのが望ましい」と語っています。安倍首相の認識もこれと同じです。

その一方、九条の改正には高いハードルがあることも知っています。連立を組む公明党は、九条は憲法の平和主義のシンボルとして、改正の必要はないという立場です。

そこで安倍首相が持ち出したのが、憲法九六条の改正です。九六条は、憲法改正の手続きを定めたもの。国会が憲法改正を発議するには、衆議院と参議院のそれぞれ三分の二以上の賛成が必要と定めています。これについて安倍首相は、二〇一四年二月の国会で、「国会議員の三分の一が反対するだけで、国民投票で議論する機会を奪ってしまう。もし国民の六割七割が改正を望んでいても、それを拒否してしまうのはおかしいだろう。

そういう意味では九六条は改正すべきだと思う」という趣旨のことを述べています。

憲法は国家にとって重要な存在。単なる法律ではないので、改正のための発議には国会議員の過半数の賛成ではなく三分の二以上の賛成が必要だと定めているのですが、**改正への手続きを容易にしてしまおうという発想**でした。

憲法改正が自己目的化

これに猛反発したのが、改憲派であると自任する小林節・慶応義塾大学教授（当時）でした。「憲法九条の改正を堂々と主張すべきであり、それを九六条改正で改憲しやすくしようというのは、裏口入学のようなものだ」と批判したのです。**同じ改憲派からの批判は応《こた》えたようです。**次第に、安倍首相は九六条改正を口にしなくなりました。

では、どうするのか。九条も九六条もむずかしいとなったところ、今度は「緊急事態条項」を入れるべきだという主張が出始めました。これは自民党の憲法改正草案に盛り込まれています。武力攻撃や大規模な災害が起きた場合、首相が閣議で「緊急事態」を宣言すると、法律と同じ効力を持つ政令の制定が可能になったり、国民は国や公共機関の指示に従う義務が生じたりする、というものです。しかし、これは事実上、憲法の機能を停止させるもの。首相が独裁的な権力を行使できるようにするものだとして、強い反発の声が出ています。そこで、「緊急事態」には国政選挙の実施を延期できる、という程度のものにとどめるのはどうか、ということになりました。

ここでもトーンダウンです。でも、改憲への意欲は失っていません。二〇一六年三月の参議院予算委員会で、憲法改正について「私の在任中に成し遂げたいと考えています」と語っています。七月の参議院選挙で改憲勢力三分の二を確保し、自身の自民党総裁の任期が切れる二〇一八年九月（当時）までに憲法を改正したいという意欲を示したのです。

おなじみの選挙特番で、安倍首相を直撃！

だったら、参院選で憲法改正を正面から掲げて戦えばよかったのに、実際には街頭演説では一言も触れませんでした。「憲法を争点にしたら選挙で負ける」との自民党幹部の意向を受け入れたため、と見られています。

その一方、二〇一六年の参議院選挙では島根・鳥取、高知・徳島の選挙区が合区になったことに対する不満が出ていることから、参議院を都道府県代表の院にしたらどうか、という意見も出始めました。

これはアメリカの上院と同じものです。アメリカ上院は、各州から二人の計一〇〇人。人口が多い州も少ない州も平等に上院議員を選出し、州の代表としての役割を担うものです。日本の参議院も、そういう性質のものにすれば、「一票の格差」という問題が起こらず、過疎に悩む地方からも国会議員を送り出せるというわけです。

こうなると憲法改正が自己目的化。もはや本末転倒です。「憲法のここが問題だから変える」のではなく、**とりあえず何でもいいから一度「お試し改憲」**してみましょう、というわけだからです。

冒頭の安倍首相の発言の「自分の要望を示すのでは、これは政治ではない」というのは、これを意味するのではないか、と感じたのです。

▼日本は戦争責任を「謝罪」したのか

夏が来ると思い出すものは何か。年配の方ですと、「戦争の季節」だと答える人も多いことでしょう。日本にとっての前の戦争は、一二月に始まりましたが、終わったのが八月。戦争が終わって虚脱状態となった、あの日。ただただ暑く、蟬の声ばかりが聞こえていた……。

夏は鎮魂の季節です。二〇一五年は、日本が、国家として前の戦争をどう総括するか、世界が注目しました。

というのも、安倍首相が、戦後七〇年に際して新しい首相談話を出すことに意欲を示したからです。

首相談話といえば、戦後五〇年には村山首相談話、六〇年には小泉首相談話が出ています。村山首相は、「植民地支配」と「侵略」という言葉を使って、アジア諸国に謝罪しました。続く小泉首相も同じ言葉を使って謝罪しました。過去に二つの首相談話が出ているけれど、安倍首相としては、これまでの二つとは違う独自の談話を出したい。となると、「植民地支配」や「侵略」という言葉を引き続き使うのか、という部分に関心が集まります。

問題は、個々の言葉ではない。全体としての精神だ。その通りなのですが、新しい談話を出すといえば、前とどう違うんだ、という話になってしまいます。結局、この二つの言葉を言うか、言わないか、という点に焦点が当たってしまいました。中国も韓国も、この二つの言葉を使うかどうか注視しているという牽制球を投げました。

この点について、安倍首相の考えが明確になる発言がありました。同年四月二〇日のテレビでの発言です。

〈安倍首相は20日のBSフジの番組で、今夏に発表する戦後70年談話で「侵略」や「おわび」などの文言を盛り込むかについて、「戦後50年の村山首相談話と同60年の小泉首相談話と同じことを言うなら談話を出す必要はない。歴史認識については引き継ぐと言っている以上、もう一度書く必要はない」と語り、否定的な考えを示した〉（四月二一日読売新聞朝刊）

さらに、「同じことを言うなら談話を出す必要はない」と言った後で、こう言葉をつないでいます。

〈コピーして渡せば、名前を書き換えればいいだけの話になる〉（同前）

実に挑発的な物言いです。単なるコピーにはしたくない。その気持ちはわかります。

では、過去の談話を発展させたものになるのか。ところが、「歴史認識については引き継ぐと言っている以上、もう一度書く必要はない」と言っています。つまりは、**前の二つの談話の「侵略」や「おわび」という言葉を繰り返さない**、ということのようです。

引き継ぐのであれば、それを書いた上で、さらに発展させる談話にすればいいはず。**繰り返さないと強調することで、言いたくないのだ、ということが透けて見えます。**これでは、周辺各国に向けて火の粉をまき散らす結果になりかねません。

アメリカ国民は「謝罪は十分」

そもそも日本は戦争について謝罪をしたのでしょうか。個々の首脳会談では中国や韓国に対して謝罪の言葉が出ていますが、広く対外的に謝罪したのは、村山首相談話が最初でした。

ということは、次が小泉首相談話でしたから、**これまでに謝罪の言葉は二回だけ**、ということになります。では、日本の謝罪は不十分なのか。この点に関して、二〇一五年四月七日、アメリカのピューリサーチセンターという世論調査会社が、日米両国民の意識調査の結果を発表しています。「第二次世界大戦について、日本は十分な謝罪をしているか？」という問いに対して、日本人は四八％が「十分に謝罪した」と答え、「謝罪する必要はない」という一五%を加えると、六三%になります。「十分な謝罪をしていない」と答えた人は二八%でした。

一方、アメリカ国民は、「十分に謝罪した」が三七%、「謝罪する必要はない」が二四%で、合計は六一%でした。「十分な謝罪をしていない」と答えたのは二九%でした。

アメリカ人の多くが、日本の謝罪を冷静に評価していることがわかります。となれば、問題は評価しようとしない近隣の二か国。とはいえ、「オラオラ、こっちは謝罪したぞ、どうしてそれを認めない」と怒ったのでは、心からの謝罪をしていないと突っ込まれてしまいます。

また、「未来志向でいこう」と日本から語りかけると、「過去のことは忘れて」と言っていると受け取られかねません。理想の形は、日本が謝罪し、それを受け止めた国が、「これからは未来志向で」と語りかける。これが望ましい形でしょうが、さて、そんな関係が築かれるのか。

こういうときによく比較対象になるのが、ドイツです。戦後ドイツは、真摯に謝罪を繰り返してきました。その象徴が、先日亡くなったワイツゼッカー元大統領の演説でした。

彼がドイツ敗戦四〇周年に際して連邦議会で演説した内容が、『荒れ野の40年』(岩波書店)という本にまとめられています。

〈問題は過去を克服することではありません。さようなことができるわけはありません。後になって過去を変えたり、起こらなかったことにするわけにはまいりません。しかし過去に目を閉ざす者は結局のところ現在にも盲目となります。非人間的な行為を心に刻もうとしない者は、またそうした危険に陥りやすいのです〉

ドイツが国を挙げての謝罪を繰り返してきた結果、周辺の国々も態度を和らげ、謝罪を受け入れてきました。どのように受け入れたのか。ナチス・ドイツによって、いったんは国家を失ってしまったポーランド。私が会ったあるポーランド人は、その態度を次のように説明してくれました。

「許そう、だが忘れない」と。

結局、二〇一五年八月、安倍首相は戦後七〇年にあたっての首相談話を発表しました。この中では、事前に盛り込まれるかどうか注目されていた「植民地支配」「侵略」「痛切な反省」「おわび」という四つのキーワードすべてが入っていました。

しかし、「植民地支配」や「侵略」というキーワードは一般論の中で言及しています。つまり、安倍首相として、日本が、「植民地支配」や「侵略」をしたことをおわびするのではなく、一般論として触れているだけ。結局、何をおわびしているのかあいまいな内容になりました。

▼「南京大虐殺」とは何か

二〇一五年一〇月、いわゆる「南京大虐殺」がユネスコ（国連教育科学文化機関）の世界記憶遺産に登録されました。これについて、菅義偉官房長官は、ユネスコに対する「わが国の拠出金については、支払いの停止等を含めて、あらゆる可能性の見直しを検討していきたい」と発言。拠出金の支払い停止という伝家の宝刀までちらつかせて不快感を示しました。

ユネスコは、加盟各国の拠出金によって運営されています。二〇一四年の日本の拠出金は全体の約一一%に当たる約三七億円。最大の拠出国であるアメリカは、ユネスコがパレスチナの加盟を認めたことに反発して支払いを停止しているため、日本の分担率は世界最大となっています。アメリカと合わせると三割を超えるので、日本が支払いを停止したら、ユネスコは機能停止に追い込まれかねない状況です。

もっとも、この機会を捉えて中国が分担金を増やしたら、日本のユネスコへの影響力は消滅しかねません。どうもうまくありません。

うまくないといえば、いわゆる「南京大虐殺」について、日本政府として、「そんなものはなかった」と言いきれないものですから、ここでも状況は芳しくありません。菅官房長官は、ユネスコを非難する一方、南京で「非戦闘員の殺害や略奪行為があったことは否定できない」と発言しているからです。

日本が問題にしているのは、中国の「南京大虐殺で三〇万人が殺された」という主張に根拠がない、ということなのです。では、三〇万人より少なければ「大虐殺」ではないのか。**何人以上なら大虐殺なのか。こんな不毛な議論になりかねない**のです。困ったものです。

そこで今回は、そもそも「南京大虐殺」なるものは、どういうものかを整理しておきましょう。

『もういちど読む山川世界史用語事典』(二〇一五年四月刊行)は、次のように解説しています。

「日中戦争初期に、中国国民政府の首都南京を攻略した日本軍が、中国軍民に対して大規模な残虐行為を行った事件。1937年12月13日に南京を占領した日本軍は、住民を巻き込んだ包囲殲滅戦、残敵掃蕩戦を展開した。このとき、すでに戦闘部隊の体をなさず、戦意を喪失した膨大な数の投降兵、敗残兵、捕虜、負傷兵を、戦時国際法に違反して処刑、殺害した。(中略)中国女性の強姦、食物や物資の略奪、人家の放火・破壊など軍紀の乱れによる不法行為も多発した。南京城内とその周辺さらに付近の農村を含めて十数万人の中国軍民が犠牲になったと推測されている」

日本の高校の歴史教科書は、一九八〇年代に「南京大虐殺」や「南京虐殺事件」という表記が一般的でしたが、最近は、「南京事件」という表記が増えてきました。中国が主張する「三〇万人」という数字が、あまりに過大（誇大）で政治的すぎるという受け止め方が日本の歴史学者の中で共通認識となり、「大虐殺」という表現を避けるようになってきたからです。

ゲリラ兵か一般市民か

いまの中国（中華人民共和国）の首都は北京ですが、当時の中国は中華民国。蔣介石の国民党政権で、首都は南京でした。日本軍は、首都を陥落させれば戦争に勝利すると思っていたのですが、蔣介石は南京を放棄。首都を重慶に移動させて、逃げていきます。追跡する日本軍は泥沼の戦いに突入。これを非難するアメリカやイギリスなどにより経済封鎖（いまでいう経済制裁）を受けて困窮。乾坤一擲の勝負に出たのが真珠湾攻撃で始まる太平洋戦争でした。

南京攻略戦で日本軍が戦っていたのは、国民党政府軍。共産党軍ではなかったのです。

いまの共産党政権は、まるで自分たちが日本軍と戦っていたかのような歴史の粉飾をしていますが、**少なくとも南京で戦っていたのは国民党軍**でした。

日本軍に敗北した国民党軍の兵士は、制服を脱ぎ捨て、一般市民に化けました。日本軍は、これを「便衣兵」と呼び、ゲリラとして処刑しました。便衣兵は正規軍の恰好をしていない卑怯な戦法であり、国際法で保護すべき捕虜に該当しないというわけです。当時の日本軍の資料には便衣兵を「処断した」という表記がたびたび登場します。つまり殺害していたのです。

しかし一方で、当時の国民党軍兵士は、戦意を喪失した敗残兵であり、これは捕虜として処遇すべきであって、日本軍の行為は国際法違反という判断もあります。

また、便衣兵を狩り出す際、一般市民も無差別に殺害したという指摘もあります。

つまり、南京で日本兵による市民殺害はあったのです。しかし、その数は諸説あり、二万あるいは四万という数字を推定する歴史学者もいて、長い間、論争となってきました。戦後に東京で開かれた極東国際軍事裁判（いわゆる東京裁判）では、「二〇万人以上」とされ、一九四七年の南京軍事法廷では「少なくとも三〇万人」とされています。

ここで、「三〇万人」という数を考えてみましょう。日本軍による「虐殺」があったとされるのは、占領から主に六週間です。ということは、毎週五万人、一日七〇〇〇人が殺害され続けた計算になります。どうやれば、それが可能になるのか。まして、日々どうやって大量の遺体を処理したのかと考えると、**この数字が荒唐無稽**であることがわかります。

さらに、日本軍が占領する直前の南京の人口は二〇万人という調査があります。二〇万人の都市で、どうやって三〇万人を殺害できるのでしょうか。また、南京の人口は、日本軍の占領中に二五万人に増加しています。大虐殺があったとするなら、どうして周辺から大勢の人が南京市内に入ってきたのでしょうか。

こう考えると、南京大虐殺三〇万人は架空の物語です。中国は、これを政治的に使っています。**しかし、「虐殺がなかった」とは言えないのも事実**なのです。

▼森友学園と「教育勅語」

森友学園の系列幼稚園で園児に教育勅語を暗唱させていたことが問題になったところ、「教育勅語にはいいことも書いてある」という擁護論が出ました。ここに出てくる教育勅語とは、何でしょうか。質問をよく受けるようになったので、この際取り上げておきましょう。

教育勅語は明治時代に文語体で書かれたものですから、現代では理解が困難です。たとえば、耳だけで聞いていたら、次のようになるのですから。

「チンオモウニワガコウソコウソウクニヲハジムルコトコウエンニトクヲタツルコトシンコウナリ」

幼稚園児たちは、こういう文章を暗唱していたのですね。意味を理解していたとは、到底思えません。

いまの部分を漢字とカナで書き記すと、次のようになります。

「朕惟フニ我カ皇祖皇宗國ヲ肇ムルコト宏遠ニ徳ヲ樹ツルコト深厚ナリ」

これでも、難しいという人が多いでしょう。これを現代語訳すると、「天皇の私が思うに、我が皇室の先祖が国を始められたのは、はるか昔のことであり、築いた徳は深くて厚いものである」。

つまり、日本という国は皇室によって建国されたものであるという言葉から始まり、国民に忠君愛国を求めています。

いま「国民」と書きましたが、実際には「臣民」に向かって天皇が語りかける形式です。

教育勅語の正式名称は「教育に関する勅語」です。「勅語」とは天皇の言葉という意味で、明治二三（一八九〇）年、明治天皇の勅語として発布されました。近代日本の教育方針を明らかにしたものです。

当時の日本は、知識の伝達と道徳心を育てることのバランスについてさまざまな意見がありました。まあ、この論争はいまもあるのですが。

当時の山縣内閣は、国民の道徳心を育てる基本目標を定める必要があると判断。内閣法制局長官だった井上毅《こわし》などが中心となってまとめたのが教育勅語です。

教育勅語は当時の文部省を通じて全国の学校に配布されました。昭和の時代になると、四方節（元日）、紀元節（建国記念の日）、天長節（天皇誕生日）、明治節（明治天皇誕生日）の四大節と呼ばれた祝祭日には学校で儀式が行われ、その場で校長は全校生徒に向けて教育勅語を読み上げていました。

　なにせ天皇陛下のお言葉ですから、校長が勅語を下に見て読み上げることは許されず、頭上に掲げて読み上げました。つまり文章を見ることはできなかったので、暗唱していたのです。

　教育勅語と天皇の写真（御真影）は、学校に設けられた奉安殿に納められていました。奉安殿が火事で焼けたりしたら大変です。過去には明治時代に長野県で、昭和時代（戦前）には沖縄県で、それぞれ奉安殿の火事で御真影が焼けてしまった責任をとって、校長が割腹自殺しています。実に神格化されたものだったのです。

「内容はいい」と言うなら道徳で

　第二次世界大戦が終わり、日本がＧＨＱ（連合国軍総司令部）の占領下に入ると、その内容が問題とされ、昭和二一（一九四六）年の文部省令によって廃止されました。

　さらに昭和二三（一九四八）年、衆議院と参議院で、それぞれ教育勅語を学校現場から排除する決議が採択されました。

　教育勅語を推進する人たちは、日本の皇室の伝統にもとづく**天皇の言葉がＧＨＱによって廃止されたことに反発**しているのです。

教育勅語を擁護する人たちは、「教育勅語にはいいことが書いてある」と主張します。たとえば、次のような箇所です。ここは原文と口語体を並記しましょう。

「父母ニ孝ニ兄弟ニ友ニ夫婦相和シ朋友相信シ……」

「父母に孝行し、兄弟は仲良く、夫婦は仲睦まじく、友達は互いに信じあい……」

はい、その通り。大事な徳目ですね。でも、これは現代の学校教育の道徳の時間でいくらでも教えることができることです。いまは国民主権の民主主義の世の中。絶対的な権限を持った天皇が臣民に向かって諭すという形の言葉をありがたがる必要はないのです。教育勅語をありがたがる人は、国民主権や民主主義をどう考えているのでしょうか。

教育勅語に関して誤解をしている人もいるようなので、一言。「戦前は教育勅語があったから、日本人は道徳観念に優れていた」という誤解です。**教育勅語が生きていた時代は、いまより親殺し、子ども殺しが横行していました。人口比で見ると、殺人事件の比率は現代よりはるかに高かった**のです。「教育勅語があったから」という論理はデータの前に通用しません。

戦前の新聞を見ると、「最近の若い女性は列車内で人目もわきまえず化粧をしている。道徳はどうなっているのか」という投書がしばしば掲載されています。こういう部分は、いつの時代も変わらないのです。

ただ、教育勅語が、明治以降の日本の教育方針として存在したことを勉強することは意味のあることです。その場合は、自分の頭で判断できるようになった高校生や大学生が学べばいいこと。意味もわからない幼稚園児に暗唱させるのは、時代錯誤の極みなのです。

▼首相の妻は公人か私人か

安倍晋三首相の妻の昭恵さんが「公人」か「私人」かをめぐって、「私人」だと閣議決定したニュースを見ると、何をやっているんだか、と思った人もいるのではないでしょうか。

なぜ閣議決定なのか。それは、日本の行政において、総理大臣が勝手に何でも決められるわけではないからです。総理大臣と他の大臣たちの全員一致で初めて内閣としての行動や判断ができることになっているからです。日本政府の最高意思決定機関が決めたことなので、大きく取り上げられることが多いのです。

内閣については、「内閣法」という法律で権限が定められています。ここには次のように記されています。

第4条 内閣がその職権を行うのは、閣議によるものとする。

第6条 内閣総理大臣は、閣議にかけて決定した方針に基いて、行政各部を指揮監督する。

閣議で決めなければ、できないことが多いのです。

閣議は毎週二回、火曜日と金曜日の午前中に開かれる定例閣議と、必要に応じて開く臨時閣議があります。原則として全閣僚が総理大臣官邸の閣議室に集まって行われます。

テレビで閣議のニュースが流れるとき、安倍首相を挟んで各大臣がソファに座り、談笑するシーンが映し出されますが、あれは閣議の様子ではありません。閣議は非公開なので、始まる前に部屋の横に集まり、テレビカメラに撮影させているのです。撮影が終わると、大臣たちは閣議室に入っていきます。

閣議室には大きな丸テーブルがあり、ここを囲んで大臣たちが座ります。閣議は総理が主宰しますが、実際には官房長官が議長役を務めます。閣議では、閣議書に各大臣が署名します。この署名の書体は花押という独特のもの。一見しては解読できませんが、各大臣独自のサインです。時間にして十数分で終了します。閣議の内容はあらかじめ各大臣に根回しされているので、議論はなく、黙々と署名が続きます。そこで「サイン会」などと自虐的に表現する大臣もいます。

閣議決定は全員一致でなければなりません。このため、閣議決定に反対する大臣がいた場合、総理大臣が大臣を罷免つまり辞めさせることもあります。

署名が集まった閣議書は皇居に送られ、天皇の決裁を受けます。

閣議では、高級官僚の人事や国会に提出する法律案や予算案を決定します。集団的自衛権に関する憲法解釈を変更した際も、閣議決定が行われています。

さらに衆議院や参議院の議員が提出する質問主意書に対する答弁書に関しても閣議決定することが義務づけられています。昭恵夫人は「私人」という閣議決定も、質問主意書に対する答弁でした。

ただし、閣議決定はあくまで内閣としての意思表示。法律ではありませんから、法律にするには国会の承認が必要になります。

質問主意書への答弁が増えた

閣議決定がしばしばニュースになるのは、議員からの質問主意書の答弁内容を決めなければならないからです。

国会の審議で議員が質問して閣僚が答弁する姿がよくニュースになります。でも、それ以外の場でも質疑が行われているのです。それが質問主意書の提出と、その答弁です。

通常の国会審議では、少数野党の議員が質疑応答の時間を確保するのは困難です。しかし**国会議員なら誰でも国会開会中、議長を経由して内閣に対し、文書で質問することができます。これが「質問主意書」です。国会議員の国政調査権を発動しているのですね。**

このため、**議員による質問主意書の提出が激増。それに伴って閣議決定も増えているので**

す。

では、質問主意書とはどんなものか。安倍昭恵夫人の身分について民進党（当時）の逢坂誠二衆議院議員が提出した質問主意書を見てみましょう。題して「内閣総理大臣夫人の法的地位に関する質問主意書」です。

〈一　現行法令上、内閣総理大臣夫人の地位は規定されているのか。見解を示されたい。
二　内閣総理大臣夫人は、「公人」であるのか。ないとすれば「私人」であるのか。政府の見解を示されたい。
三　平成二十九年三月二日の参議院予算委員会において、安倍総理は、「辞令が出ているわけでもないという意味においては公人ではないということでございます」と発言をしているが、内閣総理大臣等が任用のための辞令を発していないという観点で、公的な要件を満たさないため、内閣総理大臣夫人は「公人ではない」という理解でよいか。
（中略）
七　内閣総理大臣夫人が行ういわゆるファーストレディ外交は意義あるものであり、わが国の国益に資すると考えるものの、現時点では法的地位が必ずしも整理できていないために不都合が生じていると思われる。今後、総理大臣夫人に法的地位を付与するなどの制度化が必要ではないか。政府の見解を示されたい。〉

以上についての政府の答弁は次の通りです。

〈御指摘の「内閣総理大臣夫人」とは、内閣総理大臣の配偶者を指して一般的に用いられる呼称であり、当該呼称を用いるに当たり、公務員としての発令を要するものではない。公人とは、一般に、公職にある人を意味するものと承知しており、他方、私人とは、一般に、公人の対義語として用いられるものと承知している。その意味で「内閣総理大臣夫人」は、公人ではなく私人であると認識している。〉

見事な肩透かしです。総理夫人は公人なのか私人なのか、立場が曖昧だから明らかにすべきだという質問に対し、一般論としての意味の説明に終始しています。こんな答弁では納得できないのは当然のこと。国会での答弁ばかりでなく、質問主意書をめぐっても不毛なやりとりが続いているのです。

▼加計学園と「国家戦略特区」

安倍晋三首相の「お友だち」が経営している加計《かけ》学園の獣医学部新設をめぐる問題では、「国家戦略特区」という言葉がしきりに出ました。そもそもどういうことなのか、おさらいしておきましょう。

ちなみに、似たような言葉に「構造改革特区」があります。これは小泉純一郎内閣の規制緩和政策として二〇〇三年から施行されました。中国の改革開放政策を進めた鄧小平が経済特区を設定して大胆な規制緩和を進め、経済発展のきっかけになったのに倣ったものでした。

この特区としては、「どぶろく特区」がニュースになりました。酒税法で特例が認められ、地域の活性化のために「どぶろく」の製造が認められたのです。このほか地域限定で学校教育をすべて英語で実施するなどの特例が認められました。

ただ、一時は話題になりましたが、日本の経済や社会を大きく変える起爆剤にはなりませんでした。

これに対して、**第二次安倍内閣の「アベノミクス」の第三の矢として考えられたのが「国家戦略特区」**です。「アベノミクスの三本の矢」とは「大胆な金融政策」「機動的な財政政策」「民間投資を喚起する成長戦略」でした。

「大胆な金融政策」とは、黒田東彦《はるひこ》総裁率いる日本銀行が実施している金融緩和のこと。マイナス金利まで導入しました。

「機動的な財政政策」とは、国債をどんどん発行して公共事業を増やして景気をよくしようというもの。

以上の二本の矢にもかかわらず、日本経済が自律的に成長していくまでにはなっていません。そこで「民間投資を喚起する成長戦略」の出番。そのための一つが「国家戦略特区」でした。

「国家戦略」とは仰々しい名称ですね。いったいどんなものなのか。首相官邸のホームページでは、次のように説明しています。

「国家戦略特区は、産業の国際競争力の強化及び国際的な経済活動の拠点の形成に関する施策の総合的かつ集中的な推進を図るため、２０１５年度までの期間を集中取組期間とし、いわゆる岩盤規制全般について突破口を開いていくものです」

出ました、お役所用語。何のことかわかりません。何を言いたいか忖度すると、**日本経済をデフレから脱却させるために、過去の強固な規制を撤廃し、**日本経済を活性化。**国**

際競争に勝てるようにしていこうということなのです。

獣医学部の新設が、「産業の国際競争力の強化及び国際的な経済活動の拠点の形成」にどんな関係があるのかと突っ込みを入れたくなってしまいますが、要は「岩盤規制全般について突破口を開いていく」ということのようです。今度は「岩盤規制」というのも聞き慣れない言葉です。

日本には、さまざまな分野に規制があります。必要な規制もありますが、中には役所や業界団体の利益を守るための規制もあります。こうした規制は、まるで岩盤のように固く、容易には突き崩せないので、こう呼ばれます。

設立されていないのに拡大する?

獣医学部に関しては、これまで五二年もの間、新設が認められませんでした。獣医師の数は足りているとして、新設の申請を文科省が認めて来なかったからです。安倍内閣にすれば、これこそ「岩盤規制」だと言いたいのでしょう。

これが岩盤規制で、その突破口を開くのであれば、「獣医学部を新設したい」という申請をどんどん認めればいいだけでしょう。**ところが、認められたのは一校だけ。**二〇一六年一月、国家戦略特区の対象地域として愛媛県今治市が新たに指定され、一一月になって国家戦略特区で扱える事業に獣医学部の新設が加わり、この二〇一七年一月、加計学園が選ばれました。

明らかになった「総理のご意向」などと書かれた文書のほとんどは、獣医学部新設が決まる前の時期のもので、すでに加計学園に言及したものがありました。獣医学部は京都産業大学も新設を希望していましたが、政府の国家戦略特区諮問会議は二〇一六年一一月、「広域的に獣医師系養成大学等の存在しない地域に限り、新設を可能とする」との方針を決定しました。近畿圏にはすでに大阪府立大学に獣医学類（獣医学部と同等の組織）があるため、京産大を排除するための方針ではないかと指摘されています。近くに獣医学部がすでにあるから認められないというのでは、「岩盤規制」ではないのか。それはともかく、**これまでの経緯から見て、「加計ありき」ではなかったかと批判を**浴びたのです。

ところが、安倍首相は二〇一七年六月になって、「今治市に限定する必要はない。速やかに全国展開を目指したい。意欲があれば獣医学部新設を認める」と言い出しました。「加計ありきではない」と言い逃れしたいのでしょうか。

国家戦略特区というのは、従来の規制で実現しなかったものを、地域を特定して実施し、その効果を検証したうえで、「全国に展開するべきものだ」と判断されたら全国展開することになっています。

このとき加計学園は、まだ大学設置・学校法人審議会によって認可されていませんでした。認可されたのは同年八月末。二〇一八年四月に入学者を迎えました。卒業生が出るのは、まだ先。ということは、実施してみての検証結果が出るのは、さらに先のこと。それなのに安倍首相は、開学を待たずに他の新設を認めると言い出したのです。

これは、国家戦略特区の基本方針に合いません。安倍首相の発言を受け、特区を担当する山本幸三地方創生相（当時）も「具体的な追加の提案があれば、前向きに検討したい」と語りました。山本大臣は、これまで国会答弁で獣医学部が全国にできてしまわないように「広域的に」との文言を条件に入れ、対象を絞り込んだと説明してきました。

安倍首相の発言で右往左往している様子がうかがえます。「殿、ご乱心！」と言いたい人もいることでしょう。

▼何のための報道か？——政権告発とスキャンダル

政権にとって不都合な人物は、テレビでスキャンダラスな映像を流されて失脚する。ロシアでよく起こる事態です。二〇一六年四月、プーチン政権を厳しく批判してきたロシアの野党「国民自由党」（パルナス）を率いるミハイル・カシヤノフ氏らしき全裸の男性が、同党の女性幹部とベッドを共にしている盗撮映像がテレビで放送されました。

これ以降、カシヤノフ氏の勢いは失墜。九月に行われたロシアの下院議員選挙でパルナスは惨敗しました。テレビ局がなぜ映像を流したか、その動機は明らかでしょう。

さらに一九九九年には、当時のエリツィン大統領の側近が絡んだ汚職事件の捜査の指揮を執っていた検事総長と似た男性が二人の若い女性とベッドにいる映像がテレビで放映されました。

この男性の身元ははっきりしなかったのですが、連邦保安局（FSB）のプーチン長官が「映像は本物だ」と断定します。これにより、検事総長は失脚。捜査は進展しませんでした。その後、エリツィン大統領はプーチン長官を首相に指名します。

やがてプーチン首相はエリツィン大統領の後継者となります。

これはロシアの話。民主国家である日本とは無縁の話だと思っていたのですが、どうも最近は様子が変です。

政権にとってダメージになる文書の存在が報道されると、文書の存在を**告発しようとしていた元官僚のスキャンダルを新聞が報道**。告発の威力を削いでしまう。これがいま日本で起きていることです。

二〇一七年五月一七日の朝日新聞朝刊は次のように報じました。

〈安倍晋三首相の知人が理事長を務める学校法人「加計学園」（岡山市）が国家戦略特区に獣医学部を新設する計画について、文部科学省が、特区を担当する内閣府から「官邸の最高レベルが言っている」「総理のご意向だと聞いている」などと言われたとする記録を文書にしていたことがわかった〉

この日の夕刊で毎日新聞も同様の文書の存在を報じます。

すると、このニュースを取材していた記者たちに、「文書の存在を告発しようとしている人物のスキャンダルがまもなく出るから、取り上げないほうがいいよ」という声が首相官邸の方向から聞こえてきます。

何のことだろうと話題になっていたら、五月二二日付読売新聞朝刊に記事が出ました。社会面の目立つ場所に「前川前次官　出会い系バー通い」という見出しつきでした。

これには驚きました。事務次官を辞めてしまった人であり、直接的な犯罪の容疑があるわけでもない人に関するスキャンダル報道。内容は薄く、週刊文春だったら、もっと徹底的に取材するだろうと突っ込みを入れたくなるレベルの記事です。従来、大手新聞社は決して記事にしないような内容が、なぜ紙面に出るのか。前川前事務次官を人格的に貶め、文書の存在の告発という政権に打撃になる話を薄めてしまおうという意図が背後に見える動きでした。

「守秘義務違反」でいいのか

読売新聞が、どこからこの情報を得たのかは、はっきりしません。しかし、まともな報道機関なら、この時期に前川前次官のスキャンダル報道をすることが何を意味するかわかるでしょう。記者が情報を摑んできても、「ちょっと待て」とブレーキをかける役割の人がいるものです。

そんなブレーキがかかることもなく出てしまったのです。

そういえば、安倍晋三首相が、「私の考えを知りたければ読売新聞を熟読していただきたい」と国会で発言していましたね。安倍首相の意図を正しく伝える新聞のようです。

これには恥ずかしい思いをしている読売新聞社の社員も多く、社内から「情けない」

という声が私にも聞こえてきました。

これはこれで情けないのですが、私が驚愕したのは、前川氏が五月二五日に記者会見した際の記者たちとのやりとりです。二六日付読売新聞朝刊は、次のような記事を掲載しています。

メディアが政権に味方して告発者を責めるとは！

〈在任中に知った情報を公表することが国家公務員の守秘義務違反に当たらないかを尋ねる質問には、弁護士が「説明を控えたい」「ノーコメント」などと遮った〉

おい、マジか。

この質問をしたのがどこの社か、この記事だけではわかりませんが、こんな質問をした記者がいたのですね。質問するとき「読売新聞社ですが……」と名乗っていたそうですが。

記者は、ふだんどんな取材をしているのか。当局から発表された資料ばかりを基に原稿を書いているから、こんな質問が出てくるのではないか。

過去の政策決定を検証するために元官僚を取材したり、歴史を調べるために元官僚から話を聞いたりすることは、よくあることです。その際、当時の文書を見せてもらうこともあるでしょう。**今後、元官僚が「文書を見せることは守秘義務違反になりますので」と拒否したら、記者たちは、どうするのでしょうか。**

アメリカのトランプ政権について、アメリカの新聞各紙は、FBIやCIAの内部情報を果敢に取材しています。そんな記者たちが、日本の記者の様子を知ったら、何というのでしょうか。ああ、恥ずかしい。

そもそも記者たちは、それが新聞記者であろうと放送局の記者であろうと週刊誌の記者であろうと、少しでも事実を知ろうと取材対象に肉薄するべく頑張っているはずです。少し大げさな言い方をすれば、「国民の知る権利」に奉仕するために仕事をしているのではないか。

それが、「守秘義務」を盾に取材ができなくなってもいいのか。当局が「国民に知らせたい」と考える内容だけが公表され、**都合の悪い情報は「守秘義務」の名の下に拒否する。そういう国家になってもいい。**前川氏の記者会見で前述のような質問をした**記者は、無意識のうちに、こういう国家になってもいい。こういう発想をしているのです。**

おい、マジか。

▼消費税一〇％と軽減税率と新聞

いま八％の消費税は、二〇一九年一〇月から一〇％に引き上げられます。本来は、もっと早い引き上げの予定でしたが、安倍首相が、「消費税引き上げは公約通りには実施できなくなった。私の判断が正しいかどうか国民の信を問う」といって踏み切ったのが、二〇一四年一二月の衆議院総選挙でした。あくまで消費税先送りは是か非か国民の判断を聞く、というはずだったのですが、選挙に勝ってからは、「安全保障政策についての自民党の公約が国民の支持を得た」と言っています。確かに当時の自民党の政策公約に、この文言が入っているのですが、多くの国民は、消費税先送りやアベノミクスが争点になっていたと思っているはずです。

実に巧みな、いやズルい手法でした。こうして先送りされた消費税の引き上げですが、一〇％に上げる際は、軽減税率を導入することになっています。

軽減税率とは、消費税は一〇％でも、食料品など生活必需品に限っては、八％程度に留め置き、消費者とりわけ低所得層の負担増にならないようにするものです。

消費税（付加価値税）の税率が高いヨーロッパでは、多くの国が軽減税率を導入しています。導入せず、原則的に食料品も税率二五％というデンマークのような国もありますが、これは例外的でしょう。

日本でもいよいよ軽減税率導入となって、当初**財務省が出してきた案は、ありゃりゃ、軽減税率ではなかったのです。**いや、財務省は**「日本型軽減税率制度」**と銘打っていますから、軽減税率ではなかった、などと言おうものなら、叱られるかも。

財務省案は、軽減税率八％です。店頭での消費税は一〇％ですが、買い物客はマイナンバーの個人番号カードを持参し、店頭で番号を読み取ってもらって、買い物します。買い物のうち「酒を除くすべての飲食料品」について購入した金額については、払い過ぎた二％分の税金を、後から個人の金融機関の口座に振り込みます。いわゆる給付です。

自分の銀行口座なんぞ、財務省に知られたくない、と言っても無駄。あなたが持っている銀行の口座に関しては、まもなくあなたのマイナンバーを銀行に伝えることになっているのですから。

マイナンバーは、そもそも脱税対策。個人に支払われた金額が掲載されている支払調書等にマイナンバーが登録され、税務署は、銀行口座のマイナンバーと照らし合わせて所得を把握する仕組みになっています。

あなたが店先で化粧品やら二日酔いの薬やら育毛剤やら、あるいはキャベツやトマトを購入して支払った金額のデータは、マイナンバーで判明しますから、二％分を、同じマイナンバーの口座に振り込むことが可能になるのです。

マイナンバーの導入は、所得を把握されるだけでなく、買い物のプライバシーも把握されるのです。

公明党、読売新聞は猛反発

財務省案に怒ったのが公明党です。二〇一四年の衆議院総選挙では、とりわけ公明党が軽減税率導入に熱心でした。選挙ポスターに軽減税率を実現するという公約を入れていたくらいです。

ところが、店頭での買い物で一〇％の消費税を支払うのでは、重税感はぬぐえません。「消費税は軽減されていないじゃないか」という不満の声が出るでしょうし、いったん払う金額が一〇％では、消費を抑えてしまいます。

まして、買い物のプライバシーがなくなってしまう、という不満も出ます。あなたが安い肉を買おうが、松阪牛を買おうが、財務省がいちいちチェックするわけではないのですが。

負担が大きいのは消費者ばかりではありません。個人営業の小さな商店でもマイナンバーの個人番号カードを読み取る端末が必要になります。支払いをクレジットカードで行ったら、二枚のカードと二台の端末が必要になります。

一般からも歓迎される案ではなかったのですが、ひときわ怒り心頭に発したのが読売新聞。連日、批判的な記事を書きました。

たとえば二〇一五年九月二一日の朝刊では〈消費税率10%時の負担緩和策として財務省が示した給付型の案は、痛税感の緩和につながらないうえ、消費者に煩雑な手続きを強いるとの批判を浴びた〉と書き出しています。誰が批判したのか、主語がありません。批判しているのは読売新聞だろう、という突込みを入れたくなります。こうした批判のトーンは、他の新聞に比べて、読売新聞が突出していました。この記事は、さらにこう書きます。〈この案を推し進めたのは、財務省主税局と、自民党税制調査会を中心とする少数の与党幹部だ。税制のプロを自任する「主税ムラ」が、民意からかけ離れた制度の導入を図った背景を探る〉。

「民意からかけ離れた」と断定しています。さらに、こんな歴史まで引っ張り出しました。〈財務省案は、国民や与野党から強い反発を受けている。財務省（旧大蔵省）が国民の声を見誤り、断念に追い込まれたケースは過去にもある〉といって、細川政権時代に打ち出された「国民福祉税」を取り上げています。〈だが、国民から猛反発を受け、白紙撤回された。細川政権は急速に力を失い、退陣に追い込まれた〉。すごいですね。細川政権は国民福祉税の導入に失敗して退陣したような書き方です。実際には、不明瞭な資金授受をめぐって退陣したはずですが。

こうした読売新聞の主張の背景に、私はつい、**新聞購読料の軽減税率はどうしてくれるんだ、という憤りの本音**を見てしまいます。財務省の給付案では、新聞購読料の税率を八％に据え置くという話は出てきそうもないからです。猛反発しているのは世論か読売新聞か。

その後、財務省案は撤回され、政府は公明党や読売新聞の主張通りの軽減税率制度の導入を決めました。**政府は新聞に恩を売ったのです。**

▼「三本の矢」と「新・三本の矢」の違い

安保関連法案審議をめぐって大揺れに揺れた二〇一五年の国会は、安倍総理の外遊に次ぐ外遊を理由に臨時国会が開かれないまま終わりました。国会が開かれなければ、新任大臣のスキャンダルを追及されることもありません。

かつて安倍総理の祖父の岸信介総理が安保条約改定を実現して退陣すると、後任の池田勇人総理のもと、日本は高度経済成長へまっしぐら。「経済の季節」を迎えました。安倍総理は、この再現を狙っているようです。経済に関する新しいスローガンを打ち出したからです。池田内閣時代のスローガンは「所得倍増」でしたが、安倍内閣は「新・三本の矢」です。

第二次安倍内閣が誕生したときに華々しく打ち出した「三本の矢」がどうなったのかの総括もないまま、新バージョンに移行です。安倍内閣が総括しないのなら、ここで総括を兼ねておさらいしておきましょう。

「三本の矢」は、戦国時代に中国地方を支配下においた武将・毛利元就の故事から取った名称ですね。安倍総理の地元・山口も毛利の統治下にあり、中国地方選出の国会議員の多くが英雄視しています。ただ、最近は、この故事を知らない若者がいるので、まずはここから。まったく、そこからですか⁉ と自分で言いたくなります。

毛利元就が三人の息子を呼び、一本の矢だと簡単に折れるが、三本の矢を同時に折ることはできないことを教え、兄弟が結束するように諭した、とされる逸話です。

さて、安倍内閣版の「三本の矢」はどうなのか。これは、「デフレ脱却」という的に向けたもの。「大胆な金融政策」「機動的な財政政策」「投資を喚起する成長戦略」でした。

「大胆な金融政策」は、日本銀行の黒田東彦総裁が、二年間で消費者物価を二％上昇させてデフレから脱却させるという目標を立て、大幅な金融緩和を進めました。

その結果、円安が進み、日経平均株価が急上昇して、当初は物価も動き出し、順調に的に飛んでいく様子でした。しかし、その後、株価は乱高下を繰り返し、消費者物価の上昇率は目標に達していません。矢は放たれたが、的にはまだ届かず、です。

二つ目の「機動的な財政政策」は、要するに全国で公共事業を再開しようというもの。これで全国の土建会社は潤いましたが、建築資材が値上がりし、建設作業員の人件費も大幅アップ。各地の地方自治体が発注しようとした工事の予定価格が軒並み上昇。「そんな金額では工事を請け負えない」とばかりに工事を嫌がる企業が続出。入札不調が発生しています。元気を出してもらおうとカンフル剤を打ったところ、疲労が出てしまった、というところでしょうか。

そして「投資を喚起する成長戦略」。「女性活躍社会」をアピールしたり、薬のネット販売を自由化したりしたものの、実のあるものはなく、矢は的よりもはるか手前で落ちました。

というわけで、「三本の矢」が成果を上げないまま、「新・三本の矢」が打ち出されたのです。

GDP六〇〇兆円は基準見直しで

「新・三本の矢」は、次の通り。「希望を生み出す強い経済」「夢をつむぐ子育て支援」「安心につながる社会保障」です。

このうち「強い経済」は、二〇一四年度に四九〇兆円だったGDPを、二〇二〇年度には六〇〇兆円にする、という野心的な試みです。わずか五年程度でGDPを二割増やす。そのためには、毎年三%以上の経済成長率を達成しなくてはなりません。このところ一%がやっとの成長率を、そこまで伸ばすことができるのか。経済の専門家たちは首を傾げます。

ところが、ここに**達成できそうなマジックがあったのです。GDPの算出基準の変更です。**GDPは国連の基準に基づいて計算されていますが、国連は二〇〇八年に基準を見直しました。欧米はすでに新基準に移行し、**日本は二〇一六年末に変更します。**

たとえば企業の研究開発費。これまでは「経費」の扱いでしたが、今後は付加価値を生む「投資」とみなして、GDPに算入することになったのです。

二〇一五年度のGDPの見込みは五〇四兆円。新基準だと、これに約二〇兆円が上積みになるというのです。数字の操作で目標達成か、と突込みを入れたくなります。

では、「子育て支援」はどうか。これは、二〇一四年に一・四だった出生率を二〇二〇年代半ばに一・八にまで上げて、五〇年後も日本の人口一億人を維持しようという目標です。

ただし、ここでの一・八の根拠は「希望出生率」のこと。聞き慣れない言葉ですが、これは、結婚して子どもを産みたい人の希望が叶えられた場合の出生率です。二〇一〇年の調査で、夫婦の「予定こども数」の平均が約二人で、独身女性の結婚希望率が約九〇%だったことから、両者を掛け合わせ、既婚者分を勘案して、一・八という数字が出てきました。

出生率を××%にする、という目標を政府が掲げると、「出産を国家が管理するのか」という批判が出ますから、出産を希望する人は誰でも出産できるようにすれば、出生率は一・八になる、という言い方です。

しかし、二〇一四年の一・四というのは団塊の世代の子どもたち「団塊ジュニア」が出産年齢に達していたから。一時的な現象にとどまる可能性が高く、いまから三〇年前の水準の一・八は、あまりに高い目標です。

そして三つ目は「社会保障」です。これは介護離職をゼロにするというもの。親の介護のために仕事を辞めざるをえない人は、年間一〇万人を超えています。介護施設を増やせば離職者は減らせるでしょうが、そのためには莫大な財政支出が必要です。その具体案がないまま目標を掲げても、「絵に描いた的」になります。

それにしても、これらの「新・三本の矢」と称される政策は、**三つの「的」を提示したに過ぎないもの。これを「新・三本の矢」と称するのは、そもそも的外れ**なのです。

▼マイナス金利という特効薬の副作用

お金を銀行に預ければ、わずかとはいえ利息が受け取れる。この常識が覆る。これがマイナス金利導入の衝撃です。すでに銀行預金の金利が大きく下がっています。住宅ローンを借りる人には嬉しい事態ですが、お金を預けても、ちっとも増えないという悲しい事態でもあります。

と言っても、**あなたが銀行に預けたお金がマイナスになるわけではありません。**一般の銀行が日銀に預けているお金の一部がマイナス金利になるのです。そこで、そもそも日本銀行（日銀）の役割から見ていきましょう。

日銀とは「銀行の銀行」だと習いましたね。あなたが一般の銀行にお金を預けるように、銀行は日銀にお金を預けています。それが日銀当座預金です。当座預金には三つの役割があります。

ひとつは、いざというときに備えるため。もし、ある銀行に対する信用不安が広がって、預金者がお金を引き出し始め、資金不足に陥ったときには、日銀が、この預金を使って助けてくれるというわけです。そのために、銀行ごとに一定の金額の預金が義務づけられています。これを「所要準備額」といいます。

二つ目は、銀行同士のお金のやりとりのためです。たとえば、あなたがA銀行の口座からB銀行の口座にお金を振り込むとしましょう。振り込んだお金を、A銀行の人がB銀行まで届けてくれるわけではありませんね。そうした銀行間のお金のやりとりは、それぞれの銀行が日銀に預けている当座預金の間で行われます。日銀のコンピューターにつながる日銀ネットを経由します。

三つ目は、日銀が一般の銀行から国債を買い上げた際、その代金を振り込むためです。

本来は、当座預金にお金を預けても利息はつかないものなのです。日銀に関する専門書には、「利息はつかない」と書いてあります。ところが日銀は、二〇〇八年一一月から、所要準備額を越えた金額（これを「超過準備」という）に関して年〇・一％の金利をつけています。

なぜ金利をつけたのか。二〇〇八年、日銀は大幅な金融緩和を実施しました。その結果、金利が大きく下がるのですが、下がり過ぎると、「金を貸しても利益が出ない」とばかりに、銀行同士で資金の貸し借りが細ってしまうかもしれません。そうなれば予期せぬ金融不安が起きるかもしれない。それを心配して、〇・一％の金利をつけたのです。これなら金利は下がっても〇・一％よりは下がりません。安全を見越して最低ラインの金利水準を設定したのです。

その結果、銀行にすれば、とりあえず日銀にお金を預けておけば、僅かではあっても、利息が受け取れるということになりました。

これでは、銀行が努力して貸出先を開拓する意欲が薄れるのではないか、というわけです。つまり、**日銀の当座預金に余計なお金を預けたままにしていたら、ペナルティをとるぞ**、と宣告したのです。

日銀は金融緩和をしてきたが

景気が悪くなれば、日銀は金利を下げます。金利が下がれば、企業は銀行からお金を借りやすくなり、工場を新たに建設したり、社員を雇ったりできる。一般の人も住宅ローンを借りやすくなり、マイホームを建てる人が増える。そうなれば景気回復につながる。これが、日銀が金利を下げる目的であり、こういう行動を「金融緩和」といいます。

金利を下げるにはどうしたらいいのか。昔は、日銀が「公定歩合」を下げていました。公定歩合とは、日銀が一般の銀行に貸し出すときの金利のことです。しかし、いまはこの仕組みがなくなりました。代わりに実施しているのが、次の方法です。

一般の金融機関は、互いにお金の貸し借りをしています。手元にあまり現金を持たないようにしているので、多額の預金引き出しなどに対応できないことがあるからです。

こうしたお金のやりとりをする場所を「コール市場」といいます。「金を貸してくれ」「金を返してくれ」と互いにコールする（呼ぶ）からです。

この市場で貸し借りをしている銀行の手持ちの現金が増えれば、「金を借りたい」という銀行より「金を貸したい」という銀行の方が増え、低い金利でお金を借りることが可能になります。日銀はこれを狙い、銀行が持っている国債を買い上げ、代金を当座預金口座に振り込んでいるのです。銀行は、集めた預金を貸し出す先があまりないため、政府が発行した国債を買って持っているので、それを買い上げるのです。

日銀は、こうして金利を下げ、ほとんどゼロまで下げました。これが「ゼロ金利政策」。でも景気はなかなか良くなりません。そこで今度は「量的緩和」に踏み切りました。これまで以上に国債を買い上げ、当座預金に多額のお金を振り込んだのです。こうなれば銀行は、「当座預金にムダにお金を積み上げていても仕方がない」と考え、企業に貸し出すようになるだろうと期待しました。

ところが、それでも貸出額は伸びない。焦った日銀が、「貸し出しをしないなら罰金を取るぞ」と通告した。これがマイナス金利です。

ただし、いきなりマイナス金利にするとショックが強すぎます。そこで、これまでの預金額に関しては、従来通りに〇・一％の金利をつけ、二〇一六年二月一六日以降に当座預金に積み増しされたお金の部分に関してのみマイナス金利を設定しました。

その結果、「所要準備額」約九兆円には金利をつけず、残りのこれまでの金額約二一〇兆円にはプラス金利〇・一%、それを越える約一〇兆円にマイナス金利を適用する、という配分になりました。

マイナス金利導入で、国内のあらゆる金利が下がりました。政府が新たに売り出そうとした個人向け国債の金利も下がり、売れそうにないと、一時的に販売を中止しました。国債が売れなければ政府は資金不足になります。マイナス金利は強烈な特効薬。でも副作用も強そうです。

▼マイナス金利が国債にも

日本銀行がマイナス金利を導入して以降、遂に国債の金利までマイナスになってしまいました。これは、**国が国債を発行すると、利息を払う必要がないどころか、逆に国にマイナス金利分だけ利益が出るという構図です。借金をすればするほど、儲かる。**なんとも奇妙な事態になっています。どうして、そんなことが可能なのでしょうか。

そこで、まずは「マイナス金利」とは何か、というおさらいから。

一般の銀行は、日銀にお金を預けています。日銀当座預金です。銀行が資金不足になったときに備えて、一定の金額を日銀に預けておくことが義務づけられているのです。これが「所要準備額」で、この分に金利はつきません。ただし、所要準備額を越えた金額（超過準備）には年〇・一％の金利がついています。

この結果、銀行は貸出先を開拓するより、日銀にお金を預けておいた方が金利分が稼げるという安易な姿勢になったと考えた日銀が、当座預金に二〇一六年二月以降に積み増しされた資金に関し、マイナス〇・一％分の手数料を取ると決めました。

日銀にお金を預けていないで貸し出しを増やし、景気回復に協力しなさい、というわけです。

これは、銀行が日銀にお金を預けた場合のこと。私たちが銀行にお金を預けてもマイナス金利になるわけではありません。ごくわずかですが、利息がもらえます。

ところが、国が発行する国債に関しては、マイナス金利になってしまいました。たとえば二〇一六年六月一六日の国債市場（発行済み国債を売買する市場）では、満期一〇年の長期国債の利回りが、一時マイナス〇・二一〇%にまで低下しました。

これは、たとえば一〇年後に一〇〇万円を受け取れるという国債を購入した場合、一〇年後には二〇五〇円分の損失が出るということを意味します。持っていると損が出る。逆に考えれば、国は借金をしても、利息分を払う必要がないどころか、マイナス金利分だけ儲かってしまうことを意味します。

これは、国債の流通価格が上がると金利が下がる（流通価格が下がると金利が上がる）という相関関係になっているからです。

ややこしいですね。これは、こういう意味です。たとえば満期に一〇〇万円が受け取れる国債を発行したとしましょう。この場合、売り出し価格は、通常は一〇〇万円より安くなります。売り出し価格が九八万円なら、差額の二万円が利息です。

ところが、国債の人気が上がって、途中での売買価格（流通価格）が九九万円まで上昇したら、利息は一万円に減ってしまいます。これが、国債の流通価格が上がると金利が下がる、という意味です。

国債がマイナス金利になるということは、満期に一〇〇万円受け取れる国債の流通価格が、たとえば一〇一万円になるということです。**誰が、こんな価格で買うのでしょう。**

買うのは銀行など一般の金融機関です。高い金額で国債を買っても、すぐに日銀が買い上げてくれるという安心感があるからです。

日銀が買うから安心してマイナスに

現在の日銀は、黒田東彦総裁の下で、「異次元の金融緩和」を続けています。銀行が持っている国債をせっせと買い上げ、その分だけ紙幣を発行。年間八〇兆円のペースで国債を買っています。二〇一六年六月一〇日だけでも満期一〇年の長期国債を一兆二〇〇〇億円分購入しています。

たとえば銀行が、満期に一〇〇万円受け取れる国債を一〇一万円で買って、満期まで持っていると、一万円の損失が出ますが、その前に日銀が一〇二万円で買い上げてくれれば、銀行は、損が出ないどころか利益が上がるのです。

こんなことをしていたら、日銀の経営はどうなるのか。

　これまで日銀は、一般の銀行が持っている国債を買い上げても、満期には買った以上の金額を受け取れましたから、その分が利益になりました。でも、満期まで持っていたら損になる買い方をしているのですから、将来は損失が出ます。そこで、それに備え始めました。二〇一六年三月期決算で、四五〇一億円の引当金を計上したのです。

　引当金とは、将来の損失を穴埋めするお金を貯めておくこと。日銀は、国債を買い続けてきた結果、二〇一六年三月末時点では三四九兆円分の国債を保有しています。マイナス金利が進むと、この国債の時価総額は減少。つまり日銀に損失が出ます。

　日銀は、利益（剰余金）が出ると、その分を国に国庫納付金として納めます。三月期決算で、この額は三九〇五億円。前年度は七五六七億円でしたから、ほぼ半減しました。

　つまり、マイナス金利の下で、国は国債を発行すればするほど儲かるけれど、日銀からの国庫納付金は減る、ということになります。

　いまは日銀が国債を大量に買ってくれますから、各銀行は安心して国債を買っていますが、**将来、日銀が国債をあまり買ってくれなくなったら、各銀行は困ってしまいます。**そんな**危機感を持ったのが三菱東京ＵＦＪ銀行です。国債の入札に特別な条件で参加できる資格を返上**したのです。

　この資格は「特別参加者（プライマリー・ディーラー）」といいます。証券会社や銀行などが資格を持っていて、財務省と意見交換できる特典がある一方で、国が国債を発行するたびに、発行予定額の四％以上を買う申し込み（応札という）をする義務があります。

三菱東京ＵＦＪは、四％以上の国債を買い続けることのリスクを考えたのですね。

政府が増税を先送りしても、巨額の国債を国内の銀行などが買い続けてくれたので、日本の国債は信用を保つことができていますが、大手の銀行すら国債を買うことを渋り出しました。日銀の異次元緩和に支えられてきたアベノミクスに黄色信号が灯ったのです。

▼日銀が株価引き上げでやったこと

安倍政権を応援するには、株価を引き上げるのが一番。そのためだったら、なんでもやってしまおう。日本銀行が二〇一六年七月二九日に打ち出した金融緩和の追加策は、そうとしか言いようのないものでした。日銀券をどんどん刷って株を買い続ければ、株価が上がるだろう。そうすれば安倍内閣の支持率は高いままを維持できる。独立性が大切な中央銀行が、安倍政権の応援団になってしまっている実情をさらけ出しました。新しい金融緩和策の目玉は、ETF（上場投資信託）の年間の買い入れ額を、三兆三〇〇〇億円から六兆円に増額することでした。

と言われても、専門用語が出て来て、経済のことに詳しくない人にはつまらないニュースに見えてしまいますね。「そこからですか⁉」というレベルから説明しましょう。

景気が悪いときは、どうすればいいか。経済学では財政政策と金融政策の二つがあると説明します。**財政政策は政府がすること。要するに公共事業を増やすこと**です。道路をつくったり、橋をかけたりすれば、建設業者の仕事が増え、下請け企業の仕事も増えますし、鉄やセメントなどの建設資材も売れ、業界が潤います。社員の残業代やボーナスが増えれば、自動車を買い替えるなど、たまには贅沢な買い物をしようとするでしょう。こうして景気をよくしようとするのです。公共事業の費用が足りなければ、政府は国債を発行します。国の借金ですね。

一方、**金融政策は、日本銀行のような国の中央銀行が行うこと。**景気対策のためにするのが「金融緩和」です。日銀は、民間の金融機関が持っている国債をせっせと買い上げています。政府が公共事業をするために発行する国債の多くは、銀行などの金融機関が買っています。金融機関にしてみれば、本当は企業や個人に資金を貸し出し、金利収入を得たいのですが、景気が悪いと、借り手がなかなか現れません。そこで仕方なしに国債を買い続けています。

こうなると、銀行の手持ちの現金が少なくなり、銀行からお金を借りようと思っても、金利が高くなる可能性が出てきます。そこで、**日銀が銀行から国債を買い上げます。日銀はお札をせっせと刷って**(実際にお金を刷るのは国立印刷局ですが)、銀行に渡します。これが、経済ニュースに出てくる**「日銀が市場に資金を供給する」という言葉の意味**です。

銀行に現金がジャブジャブと余れば、貸し出す金利が低くなります。それが進めば、金利はほとんどゼロになり、お金を借りやすくなります。逆に銀行にお金を預けても、ほとんど利息はつきませんが。低い金利でお金を借りやすくなれば、この際、住宅ローンを借りてマイホームを持とうとする人も増えるでしょう。住宅建設が増えれば、景気対策になるのです。

安倍政権が打ち出したアベノミクスの三本の矢のうちの二本は、この財政政策と金融政策です。最後の一本は、新しい産業を生み出そうというものですが、こちらは新しいものが生まれてきません。

効果なければ株を買おう

ところがアベノミクスは、このところ行き詰まりを見せています。景気がよくなったという実感はない人が多いでしょう。

そこで日銀は、さらに金融緩和を進めて、安倍政権を支援しようというわけです。日銀は、国債を年間八〇兆円という膨大な金額で買い続けてきました。でも、これだけ買い続けていると、買える国債の量にも限度があります。そこで日銀が取っている次の方策が、年間九〇〇〇億円分のJ－REIT（不動産投資信託）と年間三兆三〇〇〇億円分のETFの買い入れでした。それでも効果が思わしくないので、ETFの買い入れ額を六兆円分にまで増やすことにしたのです。

J－REITにETF。経済に縁のない人のために説明しておきます。

J－REITもETFも「投資信託」の一種です。投資信託は、あなたも証券会社で買えます。買ったら、「投資家」と呼ばれます。投資信託は、一般の投資家から集めた資金で株を買ったり、土地を買ったりして運用し、上がった利益を投資家に分配する仕組みです。

このうちJ－REITは、投資家から集めた資金でオフィスビルやショッピングセンター、マンションなどを購入し、賃貸収入や売買で利益を得ます。**日銀がJ－REITを買えば、**その分だけオフィスビルやマンションを新規に購入する動きにつながりますから、地価が上昇し、ビルの価格も上がります。**不動産業の景気がよくなる仕組み**です。

ETFは株を買う投資信託ですが、上場投資信託と呼ばれるのは、一般の株と同じように証券取引所に上場され、誰でも売買できるからです。ETFは、証券会社ごとに多数の種類が出ていますが、日銀が購入するのは、このうちの株価連動型だと見られています。

日銀がETFを買うのは、要するに日経平均株価を上げたいからです。株価が上がれば、安倍政権は「景気が良くなっている証拠だ」と言い張れますから。とはいえ、日銀が個別の株を選んで買うと、特定の会社をてこ入れすることになってしまいます。そこで、たとえば日経平均株価連動型を購入します。

日経平均株価は、東京証券取引所一部上場企業二二五社の平均株価を日本経済新聞が計算して発表しています。これの連動型の投資信託は、二二五社全部を買わなくても、同じような値動きになるように多数の株を購入します。日銀が株価連動型のＥＴＦを買えば、多数の会社の株価が上昇する、というわけです。

しかし、ＥＴＦは幅広い会社の株を買うため、業績が悪い会社の株価も上がることになります。業績が良ければ株価が上がり、業績が悪くなれば株価が下がるという**市場本来の機能が損なわれる副作用**が出かねないのです。

▼第二パナマ運河開通——エネルギー新時代

いつも深刻なニュースを取り上げることが多いので、たまには明るい話題を取り上げましょう。日本のエネルギー事情が大きく改善されそうだという話です。

それは、第二パナマ運河が開通したからです。

パナマ運河といえば、南北アメリカを結ぶ細い回廊に存在するパナマ共和国を通ります。太平洋と大西洋を結ぶことで、世界の物流にとってなくてはならない存在です。

パナマ運河が開通したのは、いまから一〇〇年前の一九一四年。当初はスエズ運河を掘削したレセップスが開発に着手しました。ところが、砂漠を切り開けばよかったスエズとは異なり、途中に山が連なるパナマは工事が難航。その上マラリアによって作業員がバタバタと倒れ、結局、断念に追い込まれました。

そこで一九〇四年、アメリカ資本によって工事が再開されました。そこで取られた工法が、閘門《こうもん》式。要は水のエレベーターです。大西洋と太平洋の間には海抜二六メートルの山があるため、通る船を前後の扉で囲み、水を注入。船の水位を高くした上で、扉を開けて先へ進むという方式です。海面に降りるときには、この反対の方法を取ります。
こんな方法を取るので、「船が山を越える」と評されることもあります。
この方式を取ったことで工事は進みましたが、それでも一〇年の歳月がかかりました。
全長八〇キロ。上り下りには、待ち時間を含めて二四時間かかります。

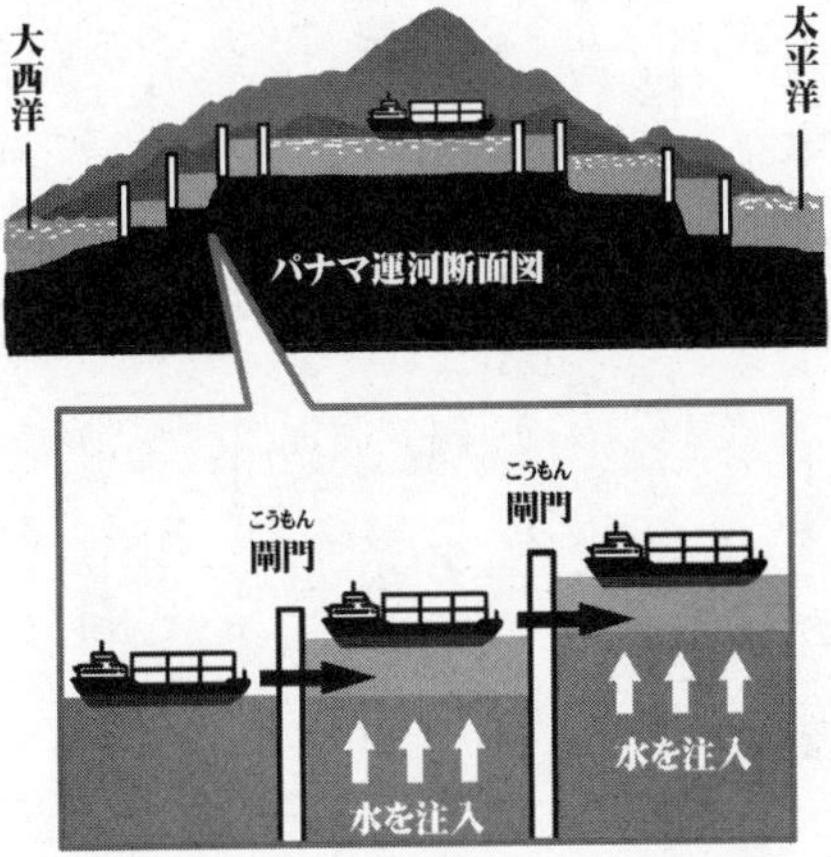

「船が山を越える」パナマ運河の水のエレベーター

通航方式は、いわば水のエレベーターですから、通れる船のサイズは限定されます。全長が二九四・一メートル、幅が三二・三メートル以内に制限されています。これを「パナマックス」（パナマ運河を通れるマックス）といいます。

このため、国際線の船舶の長さと幅はパナマックスで建造されていました。第二次世界大戦の終了時、日本が降伏文書に調印した戦艦ミズーリでさえも、パナマックスのサイズだったのです。

運河は当初アメリカが管理していましたが、パナマ国民の移管運動の結果、一九九九年一二月末をもってパナマに移管されました。現在はパナマ運河庁が管理しています。ここは国際運河なので、船籍を問わず、どの船でも通航料金を払えば通れます。アメリカの潜水艦が通ったこともあります。

通航料金は標準的な貨物船で三〜五万ドル。パナマ政府にとって貴重な収入源です。世界の大動脈だけに、今後も通航量は増え続けることが予想されますが、なにせ完成は一〇〇年前。運河の幅が狭く、増大する需要に追いつけなくなっていました。そこでパナマ運河の拡幅工事が行われ、二〇一六年六月、完成しました。閘門の横にバイパスを作り、これまでより幅の広い船が通れるようにしたのです。最大全長は三六六メートル、全幅四九メートルまでの船の航行が可能になりました。ネオ・パナマックスです。

日本のエネルギー事情が激変

この結果、これまでの古い運河を通ることのできなかった大型船が通航可能になりました。従来はアメリカの東海岸から日本までコンテナ船が航行する場合、大西洋を通り、スエズ運河を通れば三五日。アフリカ大陸南端の喜望峰を回れば四五日かかっていましたが、パナマ運河ならわずか二一日で済みます。たとえ通航料を払っても、燃料代や人件費などを大幅に節約できるのです。

なかでも期待が高まるのが、LPG（液化石油ガス）タンカーとLNG（液化天然ガス）タンカーが通れることです。

LPGは、原油を精製することで取り出すプロパンガスを液化し、体積を大幅に小さくして運搬します。

LNGは、天然ガスを液化したもの。日本国内では都市ガスの材料になったり、火力発電所の燃料になったりします。

こうしたタンカーは幅が広く、パナマックスではないため、喜望峰を回っていました。それが、パナマ運河の拡幅（バイパス建設）で通れるようになったことで、日本への到着がスピードアップされたのです。

とりわけ注目されるのがLNGです。アメリカでは、二〇〇〇年代に入って、天然ガスが大量に採掘されるようになりました。これは、シェール（頁岩《けつがん》）層に閉じ込められている天然ガスを取り出す技術が開発されたことによるもので、「シェール革命」と呼ばれています。

これまで世界最大の天然ガス輸入国だったアメリカが、一転して世界最大の産出国に躍り出た上に、輸出まで始めました。この天然ガスが、いよいよ日本に輸入されることになったのです。

これにより、日本はLNGの調達先が広がります。これまで日本がLNGを輸入していたのは主に中東や東南アジアに限られていました。そうなると、相手はこちらの足元を見ます。「買えなけりゃ困るんだろ」とばかりに、高値をつけられても拒否しづらかったのです。

これからは、「そちらが値引きしないのなら、アメリカから輸入するからいいや。パナマ運河を通れば、中東から輸入するより短期間で済むし」と言えるのです。**中東情勢が悪化するたびに価格が高騰するリスクのあった天然ガス。これからは安定供給されます。**

さらに今後期待できるのは、**ロシアとの交渉で有利に立てる**ことです。ロシアのプーチン大統領は、極東サハリンで採れる天然ガスを日本に売りたいのです。日本としては、購入交渉の際、アメリカの天然ガスを引き合いに出して値引きさせることが可能になります。

また、多くの船がパナマ運河を通るようになると、焦るのはスエズ運河です。**スエズ運河は二〇一六年、コンテナ船の通航料を大幅に引き下げ**ました。世界の物流に大きな影響を与えるパナマ運河。同じパナマでも、パナマ文書とは違うのです。

▼「もんじゅ」に文殊の知恵がなかった

進むにしても、撤退するにしても巨額の資金がかかる。これは困ったと政府が躊躇《ちゅうちょ》している間にも資金がかかり続けてしまった。これが福井県敦賀市にある高速増殖炉「もんじゅ」の実態です。いったいどんな問題なのでしょうか。

問題の高速増殖炉とは、燃料に使用したプルトニウムが増える、という特殊な原子炉です。

自然界にあるウランは、核分裂しやすいウラン235が、わずか〇・七％で、残りは核分裂しにくいウラン238です。通常の原子炉は、ウラン235の濃度を高めて燃料として使用します。燃料には核分裂しにくいウラン238も含まれます。

原子炉の中でウラン235は核分裂を起こし、中性子が飛び出します。この中性子がウラン238に当たると、プルトニウム239に変化します。かくして使用済みの燃料には、核のゴミ以外に少量のプルトニウムが含まれます。

そこで、使用済み核燃料を再処理してプルトニウムを取り出し、高速増殖炉で燃料として使えば、プルトニウムは「使えば使うほど増える」というのです。これが「核燃料サイクル」です。

通常の原子炉はウラン235の核分裂で出た熱でお湯を沸騰させ、水蒸気をタービンに当てて発電します。これに対して高速増殖炉は、プルトニウム239の核分裂で生じた熱でお湯を沸騰させます。

プルトニウム239が分裂すると、高速の中性子が二～三個飛び出します。このうちの一個が別のプルトニウム239にぶつかると、このプルトニウム239を分裂させることができ、熱を発します。

一方、残りの中性子は、ウラン238に当たり、これをプルトニウム239に変換させます。

プルトニウム239を一個分裂させることで、プルトニウム239が新たに一～二個生まれることになります。「高速」の中性子でプルトニウムが「増殖」する。だから「高速増殖炉」というのです。

この原子炉は**知恵の象徴である「文殊菩薩」にちなんで「もんじゅ」**と名付けられました。

ウランを輸入に頼る日本としては、**〝国産〟の核燃料を手に入れることができる夢の原子炉……**になるはずでした。

ところが、「もんじゅ」は一九九五年に運転を開始してまもなく、冷却用に使うナトリウムが火災を起こし、運転が止まってしまいました。

通常の原子炉では冷却に水を使いますが、「もんじゅ」はナトリウムを使用します。ナトリウムは、高速の中性子のスピードを落とすことなく、効率よく増殖を実現できるからです。しかし、ナトリウムは、水や空気と触れると、爆発的に燃えやすいという特徴があります。このため火災が起きたのです。その後も**「もんじゅ」は事故続き。運転実績がほとんどないまま二〇一六年一二月、廃炉**を決めたのです。

そもそも高速増殖炉は、世界のどこの国も実用化できないでいます。日本がトップを切って実用化を目指していますが、こう事故続きでは将来が見えてきません。

進むも退くも高額費用

「もんじゅ」の維持には年間二〇〇億円かかってきました。すでに一兆円を注ぎ込みましたが、運転再開のメドは立ちませんでした。

そこで、廃炉することにしたのですが、廃炉が終了するのは二〇四七年。三七五〇億円の費用が見込まれています。

ところが、核燃料サイクルをやめると、使用済み核燃料を再処理する必要はなくなりますから、最終処分、つまりどこかに捨てなければなりません。その量は、なんと一万七〇〇〇トンもあるのです。

また、「もんじゅ」で使わなければ、これまでの再処理で出てきたプルトニウムを何とかしなければなりません。というのも、プルトニウムは原爆の材料に転用できるからです。

そこで経済産業省は、「もんじゅ」の運転再開を待たずに、使用済み核燃料を再処理して出てきたプルトニウムは、ウラン２３５と一緒にして、通常の原子炉で燃料として使用することにしました。これが「プルサーマル」です。

こうすれば、とりあえずはプルトニウムを燃料として使えますが、結局は使用済み核燃料が出てきてしまいます。それをどこに捨てるか。その場所はまだ決まっていません。原子力発電所を再稼働すれば、**使用済み核燃料が次々に出てくるのに、処分場が決まらない。これが、「原子力発電はトイレのないマンション」**と呼ばれる理由です。

また、核燃料サイクルをやめると、電力会社が保管している使用済み核燃料は、「いずれ燃料になるから資産です」と言っていたのが一転、ゴミになってしまいます。つまり電力会社の資産内容が一気に悪化します。

それだけではありません。現在、使用済み核燃料は、全国各地の原子力発電所の敷地内で保管していますが、すでに満杯。そこで青森県に「使用済み核燃料は再処理するから、それまでの間、保管させてね」という約束で中間貯蔵してもらっています。それが再処理しないことになりますと、中間貯蔵ではなくなってしまいます。使用済み核燃料の最終処分場にされてしまうことに反対している青森県は、「使用済み核燃料は、それぞれの原子力発電所で保管してね」と一斉に送り返すでしょう。

でも、全国の原発には保管する場所がありません。かくして使用済み核燃料は行き場を失うのです。

そこで**政府が打ち出したのは、「もんじゅ」に代わる新しい高速炉を建設するという構想**でした。また多額の資金が注ぎ込まれる計画です。本当の意味の「文殊の知恵」はどこにあるのか。

「移民」で変わる国のかたち

「モリ・カケ問題」のニュースで日々が過ぎていく間に、日本のかたちを変える法律が成立しました。二〇一八年の「入管法改正」と、「働き方改革関連法」です。

どちらも、とにかく日本の働き手が足りない、待ったなしの状況だ、という理由から始まりました。少子高齢化で日本の生産年齢人口（一五歳〜六四歳）は減り続けています。

いまや都心のコンビニのレジには外国人ばかりというのは、誰もが気づいています。高齢化した地方の農業・漁業、建設や介護なども、「技能実習生」として来日した外国人労働者によって成り立っています。

日本はすでに、実質的な移民大国なのです。

しかし、日本の保守層は「移民」にアレルギーがあり、絶対反対です。そこで安倍政権は「移民ではない」と言い訳を考え出した。「外国人材」に一定期間「在留」してもらうのだと説明して、入管法の改正に踏み切りました。

実は、国連の定義では一年以上滞在していれば移民です。ところが日本では、技能実習生の在留期間を最長三年から五年に延長し、さらに五年滞在できるようになっても、永住権を与えたくないから、いったん帰国しろという。しかもその間ずっと「技能実習生」として最低賃金で働かせています。

こうした過酷な労働条件はすぐ伝わりますから、最近は中国から働きにくる人は減りました。かわって増えたのは、ベトナム、バングラデシュ、ミャンマーなどの人々。しかしいずれも発展中の国ですから、自国の経済状況がよくなれば、わざわざ日本には来ない可能性が高い。

政府は入国管理局を「庁」に格上げして、「外国人材」の受け入れや、待遇の改善を行うといっています。しかし、このままでは、日本は外国人労働者から「選ばれない国」になるかもしれません。

ポスト平成の日本はどうなるか

もうひとつは、高齢者や女性にも働いてもらうことで労働力を維持したい。とくに女性が働き続けるためには、パートナーの男性が仕事ばかりで、家事育児や介護はそっちのけでは難しい。だから残業を規制して、家に帰ってもらいましょうというのが、「働き方改革」です。理念としてはわかります。

そのために、残業代が出ない「裁量労働制」を拡大しようとして政府が出した資料が、ずさんなものでした。批判を受けて、安倍政権もこの部分はさすがに引っ込めました。「KAROSHI（過労死）」が国際語になるようではいけないのに、逆に「働かせ放題」になりかねない状態だったのです。

これは自戒を込めて言うのですが、国の掛け声だけでは、なかなか働き方は変わりません。経営者や管理職が、なんの対策もなく「残業やめろ」と命じて現場にしわ寄せがくることで「ジタハラ」つまり時短ハラスメント、という言葉が生まれています。

二〇一九年は消費税率一〇パーセントへ増税が予定されています。また、一二年に一度の、参院選と統一地方選挙が同年に行われる年です。亥年選挙では、統一地方選で疲弊してしまって、夏の参院選では与党が負けるジンクスがあります。二〇一八年の沖縄県知事選で、与党候補が野党連合に負けたことも大きい。

与党が総議員の三分の二を割ってしまえば、安倍首相の悲願である「憲法改正」が遠のく——それを防ぐために、外交、内政、さまざまな手を打つことでしょう。

まもなく天皇の退位により、平成が終わります。平成は、バブル崩壊と東西冷戦終了からの三〇年でした。災害も多く、グローバル化の弊害も明らかになりました。

それでも、天皇陛下が最後の誕生日会見で述べられた、「平成が戦争のない時代として終わろうとしていることに、心から安堵しています」という言葉は、大切なものだと思います。

私たちにできるのは、日々の一つ一つのニュースが、大きな流れにつながると意識することと。そしてイギリスの若者投票率の低さがＥＵ離脱を決めてしまったように「他人ごと」にしないことです。

じっくり対談 3

出口治明

立命館アジア太平洋大学学長／ライフネット生命創業者

騙されないための歴史の学び方

世界の〝先行き〟を見通すヒントは、「歴史」にあった！ なぜ人は歴史を学ぶのか。世界史ブームの立役者が伝授！

でぐちはるあき／1948年三重県生まれ。京都大学卒業。2008年にライフネット生命保険株式会社を創業。2018年より現職。著書に『生命保険とのつき合い方』『「全世界史」講義Ⅰ・Ⅱ』など多数。

池上　最近、出口さんの著書をはじめ世界史の本がたくさん出ています。出るだけではなくて、中公新書の『応仁の乱』（呉座勇一著）という堅い本がベストセラーになったりしています。なぜ、いま歴史を求めるようになっているのでしょう。

出口　世の中の先行きがわからないからじゃないでしょうか。以前の職場で僕は、一〇年間の長期経営計画をつくる仕事をしていました。当時は高度成長期で、右肩上がりの時代でしたから、先がとても読みやすかったんです。

池上 経済成長のグラフの線を、斜め上へと延長すれば先が読めるわけですね。

出口 しかし、いま一〇年計画をつくっている会社は少ないと思います。ブレグジットとかトランプ大統領とか不測の事態が起きて、先が読めない。そうなると参考になる教材は過去しかないので、昔似たような出来事があったかチェックしてみるか、という気持ちがあるんじゃないでしょうか。

僕は会社を一〇年間経営してきて、「ダーウィンは偉かったな」と思うんです。ダーウィンの進化論の神髄は、「先のことはわからないのだから、賢いものや強いものが生き残るとは限らへんで、適応がすべてやで」ということです。

たとえば、僕らはインターネットで保険を売っていますが、開業したときはスマホが普及するとは思わないから、パソコンをベースにシステムをつくっていたわけです。

池上 ところが、今の若い人はスマホばかりで、そもそもパソコンを使わないです。

出口 スマホが出てきたときに、「スマホは補助的に、資料請求に対応すればええか。保険を買うときはみんなパソコンを使うやろうし」と、自分の都合のいいように考えてしまっていました。「人間は自分の見たいものしか見ない」とユリウス・カエサルが言った通りですね。実際は今、スマホ経由とパソコン経由の販売割合が五対五のイーブンです。こうなるとむしろスマホベースで今後は考えたほうがいいと思って、ＫＤＤＩさんと提携したりしてるんですが、わずか一〇年でスマホがこんなに普及するとは当時は見通せませんでした。やはりダーウィンの言う通り、世の中何が起こるかわからない。そのつど変化に適応するしかないんだ、と。

歴史というのはこうした出来事の連なりですから、そこに因果関係を見出して行くと面白いし、参考になることが多いんですね。

歴史は自然科学に近い

池上 それなのに歴史教育では因果関係を教えずに、年号だけを詰め込んだりするから、面白くないんですね。そこで私は東工大の学生を教えるときに、ニュースと歴史を結びつける試みをしていました。出口さんは世界の歴史と現代、あるいは人間の生き方を結びつけることで、歴史の面白さを伝えているのだと思います。ただ、歴史には面白い話がたくさんある一方、「話を盛る」ということもありませんか？

出口 すべての人は自己評価を三割増しにしているそうです。でも自分のことは三割アップしても、敵もいるわけで、敵は逆にその人の評価を三割とか五割ダウンしている。だから同時代の史料を集めると、まぁこの辺りが本当か、というところが見えてきます。

池上 まだ中選挙区制だった頃、私はＮＨＫ社会部の記者として選挙の票読みをしました。候補者の参謀に「どれぐらい票を取れそうですか？」と聞いて回ると、みんな「厳しい闘いです」としか言わないんですね。それを話半分で聞きながら、「敵の候補者はどうですか」と聞くと、これには結構正確に見通しを答えてくれる。それを全部の陣営でやってクロスチェックすると、ほぼ正確な票読みができたんです。

出口　まさに歴史でいろんな史料を集めるのと同じですね。更に今は海底の堆積物から各時代の気温を割り出すなどの科学的な方法もあります。有名な話では、源平合戦で平家は横暴かつ傲慢だったから、臥薪嘗胆《がしんしょうたん》の源氏に負けたという話になっていたのが、当時平家の勢力圏だった西日本が飢饉だったために、「腹が減っては戦ができぬ」で平家が負けたのだという解釈が出てきています。

　歴史は勝者が自分に都合よく書いてしまうものですが、それを盲信するのではなく、花粉分析による気温の測定とかいろんな方法を駆使して事実に近づいて行くのが本当の歴史であり、これは自然科学に近いと思っているんです。

池上　その歴史の勉強はどんなふうにされてきたんでしょうか。

出口　いつも「なぜ、なぜ」と考える癖があって、新入社員時代にも「これは何のためにやるんですか」「何で僕がやるんですか」と尋ねては、ずいぶん先輩に嫌がられました。本を読んでいてもわからないと気持ち悪いので、歴史の先生の講演を聞いたり、他の本を読んだりして腹に落ちるまで調べます。

たとえば中学校のとき、ガキ大将でしたから、アレクサンダー大王がカッコよくて好きだったんです。でも不思議に思ったのは、彼が一〇年も戦争を続けていたこと。喧嘩では、どんなに勝っていても自分も痛みます。三発殴って二発殴られたりします。そういう経験からしても、長く戦いをやればやるほど自分もダメージを受けるはずなのに、なぜずっと戦い続けられたんだろう、ようわからへんなと思って本をあさったら、アレクサンダーの母国のマケドニアから援軍がきているのがわかった。そしたら今度は、電話もない時代になんで遠征中のアレクサンダーの居場所がわかるんだろうと疑問を持ちました。それを探って本を読んで行くと、ペルシャ帝国のダレイオス一世がつくった王の道というのがあって、宿駅を利用して馬を乗り継ぎ情報を伝えられたし、軍隊も迅速に移動できたのがわかった。そうすると、子供心にも腹落ちしますよね。

池上　そういう学びの繰り返しで歴史の全体像が見えてくるということですね。

嘘ニュースは昔からあった

出口　今はトランプ大統領をめぐってフェイクニュース（嘘ニュース）が問題になっていますね。これは事実を正しく捉えるためには、看過できないことではありませんか。

池上　フェイクニュースは昔からあったんです。選挙戦にデマはつきもので、それで敵対候補を貶《おとし》めようとしていた。

ところが今はネット社会なので瞬時に世界に拡散してしまう。トランプの関連では、マケドニアの若者がフェイクニュースをつくっていたのがわかりました。インターネットにニュースサイトを立ち上げて、ＡＰとかロイターの本当のニュースを引っ張ってくるのですが、それらの中に時々びっくりするような嘘ニュースを混ぜるんです。すると「こんなニュースがあるぞ」と大勢が見にくる。サイトの訪問者が増えるとそれだけ広告料がサイトに入る。若者の羽振りが急によくなったのを聞いていろんな連中が真似だしました。トランプの対立候補ヒラリー・クリントンの悪口を書くとアクセスが増えるから、ヒラリーの不利になる嘘が圧倒的に多くなりました。

それからもう一つは、ロシアがアメリカの大統領選挙に介入するために意図的にフェイクニュースを流していました。また、ヒラリーを支援している民主党全国委員会のサーバーがハッキングされて、大量のメールが流出して、それがウィキリークスに出て民主党やヒラリーの評判が落ちる結果になったのですが、そのハッキングにもロシアの軍情報部の関与があったと、アメリカのＦＢＩが断定しています。

出口　これまでは選挙区で怪文書をばらまいてもお金にはならなかったけれども、ネットでは金儲けになるというインセンティブがあり、また国家権力も介入してくるとなると、単に情報量が増えただけではなく、量が質に転化しますね。それはどうやったら断ち切ることができるんでしょうか。

メディアの本質は「スロー」

池上　例えばSNSのフェイスブックは、フェイクニュースと思われるものに印をつけるということをやろうとしています。日本でもネットニュースの人たちで声を掛け合って同じことをしようとしている。

しかし嘘かどうか検証するには何日もかかる一方、フェイクニュースは一〇分や一五分でつくれるから、とても検証が追いつかないのが現実です。

さらにロシアでは逆に、ロシア政府がフェイクニュースかどうかを判断するということを始めました。「ニューヨーク・タイムズ」やCNNが、ロシアはアメリカ大統領選挙に介入したんじゃないかというようなロシアに不利なニュースを伝えると、ロシア政府のウェブサイトで「これは嘘である」というスタンプのようなものが押される。ある種の検閲がロシアで始まっているんですね。

これに対抗するには、やはりメディアがファクトチェックをやって、きちんとした歴史を残して行く、書き記して行くしかないのかと思うんですね。

出口　十分に検証したものだけを出して行こうということですね。

池上　はい。一つ参考になると思うのは、イギリスのBBCが「スローニュース」と言い出したことです。まるでファストフードのようにニュースを急いで報じようとするのは違うんじゃないか、もっとゆっくりでいいのでは、というのです。

メディアには校閲機能があって、誤字脱字から始まって事実関係の間違いまで、全部チェックしています。それがあるからこそ、相対的に正確なんですね。

出口　メディアの重要性はその部分ですね。記者が「火事です」と書いてきた記事を、デスクが真実かどうか、報じるべきかどうかチェックし価値判断をする。メディアの存在意義はスピードではなくて、ダブルチェックをして、きちんとしたものを提供するということです。メディアの仕組みそのものが、もともとファストニュースには向いていないんですよね。デスクを置いて、みんなに報せる工程を一段階増やしているのだから、本質的にスローなんです。嘘が増えれば増えるほど、この一工程多いことが大切になってくる。

池上　トランプが「ニューヨーク・タイムズ」やCNNの報道をフェイクニュースと呼ぶようになってから、「ニューヨーク・タイムズ」は部数を増やしているんです。電子版の購読者数が増えていて、実は私もその一人です。購読しなくても月に記事一〇本まではタダで見られたんですが、トランプ以来しょっちゅう見るようになって、購読契約をしました。「ニューヨーク・タイムズ」はフェイクでないものを出そうとする努力によって読者を増やしているんです。

出口　それはいい話ですね。民主主義の正統性がどこにあるのかと言ったら、少数の人を長期間騙すことも大多数の人を短期間騙すこともできるけれど大多数の人を長期間騙すことはできない、ということですよね。ですから、長い目で見たらフェイクの問題は楽観視していいと言えます。

エカテリーナと聖徳太子

池上　徳の高い独裁者がいたら民主主義よりも上手く行くかもしれないけれども、そんな人はいないし、人間だから失敗することもある。そのときに修正が利くのが民主主義ですよね。そしていろんな人が困ったり悩んだりするときに歴史に範を求めようともするわけですが、現状を見て歴史上のどの時代が現代と似ていると思いますか。

出口　僕は、人間は一人一人全部違うので、その人間がつくる歴史にも、似た時代なんてどこにもないと思うんです。一時よく言われたのは、覇権国アメリカの没落がローマ帝国の没落に似ているということでしたが、僕はそれはおかしいと思いました。ローマ帝国の生命線はダレイオスの王の道と同じで、街道が四通八達していたことです。それが蛮族の侵入でズタズタにされて情報も軍隊も送れなくなってしまったから帝国の西半分を捨てなければならなくなった。

じゃあアメリカはどうか。確かにGDPのシェアは下がっています。でも情報という面では、グーグルもフェイスブックもアップルもアマゾンもみなアメリカが掌握している。もしトランプさんがプーチンさんと同じ情報操作をやろうとしたらずっと強力でしょう。

それに、アメリカの人口はやがて五億人になるでしょう。対抗馬であるはずの中国はこれから人口が減って行く。するとアメリカの力が落ちて行って中国はどんどん上がって行くという見方も本当に正しいのかわからなくなってくる。

池上 中国の六五歳以上の人口は既に一億人を超えて、十五歳から五九歳までのいわゆる労働人口は現に減り始めています。

出口 しかも社会保障が薄いから、ものすごく不安ですよね。ある中国専門家は、習近平があれだけ強気になっているのは、強気になれるのは今しかないからだと言っていました。

池上 確かにそういう見方もできますね。そして過去の歴史をそれぞれの国のリーダーは意識していると思われます。

中国は、南シナ海は自分たちの海だと主張する。なぜなら、明の時代に鄭和《ていわ》の大艦隊がアフリカまで遠征したときに南シナ海を開拓したからだと言うわけです。

トルコのエルドアンは首相から大統領になり、憲法を改正して大統領に権力を集中しようとしている。あれはオスマン帝国の栄光よ再びということですね。

あるいはプーチン大統領はピョートル大帝とエカテリーナ二世への尊敬を公言しています。帝政ロシアの栄光の再現を狙っているのかなと思うんです。

出口　かつて（一七八三年）クリミアをロシアの領土にしたのはエカテリーナですから、プーチンさんは同じことをやっているんですね。

どんな優秀な人でも、判断に自信を持ちきれない面があるので、先輩に同じようなことをやった先例があれば安心できますしね。非難する世界に対して「自分がやってるのは偉大なエカテリーナさんと同じことやで。歴史的に正しいことなんや」と、ロールモデルに仮託したいのだと思います。

ロールモデルと言えば日本の「聖徳太子」もそうでしたね。光明皇后は、それまでは皇族か蘇我氏の娘でなければ皇后になれなかったなか、初めて藤原氏から出た皇后です。仏教に熱心で悲田院や施薬院をつくったけれど、出自の低さを補うために、ロールモデルが欲しかった。歴史上の事実かどうか確かめようがないけれど、悲田院や施薬院は聖徳太子が四天王寺で始めたことになっている。聖徳太子を聖人に祭り上げることで、あの立派な人と同じことをしている。私は真似をしているだけや、という形にしたわけです。だから聖徳太子の遺徳を偲ぶ法隆寺の夢殿は光明皇后が支援して建設されました。

池上　「聖徳太子」は当時呼ばれた名前ではなく、死後に功績を潤色してつけられた、ということですね。そういった研究成果を踏まえて、学習指導要領の改訂案では、聖徳太子は厩戸王と併記されることになったのですが、抗議が殺到して戻すことにしました。これはまさに、聖徳太子にロールモデルとして存在し続けて欲しいと思う人たちがいっぱいいるわけでしょう。

〝人間の癖〟を歴史に学ぶ

出口　昔、キッシンジャー（元アメリカ国務長官）が会食の席で、「人間はワインですよ」と言ったのをよく覚えています。人間は土地の産物で、生まれたのは良い土地で、祖先は立派な人だと思いたい。「だから、歴史と地理を知らないと外交はできへんで」ということを言っていたのです。

池上　そういえば、日本には偉大なお祖父さんをロールモデルにしている総理大臣もいましたね。

出口　先ほど「歴史に、似た時代はない」といいましたが、人間の考えることって、昔から同じやな、ということも歴史を学ぶとわかりますね。最近読んだ『夢遊病者たち』（クリストファー・クラーク著　みすず書房刊）という第一次大戦前夜を描いた本が面白くて、方々でPRしているんですが、あれを読むと関係国のリーダーの誰も世界大戦をしたくなかったんです。それなのに、状況の変化に対して決断ができず、総動員令を発すれば戦争になるに決まっているのに、部分動員は混乱を招くという事情にずるずると引きずられてしまう。夢遊病者のような指導者の姿に啞然とさせられます。歴史を見ていると、きちんと考えずに「まあいいわ」と踏み出した軽い一歩が、とんでもない結果を招くことがある。これはビジネスにも通じることです。

池上 東芝はじめ、日本の大企業の不祥事がいろいろと明らかになっていますね。

出口 僕が新入社員だった頃は夢のように立派だった企業が、わずか半世紀で、変貌してしまうのですから、リーダーは社会に対する責任と、それなりの歴史観を持って一つ一つの物事を丁寧に判断して行かないと本当に怖いと思います。

唐の玄宗皇帝だって楊貴妃さんに会う前は「開元の治」で素晴らしい政治をしていたのに、ちょっとした判断ミスで国を滅ぼしてしまう。だから、似ている時代があるかないかよりも、大変な事態に直面したときに指導者や民衆はこういうふうに動いたという、人間の癖のようなものを、歴史を通して勉強しなきゃいけないのかなと思ったりしているんです。

（週刊文春二〇一七年五月四・一一日号）

あとがき

この本は、「週刊文春」に毎週連載している「そこからですか⁉」を元に出版された『池上彰のこれが「世界を動かすパワー」だ！』（二〇一六年）と『おい、マジか。池上彰の「ニュースを疑え！」』（二〇一七年）を再編集し、その後の動きを踏まえて加筆修正しました。

文藝春秋文庫編集部の渡辺彰子さんが編集に取り掛かったところ、その後のニュースの進展は驚くばかりで、「簡単にはいきません」と泣きが入りました。編集に苦労するのは、元の私の原稿が未熟だからですが、日々のニュースを追いかけるのは確かに大変です。

そこで渡辺さんが知恵を絞って（苦し紛れに）提案してくれたのが、「スローニュース」の発想です。イギリスの公共放送BBCは、世の中にフェイクニュースが溢れる要因の一つに、「速報第一主義」があると考え、ゆっくり確認してからニュースにするという「スローニュース」を提唱しています。

特にネットのニュースが力を持つにつれ、とにかく早くニュースを出せ、という流れが強まっています。その結果、確認が不十分な情報が流れたり、意図的なフェイクニュースに大手メディアがひっかかってしまったりしているのではないか、という反省です。

大きなニュースになったアレは、その後、どうなったのか。速報されたアレを、いまになってじっくり、ゆっくり見直すと、速報のときのイメージとは大きく異なるものになっていた、ということがあるのです。

渡辺さんのアイデアに乗って、元になった二冊の内容を検討すると、事情がすっかり変わってしまったものもあります。こうした項目は、二人で意見交換しながら削除。残ったテーマを、どう書き直すか。そんな共同作業によって、ここまで漕ぎつけました。

今後も世界は大きく変動します。そんなときに、ニュースを追いかけるよりは、ニュースの意味を検証する。そんなことが求められる時代が始まっています。ニュースが流れたら、少し前にさかのぼって理解する。そんな態度でニュースを見ていただきたいと思います。

二〇一九年二月

池上　彰

イラスト　3rdeye
本文デザイン　征矢武
DTP　エヴリ・シンク

初出　「池上彰のそこからですか⁉」（週刊文春連載）
単行本　『池上彰のこれが「世界を動かすパワー」だ！』二〇一六年五月　文藝春秋刊
『おい、マジか。池上彰の「ニュースを疑え！」』二〇一七年九月　文藝春秋刊
本文庫は右記の単行本より項目を選んで合本し、大幅に加筆修正したものです。
解説は書下ろし。人物の年齢、肩書、通貨換算レートなどは基本的に連載当時のものです。

文春文庫

速《はや》すぎるニュースをゆっくり解説《かいせつ》します

定価はカバーに表示してあります

Fast News, Slow Journalism

2019年3月10日　第1刷

著　者　池《いけ》上《がみ》彰《あきら》

発行者　花田朋子

発行所　株式会社 文藝春秋

東京都千代田区紀尾井町 3-23　〒102-8008
TEL　03・3265・1211㈹
文藝春秋ホームページ　http://www.bunshun.co.jp

落丁、乱丁本は、お手数ですが小社製作部宛お送り下さい。送料小社負担でお取替致します。

印刷製本・凸版印刷

Printed in Japan
ISBN978-4-16-791127-0

（　）内は解説者。品切の節はご容赦下さい。

池上　彰
池上彰の新聞勉強術

新聞にはどんな種類があるのか、紙面構成はどうなっているのか等の基本的な読み方から、忙しい時の速読術、情報収集法、スクラップのコツまで、新聞を役立てるためのノウハウを大公開。

い-81-1

池上　彰
世界を変えた10冊の本

『聖書』『資本論』から『アンネの日記』まで。池上さんが世界史を見渡し、10冊を厳選。その内容と歴史的位置づけを徹底解説。現代人にとっての教養の基礎として、必読の作品。

い-81-2

池上　彰
この社会で戦う君に「知の世界地図」をあげよう
池上彰教授の東工大講義　世界篇

東工大教授でもある池上さんが、「悪い会社、優れた経営者の見分け方」から「お金と幸福の関係」まで、理系学生こそ知るべき「世間」のしくみを徹底講義。社会人も必読！

い-81-3

池上　彰
この日本で生きる君が知っておくべき「戦後史の学び方」
池上彰教授の東工大講義　日本篇

格差、反日、デフレ、原発と復興、沖縄と安全保障——自信喪失した日本はいかに敗戦から蘇ったか。「ほんとうの戦後史」を学びたい人への一冊。大好評、東工大講義シリーズ第二弾。

い-81-4

池上　彰
学校では教えない「社会人のための現代史」
池上彰教授の東工大講義　国際篇

ＥＵの挫折、イスラム国の登場、エネルギー戦争、反日問題——すべて東西冷戦後の15年に原点があります。ビジネスにも投資にも現代史は必須です！　わかりやすい講義の実況中継。

い-81-5

池上　彰
世界を変えた10人の女性
お茶の水女子大学特別講義

アウンサンスーチー、マザー・テレサ、マリー・キュリー、緒方貞子等、近現代史を変える仕事を成し遂げた女性達について池上教授が語り、女子学生らと徹底討論した模様を収録。

い-81-6

池上　彰
池上彰のこれが「世界のルール」だ！

平和は終わった！　イスラム国、ピケティ「資本」、池上さんが「渦中の人」となった朝日新聞問題、トランプ大統領の登場……大困難の時代に必要な50の知識があなたを守り鍛える！

い-81-7

（　）内は解説者。品切の節はご容赦下さい。

櫻井よしこ　編
日本よ、「歴史力」を磨け
「現代史」の呪縛を解く
「従軍慰安婦」「南京大虐殺」「東京裁判」「冷戦終焉」などをめぐる「現代史」の嘘を、櫻井よしこ氏と11人の論客（中西輝政・北村稔・伊藤隆・佐々淳行・古田博司ほか）が、徹底的に検証。
さ-57-2

櫻井よしこ・国家基本問題研究所　編
日本とインド　いま結ばれる民主主義国家
中国「封じ込め」は可能か
「歴史観の共有」が可能な日本とインドが、「膨張する中国」をいかにして抑え込むか。櫻井よしこをはじめとする日本とインドの識者が「戦略的提携」のために知恵を絞った論考の数々。
さ-57-3

佐々木健一
辞書になった男
ケンボー先生と山田先生
一冊の辞書を共に作っていた二人の男、見坊豪紀と山田忠雄はやがて決別、二冊の国民的辞書が生まれた。「三国」と「新明解」に秘められた衝撃の真相。日本エッセイスト・クラブ賞受賞。
さ-69-1

「少年A」の父母
「少年A」この子を生んで……
父と母　悔恨の手記
十四歳の息子が、神戸連続児童殺傷事件の犯人「少年A」だったとは！　十四年にわたるAとの暮し、事件前後の家族の姿、心情を、両親が悔恨の涙とともに綴った衝撃のベストセラー。
し-37-1

神　薫
女医裏物語
禁断の大学病院、白衣の日常
うら若き女医が体験したオドロキの医療現場！　大学病院のひみつ部屋、人体のフシギ、名医迷医列伝など衝撃秘話が満載。医学生とドクターの知られざる日常が綴られた抱腹絶倒の一冊。
し-51-1

清水　潔
「南京事件」を調査せよ
戦後70周年企画として調査報道のプロに下された指令は、77年前の「事件」取材？　いつしか「戦中の日本」と現在がリンクし始めた。伝説の事件記者が挑む新境地。（池上　彰）
し-64-1

鈴木智彦
ヤクザと原発
福島第一潜入記
暴力団専門ライターが、福島第一原発にジャーナリストでは初めて作業員として潜入。高濃度汚染区域という修羅場を密着レポートし、原発利権で暴利をむさぼるヤクザの実態も明かす。
す-19-1